The People's Game? : Football, Finance and Society

축구, 세계인의 스포츠

-유럽 프로축구의 정치경제-

축구, 세계인의 스포츠

-유럽 프로축구의 정치경제-

The People's Game? : Football, Finance and Society

스테판 모로우 지음

스포츠정치외교연구회_ 유호근, 이상묵, 이상환, 장지향, 정기웅 옮김

인간사랑

역자 서문

축구는 세계인이 즐기는 스포츠이다. 국제축구연맹(FIFA)이 유엔(UN)의 가맹국 수보다 더 많은 회원국 수를 자랑하는 것을 보면 축구의 영향력을 짐작해 볼 수 있다. 월드컵은 세계인의 제전으로 자리매김되고 전 세계에서 연인원 300억 명 이상으로 추산되는 사람들이 축구경기를 TV로 시청한다. 유럽에서 챔피언스 리그가 가장 큰 관심거리의 하나가 되고, 각 지역에서 열리는 클럽축구 경기에 수많은 사람들이 몰리고 열광한다. 또한 2002년 한 · 일 월드컵 때에는 축구열풍이 전국의 방방곡곡을 휩쓸었다.

이 책은 유럽 축구의 정치 · 경제적 측면을 다룬 책이다. 유럽에 있는 주요 축구 클럽의 운영과 경제적 이슈에 관한 내용이다. 축구에는 다양한 측면이 존재하지만 이른바 축구의 비즈니스적 측면은 정치 · 사회의 현실 공간에서 그 존재적 의미를 갖는다. 따라서 축구 비즈니스의 연구는 불가피하게 축구가 지속적으로 바탕을 두고 있는 각 지역의 정치사회와 밀접히 관련지어 진행될 수밖에 없다.

축구에는 경제적 · 인적, 그리고 사회적 자본이 함께 작용한다. 물론 이들 자본의 제공자들이 같은 지향점과 동일한 목적을 공유할 수는 없을 것이다. 그렇지만 협력을 낳게 하는 제도적 인프라가 있다면, 혹은 다양한 부문에서의 상호 협력을 이끌어낼 수 있는 마음과 의지가 있다면 포지티브 섬(positive-sum)의 맥락에서 다수의 승자를 낳게 하는 기회가 늘어날 수 있다. 필요한 것은, 현대의 축구 클럽들은 자신들의 지역사회에 경제적 · 사회적으로 영향을 주고 상호작용할 수 있는 방안을 지속적으로 탐구하는 것이다. 현대화된 클럽, 서포터, 지역사회와의 관계를 도모하고 향상시킴에 따라 미래를 준비하는 축구의 위상을 확고히 할 수 있을 것이다

이러한 맥락에서 이 저작은 다음과 같은 내용들을 포함하고 있다. 우선 제1장은 유럽 축구 클럽의 재정적 측면에 중점을 두고 있다. 최근 유럽 주요 축구 클럽의 예산 규모는 비약적인 성장가도를 달리고 있다. 이러한 성장은 축구 클럽의 운영이나 비즈니스 방식과 관련지어 새로운 함의를 제공하고 있다. 제2장은 축구 클럽의 존재 이유로서 비즈니스적 속성과 사회제도적 속성 간에 표출될 수 있는 상이함에 관한 내용이다. 즉, 클럽과 다른 이해당사자들 사이에 존재하는 관계양상, 선수들과 서포터들, 그리고 지역사회 등과의 관계에 대한 분석이다. 제3장에서는 유럽 주요 국가의 축구 클럽들에 대한 사례연구를 통하여 그들의 소유구조, 특정 국가의 축구와 관련된 재정문제, 축구문화 등을 살펴본다. 제4장은

이러한 유럽 축구 클럽에 대한 심도 있는 분석들이 가져다 주는 함의와 바람직한 방향에 대해 탐색해 본다. 제5장은 유럽 축구 클럽들의 재정과 관련된 자료들의 의미분석과 함께 지역사회와 상호작용하는 문제를 다루고 있다. 이를 통해 축구의 사회적 그리고 비즈니스적인 측면의 유기적 연관관계에 대한 이해의 폭을 넓힐 수 있을 것이다.

이 저서는 한국의 클럽 축구를 포함하여 축구 현실에 대한 타산지석이 될 수 있을 것이다. 한국인들이 국가대표팀 경기에는 열광하지만 클럽 축구에는 상대적으로 덜 관심을 두며, 또한 한국에서 대부분의 프로 축구 클럽이 적자에 허덕이고 있다. 2002년 한 · 일 월드컵 당시 우리나라의 경기가 있는 날에는 사람들이 붉은 악마 티셔츠를 입고 거리에 나와 모두 하나가 되었다. 한국의 월드컵 4강 진출이라는 축구의 새로운 역사를 만들어내면서 대중들의 축구에 대한 관심과 열정은 최고조에 이른 것처럼 보였다. 이 충만한 열기가 동력이 되어 한국 프로 축구의 미래는 매우 밝을 것으로 기대하였다. 그러나 실제로 월드컵이 끝난 후 반짝했던 축구장의 관중 수는 서서히 감소하는 추세를 보였다. 한국에서 클럽 축구가 활성화되지 못하면 한국 축구의 변화와 발전은 요원할 수밖에 없다. 이 책은 축구 선진국인 영국을 중심으로 이탈리아, 네덜란드 등 유럽 프로 축구의 운영사례를 경제 및 정치사회적 차원에서 조망하고 있다. 따라서 한국 프로 축구의 발전과 관련하여 시사하는 바가 매우 크다고 볼 수 있다. 프로 축구 클럽의 운영에 대하여 다각도로 분석한 측면에서는 전문성을 띠고 있지만 서포터 및 관중, 축구의 정치사회적 측면을 다룬 점에서는 축구 팬을 비롯한 일반 독자들의 지적 호기심을 자극한다고 볼 수 있다. 이러한 요소들은 한국 축구와 관련시켜 보면 저자의 혜안으로도 읽혀진다.

이 책은 2007년 초에 결성된 스포츠 정치외교연구회(The Korean Society for Sports and Politics)의 첫 번째 공동 결과물이다. 스포츠와 정치·외교와의 학제 간 연구의 필요성이 점증함에 따라 이 분야 연구의 토대를 구축하고 발전을 도모할 수 있도록 국제관계, 한국 정치, 정치사회학, 지역연구 등 관련 학자들로 본 연구회를 구성하였다. 본 연구회는 스포츠와 정치사회의 관련성이라는 다양한 내포적 주제를 포함하여 스포츠와 관련된 외교, 국제관계 등 외연적 테마에 관해서도 학문적 분석과 전문성을 고양하기 위한 목적을 지향하고 있다. 그 실천적 행동의 차원에서 첫 번째 작업으로 이 책의 공동번역을 시도하였다. 공동작업은 신속하게 결과물을 산출할 수 있다는 긍정적 측면과 더불어 맥락과 인식의 상충이라는 한계도 지니고 있다. 물론 이러한 한계를 극복하기 위한 노력을 다 하였지만 그 또한 한계를 지닐 수밖에 없다. '첫술에 배부를 수는 없음'과 '시작이 반'이라는 속담은 서로 상충될 수도 있지만, 동 역서를 출간하면서 갖게 된 마음의 저변을 대변해 줄 수 있는 말이다. 그에 따라 동 연구회의 출판물로 '고고(呱呱)의 성(聲)'을 울린 것이다.

이 결과물은 많은 분들의 땀의 축적이 그 밑바탕이 되었다. 특히, 각자 산적한 연구과제, 강의 등의 어려움 속에서도 네 분의 선생님들께서는 흔쾌히 번역제의에 참여해 주셨다. 시간의 분할이 도저히 불가능한 상황과 여건 속에서도 번역에 기꺼이 동참해 주신 본 연구회 회장 이상환 교수님, 과제의 늪 속에서도 번거로운 번역제의에 성심껏 노고를 다 해주신 지방행정연구원의 이상묵 박사님, 자신이 맡은 분야뿐만 아니라 역서 내용의 조율에도 노력을 아끼지 않으신 외국어대학의 정기웅 박사님, 저자와 교신을 하면서 제한된 시간에 쫓기면서도 항상 밝은 얼굴로 좋은 번역을 해주신 서울대 BK21사업단의 장지향 박사님은 이 책이 햇빛을 보는 데 공헌해 주신 주역들이시다. 귀찮은 교정작업 및 마무리 과정에 열심히 임해준 외국어대학 정외과 박사과정의 이영주 조교와 이번 작업에는 직접 참여하지 않으셨지만 번역자들의 게으름에 늘 부지런함의 솔선으로 따뜻한 일침을 주신 홍원표 교수님 또한 빼놓을 수 없다. 그리고 불투명한 출판상황 속에서도 기꺼이 출간을 맡아주신 인간사랑의 여국동 사장님과 번역자들의 초고를 꼼꼼히 편집해 준 편집부 직원분들께도 고마움을 표한다.

역자들을 대신하여

유호근

차례
| contents |

역자 서문 5
한국어판 서문 13
감사의 글 19

들어가는 말 23

1 변화하는 축구 경제 27

2 축구 클럽 : 비즈니스인가 사회제도인가 83

3 조직의 형태 : 소유권과 지배구조 125

4 비즈니스와 사회와의 접점 : 사례연구를 통한 이해 209

5 축구사업의 수행 235

맺는 말 283

부록 287
참고문헌 297
색인 319

한국어판 서문

세계인의 스포츠. 이 책을 소개하는 데 이 말은 축구를 가장 잘 묘사하는 문구 중의 하나이다. 풋볼을 한국말로 하면 '축구' (*ch'ukku*)이다. 삼국시대 혹은 신라시대(B.C 57-A.D 935)에는 볏집으로 만든 공으로 야외에서 축구를 했다고 한다(Jong-Young, 2002). 이후 1882년에 한국에서 현대 축구에 대한 첫 번째 기록이 있다. 한국의 제물포(현재 인천)에 입항하기 위하여 허가를 기다리던 영국의 HMS Flying Fish호 온 선원들이 연안부두에서 축구를 하였고, 한국인들이 호기심에 찬 눈으로 지켜봤다고 한다(Jong-Young, 2002). 125년이 흐르고 난 후 한국에는 브라질, 보스니아 헤르체고비나, 칠레, 크로아티아, 마케도니아, 몬테니그로, 북한, 포르투갈 그리고 세르비아 출신의 축구선수들이 있다. 한국에서 플레이를 하는 영국 선수들은 없지만, 한국 사람들이 영국에서 활약하고 있는 Manchester United의 박지성, Reading의 설기현을 좋아한다는 사실은 한국 축구가 영국 선원들의 도착 이래 많은 발전을 거두었다는 것을 나타낸다.

이 책은 유럽에서 사회적 제도로서의 축구 그리고 비즈니스로서의 축구 사이의 관계에 초점을 맞추었다. 이러한 이슈는 비록 그 강조점이 조금 다를 수는 있겠지만, 한국에서 축구에 관하여 근원적으로 중요한 의미를 갖고 있다. 1983년에 수퍼 리그로 시작한 한국에서의 프리미어 리그는 1994년에 K리그로 명칭이 변경되었다. 잉글랜드와 마찬가지로 유사한 국가들에서 프리미어 리그 혹은 K리그에서의 경쟁체제에 필요한 투자는 잉글랜드에서의 챔피언십 리그나 한국에서의 2부 리그보다 훨씬 많이 이루어진다. 그러나 잉글랜드에서 프리미어 리그로 승격된 클럽들은 엄청난 재정적 보상을 기대할 수 있다. 즉, FA선수권의 플레이 오프 진출은 클럽 축구에서 가장 부유한 경기로서 승자에게 6천만 파운드 정도의 가치가 주어진다. 한국에서 그러한 보상은 훨씬 적다. 이를 테면, K리그는 그 자체로 폐쇄적인 리그는 아니지만, 그럼에도 불구하고 리그에 들어가기 위해서는 재정적 장벽이 있다. 새로운 클럽이 진입하려면 백만 파운드 정도의 가입금을 지불해야 한다. K리그의 또 다른 난관은 한국 사람들이 클럽 축구보다는 국가대표팀 경기를 아직도 선호한다는 것이며, 이러한 상황은 클럽들의 거래에 어려움을 조성한다. 실제로 고양 국민은행이 2006년 2부 리그에서 우승한 이후 K리그에 진입하지 않기로 하여 논란을 불러일으킨 결정은 일면 재정적 요인이 그 원인이었다.

유럽 국가들과는 달리 한국에서 축구 클럽과 재벌 사이에는 좀더 직접적인 관련이 맺어져 있다. 많은 수의 K리그 클럽들이 한국의 주요 기업들에 의해서 소유되고, 클럽 명칭도 지어졌다. 유럽에서는 몇몇의 예외를 제외하면 기업과의 관계는 소유보다는 스폰서십의 관계로 맺어져 있다. 프리미어 리그의 첼시는 러시아 억만장자인 Roman Abramovich가 소유하고 있지만 그 스폰서에는 삼성이 포함되어 있다. 다른 많은 유럽 국가에서처럼 영국에서의 축구는 지역 연고를 대표하는 클럽들이 존재하는 것처럼 그 지역을 대표하는 스포츠이다. 유럽에서 축구는 특정한 도시 혹은 지역의 인지도를 상승시키는 한 가지 방식이다. 통상적으로 가장 잘 알려진 사례는 독일 클럽 Borussia Mönchengladbach의 경우이다. Mönchengladbach와 축구를 연결시키지 않는 유럽 사람들은 아마도 거의 없을 것이다. 반면에 한국에서는 기업의 소유관계 모델이 더 중요함에 따라 클럽과 지역사회의 통합은 별로 원활한 발전이 이루어지지 못하고 있다. K리그 팀인 부산 아이 파크(과거 대우)가 자신의 지역도시 이름을 채택하는 과정을 보면 그 실상이 드러난다. K리그에 대전이 등장하게 된 것은 영국 클럽의 서포터들에게는 흥미를 줄 것이다. 즉, 이 클럽의 기업이 경영권을 인계함에 따라 대전은 재벌이 아니라 지역사회에 의해서 소유되고 지원받는 팀으로 바뀌었다. 그러나 동시에 그 서포터들은 안양 LG 치타스가 FC 서울로 그리고 부천 SK가 제주 유나이티드로 바뀌면서 연고

지조정과 프랜차이즈 변경의 사례에 관심을 보일 것이다.

또 다른 이슈는 한국과 같은 다른 아시아 국가들과 유럽 클럽들 간에 존재하는 관계에 관한 것이다. 이들 클럽들이 변화함은 분명하다. 전통적으로 지역에 강한 토대를 갖추어 독점성을 갖는 Manchester United나 Juventus와 같은 여러 팀들은 맨체스터나 튜린(Turin)을 넘어서는 지역으로부터 실질적으로 일정한 서포터 조직의 일부를 끌어들여왔다. 이러한 측면은 이들 클럽들이 국가적 시장의 공간 안에서 서포터 혹은 소비자들을 둘러싸고 경쟁을 하는 것이다. 따라서 한국과 같은 국제시장을 개척하는 것은, 단순하게 시장의 발전의 관점으로 비쳐지기도 한다. 그러나 다른 시각에서 보면 신중한 관리를 필요로 하는 발전이기도 하다. 한국 축구에서 이러한 클럽들의 등장을 단순하게 고객의 토대를 확장한다든지 단기적으로 수입의 기회를 확충하는 계기 정도로 생각할 것이 아니라, 장기적으로 축구나 축구 클럽의 발전을 도모하는 계기로 삼아야 한다. 게다가 유럽 클럽들은 새로운 것이나 현재의 시장 공간에 민감하다. 특히 세계화에 따른 이익을 얻기 위한 시도가 클럽의 비즈니스나 시장 잠재력의 바탕으로 작용하는 그 클럽의 장기간에 걸친 사회적 · 지역적 위상에 따라 결정되지는 않는다. 축약해서 말하면, 그러한 도전에는 스포츠와 비즈니스 간의 양 측면을 잘 관리해야 한다.

스털링 대학교(University of Stirling), Stephen Morrow

2007. 7. 16.

감사의 글

이 저작을 연구하고 집필하는 데 도움을 주신 많은 분들께 감사의 말씀을 드린다. 먼저, 이 연구 수행에 동의해 주시고 친절히 조사에 응해 주신 유럽의 클럽들과 서포터 조직의 여러 대표자 분들께 고마움을 전한다. 이 분들은 FC Kobenhavn의 상무이사인 Dan Hammer, 의장인 Flemming Ostergaard, FC Kobenhavn 팬클럽의 Anders Larsen, Tottenham Hotspur의 최고 경영자인 Daniel Levy, Tottenham Hotspur 서포터 트러스트의 Joff Wild, 의장인 Harry van Raaij, 영업이사인 Fons Spooren, PSV Eindhoven의 총무이사인 Peter Foosen, Inter Milan의 CEO인 Jeff Slack 등이다. 특히 세 클럽들로부터 받은 따뜻한 환대에 감사한다. 또한 서포터 디렉트의 Brian Lomax, 그리고 이 연구와 관련하여 저자와의 인터뷰에 응해준 Delotte & Touche Milan의 Antonio Merchesi에 고마움을 표한다. 그리고 저자에게 본 연구를 위해 아벨란제(Havelange) 기금을 수여해 준 FIFA와 CIES에도 감사를 드린다.

이 책은 여러 곳에서 발행된 저작들에 의존하였다. 이 책에 인용된 모든 저자들에게 고마움을 표한다. 특히 나의 동료인 Raymond Boyle, 그리고 스털링 대학(University of Stirling)의 Will Dinan, Philip Morris 그리고 버백 대학(Birkbeck College)의 Sean Hamil 교수에게 많은 빚을 졌다. 이 저작에 많은 도움이 된 여러 프로젝트들을 그들과 함께 수행하였다. 또한 네덜란드의 축구에 관해서 많은 조언과 자료를 제공해 준 세빌 대학(University of Seville)의 Francisco Serrano Dominguez, 마스트리히트 대학(University of Maastricht)의 Marco Broekman에게도 감사를 드린다.

본인이 한 인터뷰 테이프를 성실하게 풀어 기록해 준 Caroline Brand, Joyce Nicol, Alison Wilson, Claire Taylor, 또한 번역관계에서 매우 귀중한 도움을 준 Claire van Wengen, Cyrille Guiat 박사, 그리고 내용분석에 관하여 가치 있는 조력을 아끼지 않은 Jamie Corr에게 진실한 고마움을 표한다. 시종일관 도움과 조력을 더해준 스포츠 연구학과의 Barbara Kettlewell, Jacqui Baird에게도 감사를 드린다.

나의 전 동료였던 Frank McMahon은 매우 특별한 도움을 주었다. 시간과 노력을 기울여 이 책의 초고를 읽어주었고, 여러 가지 통찰력있는 코멘트와 제안을 해주었다. 또한 나의 같은 과 동료인 Wray Vamplew, Grant Jarvie, Joe Bradley뿐만 아니라 스트라클라이드 대학(University of Strathclyde)의 Pauline Weetman 교수, 뉴 사우스 웨일즈(New South Wales)에 있는 맥콰이어 경영대학원(Macquarie Graduate School of Management)의 Rae Weston, 도움이 되는 토론과 충고를 해준 John Moore, 그리고 도움이 되는 토론과 제언을 주신 David Dale, Graeme Smith, Robin Sydserff, Mark Vettraino과 본인의 부친께도 심심한 감사를 드린다.

이 책에 뮤지컬의 서두 부분에 사용되었던 자신의 노래 「하미쉬」(Hamish)의 사용을 허락해 준 Michael Marra에게 특별한 고마움을 전한다. 이 책이 출간되기까지 지속적인 도움을 준 맥밀런(Palgrave Macmillian) 출판사의 Stephen Rutt와 그의 동료들에게도 고마움을 표한다.

마지막으로, 이 책의 연구와 집필의 전 과정에 걸쳐 특히, 모든 잡다한 일에 대해서도 도움과 사랑을 준 Jill에게 커다란 감사를 전한다. 저작의 중간으로부터 끝맺음을 하게 해주고 또 다른 관점에서 일이 지속되도록 도움을 준 Caitlin, Hugh 그리고 Beth에게도 감사를 드린다.

Stephen Morrow

들어가는 말

축구를 묘사하는 많은 단어나 문구들 중에서 가장 설득력이 있는 표현은 '세계인이 즐기는 게임'이라는 말이다. 이 표현은 많은 의미를 담고 있다. 게임의 웅장함은 캄프 누Camp Nou 경기장역주 : FC Barcelona의 홈구장, 웸블리Wembley 스타디움, 산 시로San Siro 경기장역주 : 밀라노 연고의 두 팀 AC Milan과 Inter Milan의 공동 홈구장인 축구 전용구장으로서 'Giuseppe Meazza'라고도 지칭에 모인 수많은 대중들의 시선을 사로잡는다. 우승팀은 승리의 기쁨으로 자신들의 홈에 돌아와 군중들로 가득 찬 거리에서 퍼레이드를 벌인다. 서포터들을 가득 태운 자동차의 에스코트와 깃발을 흔들며 경적을 울리고, 자기 팀의 승리를 축하한다.

오랫동안 국가대표팀은 축구경기의 정점에 있었다. 월드컵은 가장 두드러지는 축구 이벤트의 정점에 있다. 그러나 근래에 들어서는 힘의 균형추가 국가대표팀 간 축구경기에서 클럽 축구경기로 변화하고 있다. 잘 알려진 축구팀인 Manchester United, Bayern Münich, Real Madrid는 세계적 위상을 더해가고 있다. 유럽의 클럽 대항전이 치러지는 가운데 클럽들은 종종 그 지역의 중심에 위치한다. 또한 TV와 다른 기술의 발전을 통해서 유럽이나 국내 경기가 손쉽게 수출될 수 있다. 그 바탕을 자세히 보면 클럽들은 축구와 연관된 모든 부문들과 필연적으로 관련된다. 클럽은 적절한 경쟁 환경 속에서 경기에 임할 수 있도록 필요한 하부 구조와 기회를 선수들에게 제공하고, 게임에 열중하는 팬들과의 소통의 중심에 위치해 있다. 클럽들은 종종 그 지역의 중심으로 기능하며, 지역적 자긍심과 존경의 원천으로 작용한다.

클럽 축구는 최근 들어 매우 괄목할 만한 변화를 보이고 있다. 몇몇 유명 클럽 소속 선수들은 서포터들의 일년 연봉보다 많은 수입을 하루에 받는다. 어떤 클럽들은 자기 팀이 근거를 두고 있는 국가 출신의 선수들이 거의 없으며, 팀의 연고지역 출신들이 점점 줄고 있다. 이제 클럽들은 전통적인 차원에서의 클럽이라는 의미는 거의 사라졌다. 특히 영국과 같은 나라의 클럽들은 전통적인 의미에서 보면 마치 회사처럼 조직화되고 있다. 도시의 금융회사나 미디어 그룹이 소유하고 있는 이러한 회사들이 등장하고 있는 것은 최근의 현상이다. 이제 주요 축구 클럽은 복잡한 비즈니스이며, 경제나 금융 관련 사업과 불가피하게 관련되고 있다.

그러나 축구의 경제적 차원을 수용한다는 것이 축구의 사회적 속성, 즉 사회현상으로서의 중요성을 간과한다든지 저버린다는 뜻은 아니다. 분명히 이 책은 축구의 비즈니스에 관한 책이며, 축구 클럽의 경제적 이슈에 관한 내용이다. 그러나 재정이나 비즈니스가 사회적 진공상태에서 존재할 수는 없다. 매일 사람들은 직·간접적으로 경제와 관련된 비즈니스 정보에 영향을 받고 반응을 한다. 예컨대 직업의 안정성, 집값, 구매결정, 연금의 가치 등과 같은 사회적 문제들은 경제적·비즈니스적 정보와 연관되어 있다. 그러나 축구의 사회적 속성은 이러한 사항들의 범주를 넘어서고 있다. 축구 클럽들의 비즈니스적 경향이 점증하고 있음에도 불구하고 축구는 순수한 경제적 행위와는 구별되는 사회적 측면을 지속적으로 갖고 있다. 따라서 축구 비즈니스의 연구에 더욱 흥미를 더하게 되는 이유는 축구가 지속적으로 가지고 있는 사회적·지역적 중요성의 의미 때문이다.

핵심적인 요소는 항구성과 일체성이다. 팬의 입장에서 자신들의 클럽을 지원하는 것은 오랫동안의 헌신이 있어야 한다. 지역사회의 측면에서 클럽은 안정적인 존재이다. 사람들과 지역사회는 시간이 지남에 따라 물론 변화할 것이다. 이 저작의 목적은 축구와 축구 클럽의 변화 속에서 클럽과 변화하는 지역사회 간에 존재하는 관계를 경제적 · 사회적 차원에서 어떻게 조정해 가느냐에 관한 함의를 제공해 주는 것이다. 축구는 변화해 왔다. 사람들이 그에 따라 얼마나 변화할 것인지? 과연 축구 비즈니스가 또한 모든 사람이 즐기는 게임일 수 있을까?

이 책의 구성은 다음과 같다. 1장은 유럽에서 클럽 축구의 빠르게 변화하는 경제적 차원에 초점을 맞추고 있다. 최근에 유럽 최고 축구 클럽 예산의 흐름은 과거와는 너무 다른 규모를 보여주고 있다. 예컨대, 영국 방송사의 일년 방송권 비용은 83년의 260만 파운드Baimbridge *et al.*, 1996에서 20여 년이 지난 시점에서는 3억 6,700만 파운드Dobson and Goddard, 2001, 437로 140배 이상 커졌다. 이러한 급격한 신장에 따라 클럽 비즈니스 방식이나 전략뿐만 아니라, 좀더 근원적으로는 수입의 균형이나 불확실성 같은 것들을 고려하면서 어떻게 리그를 운영해야 하느냐에 관해서 중요한 함의를 제공하고 있다. 분명히 리그의 운영과 관련된 논의들은 경제적 측면과 사회적 측면의 두 가지를 다 가지고 있다. 2장은 비즈니스로서 축구 클럽 간에 혹은 사회적 제도로서 축구 클럽 사이에서 불거질 수 있는 갈등에 관한 것이다. 이 이슈는 클럽과 그들의 이해관계자들 사이에 존재하는 관계양상에 관련되어 있다. 구체적으로는 선수들과 서포터들, 그리고 지역사회 등과의 관계이다. 축구 클럽이 변화함에 따라 이러한 이해관계인들과의 관계가 어떻게 변화하는가이다. 3장은 클럽들의 조직구조에 관한 것이다. 덴마크, 영국, 이태리, 네덜란드 등의 클럽들의 사례연구를 통하여 클럽들의 소유관계의 측면, 지배구조, 특정 국가의 재정이나 통제 시스템, 또한 축구문화 등을 살펴본다. 사례연구를 통하여 살펴본 주제와 상이점 등이 4장에서 정리되고 분석될 것이다. 4장은 이러한 분석들이 가져다 주는 의미를 탐색하며 가장 바람직한 실제 사례들을 찾아본다. 이러한 결과를 통해 다른 축구 클럽에 관한 소유구조나 시스템은 물론, 나아가서 축구의 사회적 측면과 비즈니스적인 측면의 상호관계를 좀더 잘 이해할 수 있을 것이다. 마지막으로 5장은 축구 클럽들의 재정적 정보의 원천과 함께 이러한 정보들의 의미를 분석 · 연구한다. 어떻게 축구 클럽들이 그들의 지역사회와 경제적으로, 그리고 사회적으로 상호작용하는가에 관한 분석이다.

이 책에서 경제적 · 사회적 측면은 필연적이지만 또한 의도적으로 상호 연관되어 있다. 즉 이 저작은 축구의 재정에 관한 책도 아니고, 축구의 사회적 속성에 관한 책도 아니다. 이를 테면 현대 축구 클럽들의 존재위치를 이러한 양 관점들의 중간지대에 위치시키려는 시도이다. 즉, 그러한 클럽들이 경제적으로 그리고 사회적으로 어떻게 지역사회와 영향을 주고 받고 또 영향을 미치는지에 관한 연구이다.

유호근 옮김

1. 변화하는 축구 경제

지난 10여 년 동안 축구의 상업적인 발전은 매우 빠르고, 광범위하고, 획기적으로 이루어져 왔다. 그동안 관중 수입이 거의 모든 축구 클럽의 중요한 수입원이었음에는 틀림없지만 그외의 다른 수입원들도 증가하고 있다. 그 중에서 현저하게 증가한 부분은 텔레비전 중계권이었으며, 또한 축구 클럽과 여타 다른 조직들 간의 상업적인 협력관계 그리고 축구장의 부대시설 이용에 따른 수입 등이 늘어가고 있다. 대부분의 사업에서와 마찬가지로 이렇게 새롭게 등장하는 수입원들은 위험부담이 전혀 없는 것은 아니다. 예를 들면 텔레비전 중계 수입은 부분적으로 통신시장의 호황과 같은 좀더 광범위한 경제적 요인들에 의해 영향을 많이 받는다고 볼 수 있다. 논쟁의 여지가 있지만 전통적으로 사업상의 위험부담이 다양한 변수들에 의하여 더욱 악화될 수 있다는 것이다. 그러한 변수들은 각 클럽들이 참여해야만 하는 해당 국가의 경쟁력 있는 리그와 성공적인 스포츠와 같은 통제하기 어려운 요인들에 의해 영향을 받는다. 일정 기간 동안 계약에 의해 정해진 그리고 일방적인 통고만으로 변경되기 어려운 구단의 중요 비용인 선수들의 임금과 함께 축구 클럽의 재정운영은 큰 변화를 맞고 있다.

그러나 불균형적으로 성장한 지난 10년이 지난 후 현재2002년 12월에 이르기까지 축구의 경제적 상황을 둘러싼 불확실성이 존재한다 : 방송시장은 하향화하고, 유럽의 많은 클럽들이 심각한 재정적 어려움에 직면하고, 리그 분리 안이 제출되고, 선수들의 임금제한이 중요한 의제로 자리 잡고 있다. 축구의 불확실한 환경은 재정적인 문제 이외의 곳에서도 나타난다. 즉, 축구의 법적이고 규제적인 환경 그리고 그로 인한 축구의 사회적 · 문화적 역할을 둘러싸고 불확실성이 존재한다.Brown, 2000a ; Parrish, 2002. 유럽에서 축구의 구조와 발전은 유동적인 상태에 있다고 할 수 있다.

제1장의 목적은 축구의 비즈니스에 있어서 변화하는 경제상황으로부터 제기되는 이슈들을 보다 넓은 축구의 사회적 · 규제적 맥락 속에서 검토해 보는 것이다. 특히, 이 장은 축구의 이해당사자들과 해당 지역의 사회적 그리고 사업상의 목적 사이에 분명한 갈등이 존재하는 그런 부문들을 검토하고자 한다.

불균형 경쟁, 결과의 확실성 그리고 집중적이고 성공적인 스포츠

> 덴마크 슈퍼리그(Superliga)가 내일 시작되면 이는 마치 두 마리 말이 경주하는 모습과 같을 것 같다. 즉, Brøndby IF와 FC København 대 나머지 팀들 간의 대결이 될 것이다. 이런 모습은 지난 두 시즌동안 보아왔던 것이다. 재정적인 문제나 선수들에 있어서 이들 두 팀은 최상의 조직을 갖추고 있다. 따라서 이들 두 팀을 제외하고 어디에서든 챔피언이 나오기 힘들 것이다.
>
> Laudrup factor spurs Kobenhavn, www.uefa.com, 26 July 2002

이미 잘 정리된 것처럼 전문적인 스포츠 리그들은 특이한 경제적 구조를 가지고 있다.Arnold and Beneviste, 1987 ; Dobson and Goddard, 2001 ; Neale, 1964 ; Sloane, 1971 ; Szymanski and Kuypers, 1999. 그 중심에는 리그에 참여하는 사람들의 상호 의존성과 균형적인 경쟁 그리고 결과에 대한 불확실성이 있다. 간단하게 보면 클럽은 다른 상대와 시합을 해야 한다. 그러면서 관중이나 더 나아가 중계권자들의 흥미를 끌기 위해서 강한 리그는 시합의 결과를 미리 예측할 수 없어야 한다. 이론적인 연구들에 따르면 시장의 힘이 리그 소속 팀 사이에 균형적인 경쟁을 유지시켜 줄 수 있다고 주장한다.Dobson and Goddard, 2001. 그러나 현실에 있어서는 축구에 규제력을 행사하는 당국은 교환체계와 분배체계와 같은 경쟁적 행위에 대한 통제와 클럽의 상호 소유에 대한 규제를 통해 시장을 지배한다. 적어도 부분적으로 집행부들은 직접적으로는 리그 내에서, 또는 간접적으로는 멤버 클럽 또는 축구의 이해 당사자 간에 수입의 분배를 통해서 균형적인 경쟁을 담보하려고 시도한다.

균형적인 경쟁이 잘 지켜지고 있지 않은 리그에서 집중적이고 성공적인 스포츠역주 : 소수의 팀이 리그에서 상위권을 독식하는 현상가 증가하고 있는 것을 볼 수 있다. 스코틀랜드는 종종 탑 리그에서 결과에 대한 불확실성이 없는 나라로 간주되고 있다. 이 나라에서는 성공적인 스포츠가 '올드 펌' Old Firm이라고 불리는 Celtic과 Rangers 두 클럽에 집중되어 있다. 예를 들면 1975/76년 리그 이후 스코틀랜드 프리미어 리그the Scotland Premier League는 27시즌 중에 23시즌을 올드 펌 중 한 팀이 승리하고 있다. 그리고 1984/85 시즌 이후로는 올드 펌 이외의 팀이 승리하지 못하고 있다. 〈표 1.1〉을 보면 스코틀랜드 프리미어 리그 내에서 집중화된 스포츠 성공의 최근 역사를 알 수 있다.

〈표 1.1〉 스코틀랜드 : 스포츠 성공의 집중화

리그 순위	2001/02	2000/01	1999/2000	1998/99	1997/98
1	Celtic	Celtic	Rangers	Rangers	Celtic
2	Rangers	Rangers	Celtic	Celtic	Rangers
3	Livingston	Hibernian	Hearts	St. Johnstone	Hearts
4	Aberdeen	Kilmarnock	Motherwell	Kilmarnock	Kilmarnock
5	Hearts	Hearts	St. Johnstone	Dundee	St. Johnstone

출처 : International Soccer Servers (http://sunsite.tut.fi/rec/riku/soccer.html)

25개 클럽 가운데 10개 정도는 지난 다섯 시즌 중에 상위 5위 중에 하나를 차지하고 있지만 그럼에도 불구하고 Celtic과 Rangers 두 클럽의 계속적인 지배는 명백하게 드러나고 있다. 이들 두 클럽이 스코틀랜드 프리미어 리그에서 상위 2개를 차지하지 못한 마지막 시즌은 Celtic이 Rangers, Motherwell, Hibernian에 이어 4위를 차지한 1994/95이었다. 더욱이 3위를 차지하는 클럽은 점점 이들 두 클럽에 비해 현저히 뒤쳐져 있기 때문에 리그 내의 또 다른 리그의 형성을 초래하고 있다. 〈표 1.2〉는 이들 두 클럽과 다른 클럽들 사이에 벌어지고 있는 차이가 지난 다섯 시즌 동안 더욱 간격이 넓어지고 있음을 보여준다.[1] 이러한 사실을 보다 명확히 알기 위해서는 별표*를 볼 필요가 있다. 2002/03 시즌 초기에 Ladbrokes는 스코틀랜드 프리미어 리그 타이틀을 보유하고 있는 Celtic에게는 2/5를 배팅하고 새로운 챔피언이 되려고 하는 Rangers에게는 13/8을, 공동 3위를 형성한 Aberdeen, Heart of Midlothian, Livingston에게는 모두 250/1의 배팅을 했다. 증가하고 있는 스포츠 성공의 집중화에 대한 예는 Celtic과 Rangers가 시즌 동안 다른 스코틀랜드 팀과의 경기에서 패배하는 경기 수가 줄어들고 있는 것에서도 나타난다. 이것은 경기결과에 대한 불확실성을 말해주는 지수가 된다.〈표 1.3〉 참조.[2]

〈표 1.2〉 스코틀랜드 프리미어 리그 격차

	2001/02	2000/01	1999/2000	1998/99	1997/98
챔피언과 3위 팀 사이	45*	31	36	20	7
2위 팀과 3위 팀 사이	27*	16	15	14	5

* 2001/02 시즌부터 스코틀랜드 프리미어 리그는 시즌 마지막 여섯 경기를 위해서 상위 여섯 개 클럽과 하위 여섯 개 클럽을 나눈다. 따라서 상위 6개 팀은 약한 팀과의 쉬운 경기를 하는 것보다 자신들끼리 경기를 하기 때문에 격차는 더욱 증가할 것으로 예상된다.

출처 : Rothmans, 2002.

〈표 1.3〉 올드 펌 : SPL 리그의 다른 클럽에게 패배한 경기의 수

	2001/02	2000/01	1999/2000	1998/99	1997/98
Celtic	1	1*	6	5	4
Rangers	1	5	2*	4	4

* 우승 후 한 경기 패배

출처 : International Soccer Servers (http://sunsite.tut.fi/rec/riku/soccer.html)

리그에서 경기결과의 확실성이 높을 때 경기 관중과 TV 시청자들과 같은 소비자의 관심은 줄어들게 된다. 그 결과 클럽의 수입도 줄어들게 된다. Dobson and Goddard[2001, 427]는 스코틀랜드와 같은 나라에서 리그가 갖는 문제는 나라의 크기라고 주장한다. 그들에 따르면 일반적으로 스코틀랜드와 같은 작은 나라는 '최소 효용 규모' 문제로 인해 어려움을 겪는다는 것이다. 즉, 잉글랜드, 프랑스, 독일, 이탈리아, 스페인과 같은 큰 나라들과 비슷한 수준을 가진 리그를 만들기 위해서는 재능 있는 선수들을 고용하고 비슷한 수준의 관중과 방송 시청자들을 끌어낼 수 있는 16개 또는 18개 팀을 유지해야 하지만 스코틀랜드에서는 국가 인구가 너무 적어서 이러한 일들이 쉽지 않다. 결과적으로 경쟁은 지극히 불균형적이고 방송 수입은 많지 않다.

역설적이게도 최근까지 Celtic과 Rangers 사이에 존재하는 라이벌 의식과 극도의 경쟁심리는 이들 클럽을 재정적으로 풍족하게 만들어 주었다.[3] 비록 이것이 스포츠 경쟁에 대한 전통적 경제이론을 무력화시킬 수도 있지만, 합리적 설명에 따르면 이들 두 클럽이 가장 큰 시장을 가지고 있기 때문에 그들 간의 경쟁은 높은 시청률과 경기 관중을 확보할 수 있는 충분한 요인이 된다. 다른 말로 하면 10개 또는 12개의 비경쟁적인 리그 내에서 두 클럽 간의 경쟁적 리그가 있어왔다고 할 수 있다. 다른 클럽들이 어느 정도 올드 펌에 대한 시장의 관심으로부터 재정적인 혜택을 받아왔지만 그들이 받은 경제적 보상은 그들이 올드 펌과의 경기에서 비경쟁적인 모습을 보여주는 것을 대체하기에는 충분치 않다.

축구는 폐쇄적 체계 내에서 작동하는 것이 아니다. 클럽들은 국내 리그뿐만 아니라 다른 유럽 팀들과도 경기를 할 수 있다. 최근에 최상의 클럽들이 방송중계권으로부터 받는 재정적 보상이 늘어나고 있다. 문제는 그러한 재정적인 보상을 어디에 투자할 것인가에 관심이 집중되고 있다. 리그 내의 균형적인 경쟁을 증진시키는 일과 클럽들이 다른 유럽 팀들과의 경쟁에서 이길 수 있도록 재정적인 지원을 해주는 일 사이에 갈등이 존재한다. 최근 몇 년 동안 스코틀랜드에서는 이러한 갈등으로 인해 리그의 재편이나 재정적 보상의 분배와 같은 문제가 주요 의제로 부각되고 있다. 실제로 올드 펌의 클럽들은 전영 리그Nationwide League나 프리미어 리그와 같은 부유한 리그에 참가하려고 시도하고 있다. 심지어 작은 나라들에서 규모가 제법 큰 클럽들을 포함한 아틀란틱 리그Atlantic League와 같은 새로운 리그의 탄생을 통해 재정적으로 이윤이 남는 리그의 멤버가 되려고 시도하고 있다.

스코틀랜드에서 균형적인 경쟁이 부족하다는 것은 오랫동안 제기되어왔던 문제이다.[4] 그러나 결과의 확실성이 보다 보편적인 이슈가 되어 가고 심지어 규모가 커서 '최소 효용 규모'의 문제로부터 고생하지 않을 것 같은 나라들에서도 이 문제는 존재한다는 증거가 제시되고 있다. 예를 들면, 1988년부터 10여 년 동안 이탈리아, 독일, 스페인, 잉글랜드의 리그들에 대한 연구에서 Hoehn and Szymanski1999는 세 개의 제일 큰 팀들이 모든 유럽 축구 대회 챔피언의 약 40%에서 50%를 차지했다고 주장한다.[5] 또한 〈표 1.4〉부터 〈표 1.9〉에서 잉글랜드, 이탈리아, 독일, 프랑스, 네델란드의 프리미어 리그 내에서 스포츠 성공의 집중에 대한 최근 역사를 관찰할 수 있다.

잉글랜드에서 25개 팀 중에서 단지 여덟 클럽만이 지난 다섯 시즌에서 상위 5위의 자리 중 하나를 차지했다. 지난 번 FA 프리미어십FA Premiership을 Arsenal이나 Manchester United가 아닌 다른 팀이 차지한 것은 1994/95 시즌의 Blackburn Rovers가 구단주 Jack Walker 아래에서 타이틀을 차지한 이후에 처음이다. 지난 다섯 시즌에서 유일하게 Liverpool이 2001/02 시즌에서 Arsenal과 Manchester United가 시즌 마지막에 있어서 1위와 2위를 차지하는 것을 저지했다. 그리고 이들 3개 클럽이 다섯 시즌 중에서 상위 3개의 자리 중 87%를 차지했다. 게다가 네 번째 클럽인 Leeds United는 지난 다섯 시즌 중 네 시즌에서 상위 5위 안에 드는 성적을 거두었다.

Murphy1999a는 영국 엘리트 축구의 전반적인 경쟁력에 대한 연구에서 상위와 하위 클럽 사이, 그리고 상위 6개와 하위 6개 클럽의 실적 차이를 계산하고 그 결과 1945년 이후 경쟁력이 하락하는 경향을 발견할 수 없었다고 주장한다. 그러나 그는 동시에 이러한 결과가 몇몇 클럽의 엘리트 위치가 점점 굳어질 가능성을 배제하지는 않는다고 언급하고 있다. 따라서 〈표 1.4〉에 나타난 최근의 모습들이 Murphy가 분석한 경험적 연구와 일치하고 있다. 전반적으로 리그는 차이점의 면에서 계속해서 균형적인 경쟁을 보여주고 있지만 그럼에도 불구하고 소수의 엘리트 클럽들이 계속해서 실질적인 경기의 승자가 되고 있다.

〈표 1.4〉 잉글랜드 : 스포츠 성공의 집중화

리그 순위	2001/02	2000/01	1999/2000	1998/99	1997/98
1	Arsenal	Manchester United	Manchester United	Manchester United	Arsenal
2	Liverpool	Arsenal	Arsenal	Arsenal	Manchester United
3	Manchester United	Liverpool	Leeds United	Chelsea	Liverpool
4	Newcastle United	Leeds United	Liverpool	Leeds United	Chelsea
5	Leeds United	Ipswich Town	Chelsea	West Ham United	Leeds United

출처 : International Soccer Servers (http://sunsite.tut.fi/rec/riku/soccer.html)

이탈리아에서는 25개의 클럽 중 오직 10개 클럽만이 지난 다섯 시즌에서 상위 5위 중 하나를 차지하였다. 이들 중에 Fiorentina는 파산상태로 가다가 지금은 세리에Serie C에서 다시 시작하고 있다. 영국과 달리 이탈리아에서는 세리에 A 타이틀을 차지하는 팀이 다양해지고 있다. 지난 4년 동안 매년 다른 클럽이 세리에 A 타이틀을 차지했다. 비록 어떠한 클럽도 지난 다섯 시즌에서 매번 상위 5위 내에 들어가지는 못했지만 3개 클럽 [Juventus, Roma, Inter]은 지난 다섯 시즌 중 네 시즌에서 상위 5위를 차지했다.

이탈리아에서처럼 스페인에서도 25개 클럽 중에 10개 클럽만이 지난 다섯 시즌에서 상위 5위 안에 들어갔다. 그러나 지난 4년간의 경기에 대한 분석을 보면 20개 클럽 중에 단지 7개 클럽으로 내려간다. 이러한 결과는 이탈리아와 비슷하게 스페인에서도 각기 다른 클럽이 지난 4년 동안 매년 프리메라 리그Primera League를 차지했지만 어쨌든 엘리트 클럽 내부에서 우승자가 나오고 있다. 한편, 두 클럽Real Madrid, Barcelona은 지난 다섯 시즌 중에 매번 상위 5위를 차지했다. 그들은 1위를 세 번 그리고 2위를 두 번 차지했었다.

〈표 1.5〉 이탈리아 : 스포츠 성공의 집중화

리그 순위	2001/02	2000/01	1999/2000	1998/99	1997/98
1	Juventus	Roma	Lazio	Milan	Juventus
2	Roma	Juventus	Juventus	Lazio	Inter
3	Inter	Lazio	Milan	Fiorentina	Udinese
4	Milan	Parma	Inter	Parma	Roma
5	Chievo	Inter	Parma	Roma	Fiorentina

출처 : International Soccer Servers (http://sunsite.tut.fi/rec/riku/soccer.html)

〈표 1.6〉 스페인 : 스포츠 성공의 집중화

리그 순위	2001/02	2000/01	1999/2000	1998/99	1997/98
1	Valencia	Real Madrid	Deportivo la Coruña	Barcelona	Barcelona
2	Deportivo la Coruña	Deportivo la Coruña	Barcelona	Real Madrid	Atlético Bilbao
3	Real Madrid	Mallorca	Valencia	Mallorca	Real Sociedad
4	Barcelona	Barcelona	Zaragoza	Valencia	Real Madrid
5	Celta Vigo	Valencia	Real Madrid	Celta Vigo	Atlético Madrid

출처 : International Soccer Servers (http://sunsite.tut.fi/rec/riku/soccer.html)

독일에서는 25개 클럽 중에 오직 9개 클럽만이 지난 다섯 시즌 중에 상위 5위 안에 하나를 차지했다. 지난 두 시즌에서 똑같은 다섯 개 클럽이 비록 순위는 달랐지만 상위 5위 자리를 모두 차지했다. Bayern Munich과 Bayer Leverkusen과 같은 두 클럽은 지난 다섯 시즌에서 매번 상위 5위를 차지했다. 특히 이 두 클럽은 다섯 시즌 중에서 상위 두 개 팀으로 끝난 것 중에 70%를 기록하면서 1위 3번 그리고 2위 4번을 차지했다.

〈표 1.7〉 독일 : 스포츠 성공의 집중화

리그 순위	2001/02	2000/01	1999/2000	1998/99	1997/98
1	Borussia Dortmund	Bayern Munich	Bayern Munich	Bayern Munich	Kaiserslautern
2	Bayer Leverkusen	Schalke 04	Bayer Leverkusen	Bayer Leverkusen	Bayern Munich
3	Bayern Munich	Borussia Dortmund	Hamburg SV	Hertha Berlin	Bayer Leverkusen
4	Hertha Berlin	Bayer Leverkusen	1860 München	Borussia Dortmund	Stuttgart
5	Schalke 04	Hertha Berlin	Kaiserslautern	Kaiserslautern	Schalke 04

출처 : International Soccer Servers (http://sunsite.tut.fi/rec/riku/soccer.html)

가장 낮은 스포츠 성공의 집중도는 프랑스에서 나타난다. 25개 클럽 중에 13개 클럽이 지난 다섯 시즌 중에 상위 5위 중 하나를 차지했다. 게다가 어느 클럽도 다섯 시즌 모두에서 상위 5위를 차지하지 못했다. 단지 두 개 팀Lyon 그리고 Bordeaux만이 다섯 시즌 중에 4개에서 상위 5위 안에 드는 성적을 거두었다. 더욱이 매년 다른 클럽이 리그 챔피언을 차지했다. 이와 같이 매우 균등한 실력을 가진 클럽들이 계속해서 지속될 것인가 하는 문제는 아직 확실하지 않다. 2002년에 프랑스의 축구 클럽들이 현재 연합의 원칙을 유지하는 데 찬성했지만, 반면에 그들은 현재의 텔레비전의 중계권 분배를 첫 번째 디비전에 있는 클럽들에게 전체 예산의

81%를 주는 것으로 법을 고치는 데 찬성하였다. 이 중에서 1/2은 모든 클럽들에게 공평히 분배되고, 1/3은 성과에 따라 분배되며, 나머지는 각 클럽의 전년도 리그 성적과 방송출연 그리고 원정경기에서 방문 팀이 홈팀의 관중들에게 미친 영향 등을 고려한 기준에 따라 분배된다.Soccer Investor, 2002. 지난 세 개 시즌 동안 매번 리그 1에 속한 각 클럽의 일 년 평균 예산은 대략 3,500만 유로였다.2002/03 시즌을 포함해서. 예산의 범위가 급격하게 증가하고 있다. 2002/03 시즌에 가장 많은 예산을 집행한 Olympic Lyon 1억 100만 유로은 가장 적은 예산을 쓴 AJ Ajaccio1,220만 유로보다 무려 8배 정도 많은 예산을 기록했다. 이것은 2001/02 시즌의 5 대 1 수준보다 늘어난 것이다.Soccer Investor, 2002b. 흥미로운 사실 하나는 2000/01 시즌에 세 번째로 적은 예산을 사용한 Lille1억 2천만 프랑스 프랑, 1,830만 유로는 3위를 했는데 가장 많은 예산을 사용한 Paris St Germain5억 프랑스 프랑, 7,620만 유로은 9위를 차지했다.Soccer Investor, 2001d.

〈표 1.8〉 프랑스 : 스포츠 성공의 집중화

리그 순위	2001/02	2000/01	1999/2000	1998/99	1997/98
1	Lyon	Nantes	Monaco	Bordeaux	Lens
2	Lens	Lyon	PSG	Marseille	Metz
3	Auxerre	Lille	Lyon	Lyon	Monaco
4	PSG	Bordeaux	Bordeaux	Monaco	Marseille
5	Lille	Sedan	Lens	Rennes	Bordeaux

출처 : International Soccer Servers (http://sunsite.tut.fi/rec/riku/soccer.html)

〈표 1.9〉 네덜란드 : 스포츠 성공의 집중화

리그 순위	2001/02	2000/01	1999/2000	1998/99	1997/98
1	Ajax	PSV Eindhoven	PSV Eindhoven	Feyenoord	Ajax
2	PSV Eindhoven	Feyenoord	Heerenveen	Willem II	PSV Eindhoven
3	Feyenoord	Ajax	Feyenoord	PSV Eindhoven	Vitesse
4	Heerenveen	Roda JC	Vitesse	Vitesse	Feyenoord
5	Vitesse	Utrecht	Ajax	Roda JC	Willem II

출처 : International Soccer Servers (http://sunsite.tut.fi/rec/riku/soccer.html)

네덜란드에서는 25개 클럽 중에 단지 8개 클럽만이 지난 다섯 시즌에서 상위 5위 중 하나를 차지했다. 그러나 보다 자세히 보면 3개 클럽Ajax, PSV, Feyenoord이 이 기간 동안 상위 3위 중에서 80%를 차지했다. 이들 클럽 중에 상위 5위 중 하나를 차지하지 못한 시즌은 Feyenoord가 8위를 차지한 1990/91 시즌이었다. 그리고 이들 말고 다른 클럽이 리그 챔피언을 차지한 것은 AZ '67이 타이틀을 차지한 1980/81 시즌으로 거슬러 올라간다. 네덜란드에서 축구가 성공한 요인도 집중화된 스포츠 성공 때문이다. 그럼에도 불구하고 위와 같은 비율은 영국 프리미어 리그와 비교하면 별 특별한 것도 아니다.

── 누가 승리를 쟁취하는가? 축구의 텔레비전 의존

축구 팬에게 남아 있는 것은 중요한 순간들의 기억들이다. 마치 양가죽의 외투를 입은 신사가 할 것처럼 좋은 말은 좋은 해설자로부터 나온다. Manchester

> United가 FA 컵을 차지했을 때 John Motson은 "Buchan이라는 사람이 제일 먼저 39개의 계단을 올라가야 하는 것이 맞니?"라고 말했다. 그의 후임자가 방송광고가 시작되기 전에 그것을 말할 시간이 있을까?
>
> The Scotsman, Editorial, 15 June 2000, 17

프랑스는 예외로 하고 나머지 나라들에서는 집중적인 스포츠 성공의 증거들이 있다. 클럽 소유 구조와 같은 요인들은 상황을 더욱 악화시킬 수도 있다.제3장을 참조. TV와 축구 사이에 발전된 상징적인 관계는 경쟁적인 리그의 균형을 해쳐왔고 프로 축구에 있어서 가장 중요한 문제가 되고 있다.Brown, 2000a ; Dobson and Goddard, 2001, 425. 스포츠가 텔레비전의 방송사업에 중요하게 자리 잡고 있는 가운데 중계권료로부터 나오는 재정적 수입은 축구 클럽들에게 아주 중요한 수입원이 되고 있다.

이러한 의존관계가 방송시장의 경제학에서는 근본적으로 반대의 경우를 찾을 수 있다. 즉, 과거에는 프로그램 컨텐츠가 부족한 TV 채널을 확보하기 위해 경쟁해야만 했는데 1990년대 초에 와서는 반대로 많은 채널들이 상대적으로 부족한 컨텐츠를 찾아 경쟁하는 구도로 바뀌게 되었다.Cowie and Williams, 1997 ; Westerbeek and Smith, 2002, 145. 이러한 현상은 유럽에 있는 클럽, 특히 TV 보급의 진전으로부터 혜택을 입음으로써 많은 잠재적 TV 시청자들을 가진 나라의 클럽들에서 나타난다. 축구의 방송에 대한 의존의 정도가 얼마인지 알 수 있는 예는 바로 유럽의 거대 리그에서 행해지는 방송과 축구 간 계약의 효과가 약 17억 9,500만 파운드를 능가한다는 것이다.Campbell, 2002a. 〈표 1.10〉은 현재 몇몇 유럽 리그 내에서 진행되고 있는 계약의 개괄적인 내용을 보여주고 있으며, 〈표 1.11〉은 유럽의 최고 축구 리그 중에서 방송수입이 얼마나 증가하고 있는지를 보여준다.

보다 광범위한 방송시장에서의 이러한 변화는 늘어나는 수입을 챙기려는 유럽의 주요 클럽들의 의도와 일치한 결과이다. 보다 이윤을 많이 내는 중계권에 대한 수요는 몇몇 나라에서 근본적인 구조적 변화를 초래하고 있다. 예를 들면 1992년 영국에서 FA 프리미어 챔피언의 구성이라든지 1992/93 시즌에 유러피안 컵이 UEFA 챔피언 리그로 변형되었던 경우들이다. 이탈리아나 스페인 같은 나라에서는 집단적인 TV 방송협상이 자신들의 개별적인 협상을 선호하는 클럽들에 의해서 포기되거나 또는 다른 형태의 집단적 협상과 같이 병행되거나 한다.[6)]

〈표 1.10〉 TV 중계권료

	시기	방송사	내용	년간 중계료 비용 (추정치) 백만유로
영국	2001-04 (3년)	BSkyB ITV	프리미어 리그 경기 생중계와 하이라이트	673
프랑스	2001-04 (3년)	Canal Plus, TPS, France TV	1과 2 디비젼, 리그 컵, 생중계와 하이라이트	380
독일	2000-04 (4년)*	KirchMedia		372.5
	2002-04 (2년)	KirchMedia : ProSieben, SAT 1, Premiere World	공중파 채널에서 무료로 하이라이트 중계, 생방송은 Pay-TV에서	293 + 한회당 50.6
이탈리아	2001-02	RAI	Serie A와 B 경기 하이라이트, 코파 이탈리아에서 생중계	88.8
		Stream, Telepiu	대부분의 Pay-TV 협상은 클럽에 의해 개별적으로 조정≠	Inter 44, Juventus 49, Parma 25, Torino 8
스코틀랜드	1998-2002 (3년)	BSkyB BBC	SPL 경기 생중계 하이라이트	17.7
	2002-04 (2년)	BBC	SPL 경기 생중계 하이라이트	12.6

* KirchMedia가 2002년 4월에 생겨나고 고정 계약자로 확정하고 난 후에 분데스리가(Bundesliga) TV 중계권은 재협상되었다. 그러나 중계권이 경매에 회부되었을 때 KirchMedia는 다시 계약을 유지했고 중계권료도 줄어들었다.
‡ 8개의 작은 클럽들은 집단적으로 Pay-TV와 협상한다.
출처 : 영국(Dobson and Goddard, 2001, 437) ; 프랑스(Soccer Analyst, 2(1), 6) ; 독일(SportsBusinessTV, 19 July 2002, 5) ; 이탈리아(Soccer Investor, 106, 7 and 109, 1-2) ; 스코틀랜드(여러 방송 보도)

〈표 1.11〉 **방송 수입**(매출 비율 %)

	2000/01 (%)	1999/2000 (%)	1998/99 (%)	1997/98 (%)	1996/97 (%)
영국의 프리미어 리그	39*	31	29	26	21
이탈리아 세리 A	54*	56	35	37	36
독일의 분데스리가	45*	31	29	28	25
프랑스의 LNF 프리미어 디비젼	51*	56	42	43	32

* 반대로 다른 유럽 국가들에서 방송 수입은 상대적으로 덜 중요하다. 덴마크에서는 클럽의 전체 수입에서 방송 수입이 4%, 네덜란드에서는 12%, 그리고 스코틀랜드에서는 23%를 차지한다.
출처 : Deloitte & Touche (몇 년 동안)

〈표 1.1〉과 〈표 1.4〉에서부터 〈표 1.9〉까지에서 볼 수 있는 것은 몇몇 소수의 수퍼 클럽들이 국내 리그 내에서 균형적인 경쟁관계를 점진적으로 잠식함으로써 등장하고 있는 것이다. 이들의 등장 배경을 보면 TV 수입의 분배가 비대칭적으로 상위 클럽에게로 집중되고 있기 때문이다. 앞에서도 언급했듯이 스페인 같은 나라에서는 클럽 각자가 TV 협상을 관장하도록 허용하고 있다.[7] 그러나 중계권이 집단적으로 거래되는 리그에서조차도 TV 수입이 점차 양극화되고 있다. 예를 들면 〈표 1.12〉는 영국의 FA 프리미어 리그 내에서 TV 수입의 분배가 어떻게 변화하고 있

는가를 보여준다. 지난 10년 동안 클럽들이 받은 엄청난 수입의 증가는 별도로 하더라도 중요한 것은 지난 10여 년 동안 상위 클럽과 하위 클럽 간의 수입에 있어서 그 차이가 증가하고 있다는 것이다.

〈표 1.12〉 TV 수입의 분배 : FA 프리미어 리그

	2001/02 (백만 파운드)	2000/01 (백만 파운드)	1996/97 (백만 파운드)	1992/93 (백만 파운드)
최상의 수입	25.7	20.4	6.3	2.4
중간	17.3	13.4	4.2	1.6
낮은	10.8	8.4	2.8	1.1
낙하산 보상	4.0	3.1	1.0	0.8
수입의 격차*	138%	142%	125%	118%

* 수입 격차 = 파운드(최고 수입자-최저 수입자)/최저 수입자

낙하산 보상은 FA 프리미어 리그에서 자신들의 지위를 잃음으로써 당하게 되는 재정상의 어려움을 완화시켜 주기 위해 퇴출당한 후 두 시즌에 걸쳐 지급된다.

출처 : FA 프리미어 리그 연차 보고서(몇 년 동안)

공정한 경쟁에 있어서 TV 효과의 다른 측면은 TV로부터의 수입이 전혀 비용이 들지 않는cost-less다는 것이다. 이러한 수입은 상품을 만들어서 생기는 수입과 비교가 되지 않을 정도로 방송 수입에서 생기는 이익은 매우 높다. 축구선수에 대한 투자와 축구의 성공과의 명백한 관계에 있어서Deloitte and Touche, 2001b ; Szymanski and Kuypers, 1999[8] 이러한 수입의 증가는 종종 뜻하지 않았던 소득으로 간주된다. 그리고 이러한 수입은 바로 더 많은 그리고 더 좋은 선수를 영입하는 데 투자된다. 사실 어떠한 리그에서건 몇몇 경우로 제한되어 있기는 하지만 선수에 대한 투자의 증가가 점점 더 집중적인 스포츠 성공으로 이어진다. 잉글랜드의 Ipswich Town

이나 이탈리아의 Chievo 같은 클럽에 의해서 간간이 일어나는 특이한 업적은 결코 도외시될 수는 없지만,[9] 그럼에도 불구하고 이들 나라에서 종종 보여지는 것은 몇몇 수퍼 클럽에게 리그 챔피언이 돌아가고 있는 것이다. 현재의 시스템은 강력한 리그와 클럽을 더욱 강화하는 쪽으로 설계되어 있다. 경쟁은 점점 의미가 없어지고 기득권을 가진 클럽이 구조적으로 자기 재생산을 하게끔 변화되이 가고 있다.

유럽 전체의 경쟁에서 공정한 경쟁이라는 이슈는 적어도 부분적으로는 몇몇 특별한 나라에서 재미보고 있는 TV 협상의 범위에 영향을 받는다. 일반적으로 한 나라의 국내 TV 시장 규모는 그 나라의 TV 협상의 범위에 영향을 미친다. 결과적으로 네덜란드 같이 TV 시장이 작은 나라에 있는 클럽은 잉글랜드와 이탈리아에 있는 클럽들과 경쟁할 때 재정적으로 불이익을 감수해야 한다. 이러한 결과는 아마도 스포츠 관점에서는 만족스럽지 못한 것이다. 하지만 이러한 구도의 공정성에 대한 논쟁은 그것의 효과보다는 원인에 초점을 두어야 할 것이다. TV로부터 얻는 수입이 분배체계로부터 발생하는 효과이지만 이러한 결과는 분명히 원인, 즉 서유럽 국가들 사회를 지탱해 주는 시장경제체계로부터 발생하는 것이다. 재정상의 공정성과 경쟁 클럽 간의 형평성 같은 이슈는 유럽의 챔피언스 리그와 같이 전 유럽에 걸쳐 치러지는 경쟁이라는 상황 속에서 보면 훨씬 더 큰 정당성을 가지고 있는 것 같다. 유럽의 경쟁이 유럽 시장 내에서 이루어지고 있다라는 사실에도 불구하고 챔피언스 리그의 규정에 있어서 유럽축구연맹UEFA : Union of European Football Association은 차별적인 체계를 채택한다. 즉, UEFA는 경기력에서나 재정적으로 시장경제 논리에 따라 클럽들에게 유리하게 작동하는 차별적인 체계를 채택한다.이 장의 "…을 가지고 있는 클럽들에게" 절을 참조.

오르락 내리락-요요, 낙하산, 트램폴린

공정한 경쟁에 있어 또 다른 중요 이슈는 프리미어 또는 최고의 리그와 그렇지 못한 리그에 속한 클럽 간의 차이가 점점 벌어지고 있는 것이나. 다른 디비젼 소속의 클럽 간에, 또는 같은 리그 안에서 벌어지는 클럽의 이동에 관한 연구를 통해 볼 때 디비젼 간 수입의 불평등은 명백하다. Dobson과 Goddard2001, 428에 따르면 1993년부터 1999년 시즌 사이에 FA 프리미어 리그로 편입된 20개 팀 중에서 오직 9팀이 그들이 리그에 속한 후 처음 맞는 시즌에도 여전히 리그에 남아 있었다. 사정은 좋아져서 두 시즌 동안 6개 팀 중 오직 한개 팀Manchester City만이 리그에 편입된 첫 리그에서 탈락하였다. 그러나 다른 다섯 팀 중에 Ipswich Town은 그들의 두 번째 시즌에 탈락하였고, 부자 후원자인 Mohamed Al Fayed가 지원하는 Fulham과 정도는 덜 하지만 Jack Walker 경의 전폭적인 지원을 받는 Blackburn Rovers도 어렵게 편입된 리그에 오래 머물 수 없었다.제3장을 참조. 반대로 영국의 디비젼 1에 편입된 21개 팀 중 17개 팀은 1974년에 소개된 '3팀 편입 4팀 탈락'이 채택된 이후 일곱 시즌 동안 즉각적인 퇴출은 피했다.Dobson and Goddard, 2001, 428.

이러한 패턴은 비단 잉글랜드에만 한정되는 것은 아니다. 〈표 1.13〉에서 보는 바와 같이 최근의 자료를 통해 보면 독일, 이탈리아, 스페인의 경우보다는 잉글랜드의 프리미어 리그에서 새로 편입된 클럽이 생존하기가 더 힘들어 보인다.

〈표 1.13〉 편입된 이후의 잔존력

	편입된 첫 해에 퇴출당한 클럽의 수 / 편입된 첫 해에 퇴출당한 클럽의 수		편입된 첫 번째 또는 두 번째 해 편입된 클럽의 총 수에 퇴출된 클럽의 수 / 편입된 클럽의 총수	
	1996/97 이후*		1996/97 이후⧧	
잉글랜드	7/15	47%	9/12	75%
독일	5/15	33%	6/12	50%
스페인	6/16	38%	8/13	61%

* 1996/97 시즌에 편입된 클럽은 만약 이들이 다음 시즌(1997/98)에 퇴출 되었다면 포함된다.

⧧ 1996/97 시즌에 편입된 클럽은 만약 이들이 다음 시즌(1997/98)이나 또는 그 다음 시즌(1998/99)에 퇴출되었다면 포함된다.

출처 : International Soccer Servers(http://sunsite.tut.fi/rec/riku/soccer.html)

유럽에서의 축구 리그들은 경쟁과 실력위주의 원칙에 기초하고 있다. 클럽의 지위나 크기에 상관없이 불충분한 점수가 쌓인 클럽은 퇴출된다. 이러한 분위기는 유럽의 초강력 클럽 중의 하나인 Manchester United가 유럽의 최고 디비젼에서 뛰지 못한 1974/75 시즌 이후 약 30년 동안 지속되었다. 그러나 문제는 단지 경기결과에 따른 재정적 보상이 주어지는 상황보다는 경기결과가 점점 재정적 분배구조에 종속되어가고 있다는 것이다.

영국의 프리미어 리그에서 소위 낙하산 보상을 받고 전영리그로 퇴출당하는 클럽들을 위한 재정적인 지원체계가 존재한다.〈표 1.12〉 참조. 이러한 보상은 퇴출로 인한 재정적 압박에 대한 보충적인 측면이 있고, 그들이 계속해서 선수들을 보유하게 만들기 위한 것이다. 이것은 결국 영국 축구에서 텔레비전 수입 분배가 공정하지 못하다는 것을 은연 중에 보여주는 것이다. 스포츠 관점에서 보면 낙하산 보상을 받은 클럽은 자신들이 최고의 리그에서 경기한 경험이 있기 때문에 낮은 디비젼에 있는 다른 클럽들과 비교할 때 굉장히 유리한 조건을 갖게 된다. 결국 이것이 수준이 낮은 리그에서 공정한 경쟁을 방해하게 된다. 이처럼 보상은 요요현상을 유발하고 낙하산보다는 트램폴린에 가까워진다.Murphy, 1999a.

〈표 1.14〉는 최근에 프리미어 리그와 전영 리그 모두에서 경기를 해본 Ipswich Town의 재정상황에 대한 비교분석이다.

〈표 1.14〉 Ipswich Town : **퇴출비용**

시즌	1999/2000	2000/01	2001/02	2002/03
지위	전영 디비젼 1, 편입(백만 파운드)	FA 프리미어, 5위(백만 파운드)	FA 프리미어, 퇴출(백만 파운드)	전영 디비젼 1; 7위(백만 파운드)
매출	10.0	31.3*	37.4	?
텔레비전, 라디오 그리고 프리미어 리그 후원의 분담	1.2	18.5ǂ	18.5ǂ	6.5=5.9 (낙하산 보상) + 0.6(전영 리그)
UEFA 컵 경기의 텔레비전 중계권	–	–	1.5	–
Payroll costs	8.5	17.7	24.2	?

* 13개월 동안

ǂ 2001/02 시즌과 2000/01 시즌(괄호 안에 있는 것)에 대한 수치는 다음과 같이 나누어진 것이다 : 기본 보상 800만 파운드(630만 파운드), TV 중계된 게임의 보상 530만 파운드(400만 파운드), 성과 보상 130만 파운드(540만 파운드), 리그 후원금 분담 380만 파운드(280만 파운드).

출처 : 연차보고서(2000–2) ; 신문보도 (2002–3).

퇴출된 클럽의 수입의 흐름 또는 경향이 의미하는 것은 명백하다. 낙하산 보상이 이들 클럽에게 도움은 되겠지만 이들이 프리미어 리그에 있었다면 이보다는 훨씬 더 많은 수입을 올릴 수 있었다. 이들 클럽에게 기본적으로 어려움이 있다면 그것은 이러한 수입경향이 자신들이 활동하고 있는 환경즉, 어느 리그에 속해 있느냐 하는 것에 변화를 주는 것은 물론 자신들의 지출에 있어서도 변화를 주는 것이다. 특히, 소속 선수들의 임금이 그들과의 계약기간 동안 동결되는 것이다. 물론 Ipswich Town과 같은 클럽이 처해 있는 전영 리그의 상황은 Carlton과 Granada에 의해 운영되고 있는 디지털 TV 회사인 ITV Digital과의 협상 결렬로 더욱 악화되고 있다. 결과적으로 지난 3년 동안 받아온 3억 1,500만 파운드 대신 전영 리그에 있는 클럽들은 앞으로 4년 동안 단지 9,500만 파운드만 받게 될 것이다(Plunkett, 2002). 이러한 상황에도 불구하고 프리미어 리그 밖에서 경기하는 클럽들의 재정적인 결과는 명백하다. 비록 퇴출된 클럽의 재정적인 상황이 전영 리그에서 만나는 새로운 상대들 보다는 훨씬 낫지만 프리미어 리그에 남아 있는 클럽들에게는 훨씬 뒤처져 있게 된다.[10)]

탑 디비젼에 속한 클럽에게 주어지는 보상의 규모라든지 수입 분배구조의 불공정성, 그리고 리그 내 그리고 리그 간의 재분배 원칙으로부터 벗어나는 것 등등이 클럽들에게는 긴장을 고조시키는 요인이 된다. 즉, 이러한 사실은 클럽의 운영자들이 과도하게 단기간의 행위와 결정에 초점을 두게 만든다. 앞에서 논의했던 선수들에 대한 투자와 축구의 성공 간의 상관관계에 대한 여러 자료들에서와 같이 대부분의 클럽들이 과도하게 선수 충원에 지출을 늘리고 더 좋은 선수를 영입하여 탑 디비젼으로 진출하려고 하거나 또는 계속해서 남아 있으려는 노력들을 하는 것은 결코 놀랄 만한 일이 아니다.

Rosen과 Sanderson2001은 클럽들이 선수영입에 투자하는 지출이 국가들 간의 무기경쟁과 비슷하다고 주장한다. 비록 모든 클럽들이 비슷한 비율로 투자를 증가하면 나중에는 결국 어떠한 팀도 더 나아지지 않는다는 사실을 알면서도 클럽들은 예외 없이 상대 클럽이 쓰는 만큼 자신들도 쓰려고 한다. 자제는 결과적으로 클럽의 패배를 초래할 것이다. 축구에서는 적자생존의 법칙이 나타나고 있다. 어느 리그에서나 비슷한 결과가 나온다. 즉, 한 팀이 리그에서 상승세를 타면 반드시 다른 팀은 하향세를 그을 수밖에 없다.Dobson and Goddard, 2001, 429. 따라서 FA 프리미어십처럼 여러 리그에서 만연하고 있는 최고의 클럽에게 최고의 재정적인 보상을 주는 구조 하에서 클럽들이 살아남기 위해서는 지출을 계속 늘릴 수밖에 없게 된다. 그럼에도 불구하고 이러한 어려운 상황과 심각한 압박이 많은 축구 클럽의 이사들에 의해 저질러지는 명백한 운영상의 잘못을 정당화하지는 못한다.

이러한 문제들을 해결하는 데 있어서 어려운 점은 다른 게 아니라 경기력 향상을 우선적인 해결책으로 하느냐의 문제와 경제적 또는 시장 메커니즘에 의한 해결책을 우선으로 하느냐 간의 본질적인 갈등의 문제로 회귀하는 것이다. 공정한 경쟁을 증진시켜야 한다는 관점에서 볼 때 다른 리그들 사이에 보다 공평한 수입 분배를 위한 사례를 만들어 볼 수 있다. 그것은 왜곡된 분배구조를 해소할 수 있고 요요효과를 줄여줄 수 있는 정책을 결정하는 것이다. 그러나 최근에 빠르게 진행되고 있는 축구의 시장중심화에 있어서 그러한 정책들이 실제로 실행되기는 상당히 어렵다.

또 다른 대응은 아마도 낙하산 보상을 철폐하거나 줄이는 것이 될 것이다. 이러한 대응은 아마도 첫 번째 디비젼 내에서 좀더 비슷한 수준의 경기를 가능하게 할 수 있을 것으로 기대된다. 따라서 보다 많은 클럽들이 더 나아져서 더 좋은 리그로 올라가려는 의지를 불태울 수 있을 것이다. 그러나 그러한 클럽들이 현재의 요요 클럽들과 비교해서 자신들의 재정적 뒷받침이 약해질 때 탑 디비젼에서 살아남을 수 있는 기회를 높여주는 데에는 별 소용이 없을 것이다. 그리고 아마도 '한 시즌에 만족하는' 클럽으로 될 가능성이 높다.Murphy, 1999. 더욱이 무자비한 퇴출이 더 좋은 리그로 올라간 클럽의 구단주들 사이에 재정적으로 현실주의적 선택을 하게끔 유도하겠지만, 역설적으로 이것은 또한 프리미어 리그에 남아 있기 위해서 과도한 재정적 위험을 감당하게끔 할지도 모른다. 또 다른 가능성은 매 시즌에 퇴출당하는 클럽과 편입되는 클럽이 증가할 수 있다는 것이다. 이것은 선수들의 플레이가 어느 정도 일정한 수준을 유지하게끔 할 수는 있겠지만, 그것에 따른 수입의 급격한 재분배가 동반되지 못한다면 그러한 현상은 엘리트 또는 수퍼 클럽이 아닌 클럽에게만 해당되는 일로 머무를 가능성이 높다. 낙하산 보상이 철폐되면 구단주들 사이에 재정적 현실주의가 우세할 것으로 예상된다. 그러나 이것은 궁극적으로 개인적인 결정에 따를 것으로 예상된다.

이러한 갈등의 다른 측면에서 볼 때, 한 가지 합리적인 정책적 반응은 FA 프리미어리그나 세리에 A 리그와 같은 탑 리그로부터의 퇴출을 금지하는 일일 것이다. 축구 클럽들이 당면하는 사업상의 위험은 대부분 다른 기업들이 갖는 그러한 위험과는 약간 다르다. 궁극적으로 사업상 또는 재정상의 결과는 비즈니스 매니저 또는 축구 매니저의 통제를 벗어난 이벤트에 의해서 결정된다. 퇴출 위험의 제거는 클럽 이사들이 한두 경기의 성적과 같은 단기간의 통제하기 어려운 운영상의 위험으로부터 자유롭게 하며, 지속적인 중 · 장기 재정상 또는 사업상의 전략을 수립할 수 있게 한다. 어떤 시즌이든 편입이나 퇴출되는 클럽이 많으면 많을수록 그러한 클럽들이 직면하는 사업상의 위험은 점점 더 커진다. 이러한 현상은 왜 이탈리아 축구매년 네 개 클럽이 세리에 A로부터 퇴출당한다에서 몇몇 조언자가 적어도 일시적으로 편입이나 퇴출을 없애자고 주장하는 배경을 말해주고 있다.Antonio Merchesi, Deloitte and Touche Milan과의 인터뷰, 2002년 1월. 그러나 심지어 재정적인 관점에서 볼 때도 그러한 제안이 탈락되는 시점에 있어서 엘리트에 속하는 클럽들에게 매우 매력적인 것일지 몰라도 이것은 다른 쪽의 입장에서 보면 결코 매력적이지 않다. 보다 근본적인 것은 폐쇄적인 리그가 다른 사람들에 의해 위에서 지적한 바와 같이 변화하고 있는 재정적인 경제학의 논리적 연장으로 보여질 수 있다. 그러나 그러한 제안은 경기력이나 성과급 원리에서 볼 때, 형태적인 면에서나 내용적인 면에서 좀 특이한 것이다. 현재 재정상의 재분배체계는 결코 만족스럽지 않을지 모른다. 그러나 이론적으로 그들은 성과금의 원치을 보유하고 있다.

경기력이나 재정적인 결과를 담보해 줄 수 있는 어떤 실제적이고 정책적인 해결이 존재하기는 어렵다. 그보다는 현재 상황의 부정적인 측면을 최소화하기 위한 실용적인 접근에 초점을 두어야 할 것이다. 한 가지 가능성은 클럽 내부에서 할 수 있는 좀더 발전된 재정운영에서 찾을 수 있을 것이다. 앞에서도 언급했듯이 퇴출의 재정적 결과는 선수들의 임금 동결이라는 문제에 의해 더욱 악화된다. G14 클럽과[11] 영국의 전영 리그에 의한 자발적인 임금억제와[12] 함께 한 가지 나아갈 방향은 아마도 재정적인 보상이 경기력 향상과 연계되는 선수계약의 도입일 수 있다. 다시 말해서 클럽들은 다른 사업에서는 일반적인 일이지만 업적에 기초한 지출performance-related pay, PRP의 도입을 고려해야 한다. 이것으로 축구 사업에서 존재하는 근본적인 문제를 해결할 수는 없을 것이다. 그러나 최소한 그러한 실용주의적인 방안이 클럽의 지출이 좀더 경기력, 더 나아가 재정적인 성과와 긴밀히 연계될 때 클럽의 지속성에 도움이 될 수 있을 것이다. 재정적인 어려움을 겪었던 2002 시즌에서 PRP에 대한 요구가 거세었지만[13] 현재는 전혀 새로운 것이 아니다. 예를 들면 1980년대 스코틀랜드 클럽인 Dundee United의—이 팀은 스코틀랜드 프리미어 리그의 챔피언을 차지하였고 유러피언 컵의 4강에 올랐다—성공 배경은 재능 있는 젊은 선수들뿐만 아니라 상대적으로 낮은 기본임금과 높은 업적에 기초한 성과금에 의존하는 지출구조 때문이었다.Morrow, 2001b.[14] 그러나 PRP는 단지 선수들에게만 제한되어서는 안 된다. PRP는 최근에 성적이 좋지 못한 클럽의 이사들에게도 도입되어야 한다. PRP 접근법들은 UEFA가 제안한 클럽인증 시스템이것은 클럽들이 자신들의 수단을 이용하여 생존하도록 고안된 것이다에 명시되어 있는 재정적 조건과 일치한다. 이러한 제안 하에서 미지급된 임금이나 이적비용 같은 채무로 인해 시즌이 끝날 때쯤에는 자신들의 채무가 자산을 초과할 것으로 예측되는 클럽들은 UEFA 클럽 대항전에 참여할 수 없게 된다.UEFA 2002a, 제2장에 있는 '선수들' 이라는 절과 제5장에 있는 '연차 보고와 재정' 이라는 절을 참조. 프랑스 같은 나라들은 이미 국내적으로 인증체제를 가지고 있다. 그것은 재정적으로 어느 정도 기준에 못 미치면 퇴출된다는 위협으로 인해 건전한 재정운용을 독려하고 있다. 그리고 이러한 긍정적인 사례는 잉글랜드와 같은 나라에서 국내적인 통치기구들이 비슷한 제도를 도입하도록 촉구할 것이다.

… 을 가지고 있는 클럽들에게

TV로부터 받는 수입과 그것의 분배에 동반되는 변화에 있어서 재정적으로 부정적인 결과는 UEFA가 실시한 챔피언스 리그에 대한 연구에서 생생하게 밝혀지고 있다. 1992/93 시즌에서 유러피언 컵을 대체하기 위해 도입된 UEFA 챔피언스 리그는 실제로 유러피언 컵과 비교할 때 유사점을 찾기가 어렵다. 이것은 가장 폐쇄적인 경쟁방식이다. 리그에 참여하는 것은 여러 가지 변수들에 의해 결정된다. 국내 리그에서의 챔피언을 차지하는 것은 과거에는 유러피언 컵에 들어가기 위한 필수조건인데 반해 스포츠의 성공은 더 이상 필요조건이 아니고 또한 리그에 자동으로 출전하기 위한 충분조건이 되지 못한다. 대신, 리그에의 참여는 각 나라와의 협력관계에 기초하여 UEFA가 결정한다. 예를 들어 2002/03 시즌에 잉글랜드와 이탈리아는 두 클럽이 자동적으로 자격조건을 가지고 있었고 다른 두 클럽도 자격여부를 결정하는 경기에 참여하도록 요구받았던 반면에, 벨기에의 챔피언들Anderlecht은 퀄리파잉 라운드 2의 경기에 참여하도록 요구받았고, 스코틀랜드의 챔피언들Celtic은 퀄리파잉 라운드 3에서 시작하도록 요구받았다. UEFA 참가자들은 매년 축적되고 지난 다섯 시즌에서 UEFA의 클럽 간 경쟁에서 특별한 관계를 가지고 있는 클럽들의 성적에 의존한다.UEFA, 2002b, para. 5. 한 나라의 협력지수는 각 클럽이 매 시즌에서 얻은 점수를 누적하여 참여하는 클럽의 수로 나누어서 만든다.UEFA, 2002b, para. 7.[15] 이렇게 함으로써 자발적으로 영속적인 체제를 구축하게 된다.

UEFA 챔피언스 리그는 재정적으로 가장 이익을 많이 내는 축구경기가 되었다. UEFA에 의해서 만들어지는 총 수입의 약 25%는[16] 조직과 행정비용으로 충당되거나 이 기구 소속 하위 기구들의 연대를 위한 비용, 그리고 유럽 내의 축구 보급과 발전을 지원하기 위해 UEFA가 가져간다.UEFA, 2002b, para. 24.07(b). 나머지 75%는 〈표 1.15〉에 나와 있는 방식으로 32개 참가 클럽에게 분배된다.

〈표 1.15〉에서 보는 바와 같이 2001/02 시즌에 챔피언스 리그 수입의 약 50%3억 8,300만 스위스 프랑는 시장 풀market pool을 통한 이자 발생으로 나온다. 그러나 이러한 풀의 참가 클럽에 대한 배당은 경기성과에 기초하지 않는다. 대신 시장 풀은 UEFA의 챔피언스 리그에 참가하는 클럽들이 자국의 텔레비전 시장에서 차지하는 비율에 따라 배분된다. 그리고 총액은 단체들로부터 참가하는 팀의 수로 나누어진다.4, 3, 2, 혹은 1. 각 시장의 가치를 대변하는 총액의 반은 각 클럽들이 자국의 국내 리그에서의 성적에 기초하여 각 클럽들에게 분배된다. 그러므로 조직으로 나오는 팀에게 분배되는 방식은 〈표 1.16〉에서 보여지는 방식을 따른다.

〈표 1.15〉 UEFA 챔피언스 리그 수입분배 2001/02 시즌

(m=백만 단위)

지급유형	할당방식	클럽 당 할당량 (Swiss Francs, CHF)	합계
초기 비용	균등히	3m	97m
1단계 경기비용	균등히	3m(경기당 0.5m)	96m
1단계의 성적 보너스	성과	승리당 0.5m, 패배당 0.25m	48m
1단계에서 4위		0.5m	4m
2단계에서 경기비용	균등히	3m(경기당 0.5m)	48m
2단계의 성적 보너스	성과	승리당 0.5m, 패배당 0.25m	24m
시장 풀	아래를 참조	아래를 참조	383m
8강 보너스	성과	팀당 4m	32m
4강 보너스	성과	팀당 5m	20m
결승 보너스	성과	우승-10m, 준우승-6m	16m
합계			768m

출처 : www.UEFA.com

〈표 1.16〉 시장 풀의 분배비율

지위	4개 팀(%)	3개 팀(%)	2개 팀(%)	1개 팀(%)
챔피언	40	45	55	100
2등	30	35	45	
3등	15	20		
4등	15			

출처 : www.UEFA.com

각 시장의 가치를 대표하는 총액의 다른 50%는 2001/02 UEFA 챔피언스 리그에서 각 팀이 경기를 한 수의 비율에 따라 지급된다. 따라서

각 클럽들이 받은 정확한 총액은 다음의 4가지 변수들에 의해 결정 된다 :

1. UEFA 챔피언스 리그에서 얼마나 많은 클럽들이 경쟁하는가예를 들면 2팀은 자동으로 자격이 주어지고 다른 2팀은 3번째 퀄리파잉 라운드를 통해서 자격이 주어진다.
2. 이전 시즌의 자국 챔피언십에 있어서 클럽의 리그 순위
3. UEFA 챔피언스 리그에서의 성적
4. UEFA 챔피언스 리그에 참가한 같은 나라 출신의 다른 클럽의 성적

하나의 클럽이 시장 풀로부터 얻는 것을 결정하는 데 중요한 변수는 그 클럽이 경기하는 나라의 TV 시청자 규모이다. 달리 말하면, 이전에 설명한 계산을 위해 사용한 분모와 분자에 상관없이 이러한 분수는 특별한 나라의 각각의 시장가치TV 가치에 적용된다. 이러한 분배체계의 결과는 클럽들의 불평등한 경기력에 그대로 나타난다. 〈표 1.17〉는 2001/02 시즌의 시장 풀 리그에서 각 클럽들이 얻은 성적과 분배에 관한 종합적인 결과이다.

〈표 1.17〉 UEFA 챔피언스 리그 시장 풀 리그 결과, 2001/02시즌

(m = 백만 단위)

		스위스 프랑 (CHF)	최종 성적	GS1에서 얻은 점수	GS2에서 얻은 점수	국내 리그 순위 (각 국가에서 참가한 클럽 수)
1	FC Nantes	31.8m	GS2	11	2	1위(3)
2	AS Roma	29.6m	GS2	9	7	1위(3)
3	Bayern Munich	29.1m	8강	14	12	1위(4)
4	Juventus	26.1m	GS2	11	7	2위(3)
5	Manchester United	25.4m	4강	10	12	1위(3)

6	Bayer Leverkusen	21.9m	준우승	12	10	4위(4)
7	Real Madrid	21.5m	우승	13	16	1위(4)
8	Olympic Lyon	20.1m	GS1	9	–	2위 (3)
9	Arsenal	19.4m	GS2	9	7	2위 (3)
10	Schalke 04	17.7m	GS1	6	–	2위(4)
11	Deportivo La Coruña	16.8m	8강	10	10	2위(4)
12	Liverpool	16.3m	8강	12	7	3위(3)
13	Lille	15.1m	GS1	6	–	3위(3)
14	Lazio	13.9m	GS1	6	–	3위(3)
15	Barcelona	13.4m	4강	15	9	4위(4)
16	Borussia Dortmund	11.6m	GS1	8	–	3위(4)
17	Mallorca	7.9m	GS1	9	–	3위(4)
18	Celtic	6.8m	GS1	9	–	1위(1)
19	PSV Eindhoven	6.0m	GS1	7	–	1위(2)
20	Feyenoord	5.5m	GS1	5	–	2위(2)
21	Rosenborg	3.9m	GS1	4	–	1위(1)
22	Boavista	3.5m	GS2	8	5	1위(2)
23	Galatasaray	3.5m	GS2	10	5	2위(2)
24	FC Porto	3.2m	GS2	10	4	2위(2)
25	Panathinaikos	2.9m	8강	12	8	2위(2)
26	Anderlecht	2.8m	GS1	3	–	1위(1)
27	Fenerbache	2.7m	GS1	0	–	1위(2)
28	Olympiakos	2.1m	GS1	5	–	1위(2)
29	Spartak Moscow	0.8m	GS1	2	–	1위(2)
30	Locomotiv Moscow	0.8m	GS1	7	–	2위(2)
31	Sparta Prague	0.6m	GS2	11	6	1위(1)
32	Dynamo Kiev	0.3m	GS1	4	–	1위(1)

출처 : www.UEFA.com

이러한 분배정책은 오늘날 축구에 적용되고 있는 시장경제 철학의 가장 명확한 예일 것이다. 예로서 G14와 같은 주요 클럽들과 같은 몇몇은 이 분배체계가 공평한 것이라고 정당화하려고 하는데, 그 근거는 TV 회사와 관중들로부터 생긴 수입은 그 회사와 관중들이 속한 나라의 클럽들에게 돌아가고 있다라는 것이나.[17] 경제적 관점에서 볼 때, 유럽 전역에서 참가하는 클럽들에게 유럽시장은 그들의 경쟁을 위한 적절한 시장이라고 여겨질 것이다. 그러나 좀더 근본적으로 보면 위와 같은 분배 방식은 경쟁하는 클럽 간의 경기결과에 따라 주어지는 보상을 효과적으로 무시한다. 전체 포인트가 17이 중에서 6포인트는 두 번째 그룹 단계에서 얻은 것이다을 달성하는 데 주어지는 Sparta Prague의 시장 풀 보상이 60만 스위스 프랑인 데 반해 Roma는 그들이 16포인트이 중에서 7포인트는 두 번째 단계에서 얻은 것이다를 얻는 데 2,960만 스위스 프랑이 주어졌다.

UEFA의 챔피언스 리그 법규에 보면 챔피언스 리그의 상업적 권리를 시장화하는 데 있어서 UEFA의 의무는 시장경제 중심의 환경에서 축구의 관심을 증진하고 보호하기 위해 UEFA의 문화적 그리고 경기력 향상을 위해 절대적 권한을 행사하는 것이다.UEFA, 2002b, Annexe VII, para. 1.1. 이 법규는 UEFA의 3가지 목적을 확실히 밝혀주고 있다. 이 중에 3번째 목적이 〈예시 1.1〉에 적혀 있다.

〈예시 1.1〉 목적-UEFA 챔피언스 리그

스포츠는 재정적인 이익에 우선한다

- UEFA와 이의 멤버 조직들, 그리고 클럽들을 위한 미래지향적인 재정의 안정성
- 재정적으로 약한 클럽들과 국가의 조직들에 대한 지속적인 지원을 통해 유럽의 축구 공동체 내에서 연대(solidarity)를 조성하는 것

출처 : UEFA(2002b), UEFA 챔피언스 리그의 법규 2002/03, Annexe VII, para. 12.

분배의 시장 풀 시스템을 유럽의 축구 공동체 내에서의 연대를 위한 UEFA의 목적에 잘 맞추는 일은 쉽지 않다. 경기결과에 대한 성과는 대체로 무시되었고 재정적 보상은 그 나라의 경제적 부와 인구규모에 의해서 결정된다. 경제적으로 가난하고 인구규모가 낮은 나라의 클럽들은 어쩔 수 없이 현재 시스템에 의해 불이익을 당하고 있다. 이들 나라의 최고 클럽들은 현재 두 가지 어려움에 처해 있다. 하나는 국내적으로 TV 협상으로부터 얻을 수 있는 수입이 낮은 것이고, 또 하나는 클럽 간의 경쟁을 바탕으로 계산되는 UEFA의 불평등한 수입 분배구조에 의한 것이다. 이러한 상황 하에서 성공은 거의 자기 스스로 찾아야 하는 목표가 되었고, 보상의 메커니즘은 더 큰 나라에서의 성공적인 클럽에게 경도되어 있어서 공정한 경쟁이라는 좀더 넓은 이슈에 대한 관심이 전혀 없게 된다.[18)]

브라운Brown, 2000a이 지적한 바와 같이 UEFA에 의해 채택된 분배체계가 몇몇 클럽의 지속성과 유럽 축구경기 방식의 존속에 대한 장기적인 문제점에 핵심적인 의제를 던져준다. 역설적으로 이러한 이슈는 G14 그룹에 의해서 공유되는 부분이다. UEFA의 클럽 간 경쟁구조에서 나타나는 변화들은 이들 클럽들에 의해 제기되어 온 것이다. 그러한 증거는 1998년 이탈리아의 한 조직인 Media Partners가 만든 제안서에서 볼 수 있는데 그것은 UEFA의 후원으로부터 벗어난 다른 리그 결성을 주장하는 것이었다.다음 절인 '변화의 경제학'을 참조. G14 그룹이 도비를 하고 있는 이슈 중에 하나는 개선된 필터링 과정이 있는 챔피언스 리그를 만드는 것이다. 그 결과 훨씬 더 적은 약한 팀들이 그룹 단계group stages에 머무르게 된다.Campbell, 2002b. 이로 인한 분명한 결과는 비슷한 클럽이거나 리그 멤버들이 경기를 하지 못해서 당하는 재정적 보상의 손실을 적게 해준다.

변화하는 채널?

텔레비전과 축구의 관계는 역설적이다. 텔레비전은 전반적으로 경기를 통해 얻을 수 있는 주요 수입원으로서의 역할을 한다. 동시에 그것은 공정한 경쟁을 저해하며 재정적으로 풍족한 리그의 출현과 초강력 클럽의 탄생을 가능케 한다.

텔레비전이라는 사업의 속성과는 상관없이 어느 조직이든지 하나의 수입원에 의존한다는 것은 현명하지 못한 것이다. 예를 들면 회계감사와 같은 경제활동은 회사가 하나의 고객과의 관계에 재정적으로 의존하지 못하도록 감시하는 역할을 한다.Ethics Standards Board, 2002.[19] 그러나 축구는 여전히 상대적으로 단순한 사업이다. 대부분의 클럽의 실질적인 수입원은 입장료, 후원금, 광고료, 그리고 텔레비전 중계료 등 몇 개 되지 않는다. 그리고 모든 축구 클럽들이 호텔을 소유하고 관리한다든지예를 들면 Chelsea, Kilmarnock 다른 스포츠 자산예를 들면 FC København을 소유하는 것과 같은 사업의 다각화를 하지 못하고 있다. 더욱이 그러한 사업의 다각화가 과거에는 대체로 성공하지 못했다.[20] 이런 관점에서 보면 클럽들이 과도한 TV 중계 수입으로부터 벗어나는 방법을 찾기가 쉬워 보이지는 않는다. 따라서 클럽의 구단주들은 자기들 클럽의 지속적인 약점을 인식하고 그들의 소비 패턴에 이를 반영하여야 한다. 과거의 구단주들이 Kirch-Media 또는 ITV Digital과 같은 기업들이 몰락하는 것을 예견할 수는 없었지만 그들이 변화하는 방송시장의 경제학에 대한 인식을 새로이 하고 이를 자신들의 정책결정 과정에 반영해야 한다. 그러나 몇몇 전영 리그의 클럽들은 실제로 ITV Digital과의 협상이 실패하기 전에 이미 지급불능 상태에 있었다. 예를 들어 2000/01 시즌의 막바지에 디버젼1에 있는

24개 클럽 중에 10개 클럽이 그들의 총 자산보다 월등히 많은 부채를 안고 있었다.Deloitte & Touche, 2002a. 이 디버젼에 속해 있던 클럽들이 평균적으로 총수익에 대한 임금 비율이 101% 였다는 점을 감안한다면 놀라운 숫자는 아니다.Deloitte & Touche, 2002b.

새롭거나 실질적으로 변화된 상품이 부재한 가운데 텔레비전 중계 수입에 대한 축구의 의존은 현재가 아마 가장 심한 때일 것이다.Clarke, 2002. 이러한 주장에 대해 몇 가지 설명이 가능하다 : 몇몇은 좀더 축구와 관련된 세부적인 것이고, 다른 것들은 좀더 넓은 범위의 방송이나 경제적 환경과 관련된 것들이다. 첫째는 유럽이나 그밖의 다른 지역에서 나타나는 경제적 어려움이 광고수입의 하락을 통해 방송과 다른 미디어 회사들의 사업에 부정적인 영향을 미치고 있다. Merrill Lynch 같은 투자전문 은행에 따르면 세계적으로 광고시장이 이전과 비교해서 2001년에 약 5% 정도 하락했다는 것이다.Clarke, 2002, 93. 산업 자체적으로 보면 동종 사업 간에 인수합병예를 들면 스페인의 Sogecable과 Via Digital 그리고 몇몇 기업의 파산예를 들면 KirchMedia와 ITV Digital을 통해서 위성 방송사의 수가 줄어들었다. 결과적으로 차후의 중계권을 확보하려는 회사들의 수도 줄어들 것이다. 이러한 경쟁의 약화가 방송사가 축구경기 중계료로 지불하는 금액의 양의 경감으로 나타날 수도 있다. Sky's Rupert Murdoch 같은 많은 방송사들은 지금의 스포츠 중계권 시장이 최고라고 주장하고 있다.Mann, 2002.

다른 변수로는 Pay-TV 또는 유료관람pay-per-view과 같은 것들이 예상된 수입이나 시청자 확보에 실패함으로써 대부분의 유럽 국가들에서 성공하지 못했다는 사실이다.Clarke, 2002. 심지어 세계적으로 가장 열정적인 축구시장인 이탈리아에서도 Pay-TV는 예상한 것만큼의 수익을 내지 못했다. 그 결과 두 개의 Pay-TV 매체인 Telepiu와 Stream의 합병이 진행되고 있다.Soccer Investor, 2002a. 이탈리아의 많은 클럽들은 2002/03 시즌을 위해 Pay-TV와 성공적으로 협상을 마무리했다. 하지만 그들 중 Roma, Lazio, Parma 등은 이전 시즌보다 많은 돈을 받지는 못할 것으로 예측된다. 심지어 Juventus, Inter, Milan과 같은 클럽들이 맺은 협상도 겨우 소폭의 인상에 머물렀다.Soccer Investor, 2002a.[21] 이탈리아 축구가 직면한 어려움에 대한 또 다른 증거는 2002/03 이탈리아 리그 시즌의 시작이 늦어졌다는 사실이다. 이같은 사고의 원인은 클럽들이 지역 방송사인 RAI와의 하이라이트 방송에 대한 협상에 실패하고 8개의 Serie A 팀들이 그들 경기에 대한 Pay-TV와의 중계 경기 수에 대한 협상이 실패했기 때문이었다. Soccer Investor, 2002a.

또 다른 변수는 축구의 TV 시청자들의 감소이다. 그러한 현상은 국내경기〈표 1.18〉 참조뿐만 아니라 UEFA 챔피언스 리그 경기에 있어서도 마찬가지이다.〈표 1.19〉 참조. 이러한 하락에 대한 몇 가지 설명이 가능하다. 먼저 TV 등을 통한 너무 많은 실황중계가 한 가지 요인이 될 수 있다.[22] 그러나 위에서도 언급했듯이 보다 근본적으로는 불공정한 경쟁에 있다. 그 결과 시청자들에게 덜 흥미로운 상품으로 간주되기 때문에 시청률이 하락하는 것이다. 이러한 하락은 또한 좀더 장래의 중계권 협상에 있어서도 어려움이 예상된다. 이것은 역설이다. 축구 리그와 클럽들은 방송사로부터 더 많은 보상을 받으려고 하지만 그러한 보상의 결과와 그것의 분배과정이 불공정한 경쟁을 초래하게 되면서 그들이 만들어내는 상품에 대한 흥미 유발이 줄어들고, 이것이 결국은 장래의 낮은 중계권료로 이어지고 있다.

흥미로운 것은 TV 방송사가 자기들의 계약상 의무를 수행하지 않음으로써 그 결과 클럽들이 직면하고 있는 어려움들이 결국은 축구에 유리한 것으로 판명이 나고 있다는 사실이다. 분배구조의 변화와 함께 TV 협상 규모의 급격한 증가는 실질적으로는 부자 클럽과 가난한 클럽 간의

〈표 1.18〉 국내 축구 리그 TV 시청자

	프로그램	형태	변화(%) (2000부터 2001까지)
프랑스	Telefoot	하이라이트	-0.3
독일	Ran-Bundesliga	하이라이트	-11.7
이탈리아	Novantesimo	하이라이트	-2.6
네덜란드	Studio Sport	하이라이트	-22.0
스페인	Estudi Estadio	하이라이트	1.9
스페인	C+La Liga	생중계	11.6
영국(UK)	Match of the Day	하이라이트	-10.4
영국(UK)	Sky Sports	생중계	-21.8

출처 : Clarke, 2002.

〈표 1.19〉 챔피언스 리그(GS 1) TV 시장 점유율*

	2001/02	1997/98
영국(UK) : 평균 시청자 점유(4년 이상)	31.2%(712만명)	41.9%(956만명)
프랑스 : 평균 시청자 점유(4년 이상)	28.6%(622만명)	35.6%(751만명)
이탈리아 : 평균 시청자 점유(4년 이상)	22.4%(595만명)	31.5%(870만명)

* 시장 점유율=집에 TV 수상기가 있는 가정 중에서 챔피언스 리그를 시청한 가구의 비율
출처 : SportBusinessTV, Issue 1 (2002년 1월 18일)

격차를 넓혀주는 역할을 하고 있다. 〈표 1.11〉과 〈표 1.12〉에서 보는 바와 같이 수입원으로서 TV 수입의 상대적 중요성은 지난 50여 년 동안 꾸준하게 증가해 오고 있다. 또한 그러한 수입 분배의 측면에서 보면 최고 클럽과 하위 클럽 간의 수입 차이 또한 증가하고 있다. 만약에 중계수입이 최고치를 기록한다면 한 가지 가능한 결과는 적어도 어느 리그에서든 가장 부유한 클럽과 가장 가난한 클럽 간의 부의 격차는 줄어들 것이라

는 것이다.

그러나 그러한 희망적인 해석은 현재의 축구 사업의 발전과 비교해 볼 때 적절하지 않은 것 같다. 줄어든 중계수입은 피할 수 없지만 이처럼 새로운 경제적 상황에서 빅 리그와 클럽들이 줄어드는 수입원 중에서도 더 많은 양을 차지함으로써 과거보다 더욱 그렇지 못한 리그와 클럽들과의 수입격차를 벌일 것이기 때문이다. 시장은 보여줄 것이다. FA 프리미어 리그 같이 좀더 크고 더 나은 경기력과 많은 관중을 소유한 리그가 줄어든 중계수입 중에서도 더 많은 부분을 차지할 것이고, 반대로 스코틀랜드 프리미어 리그나 영국의 전영 리그 같은 곳에는 오히려 손해가 초래될 것이라고. 그리고 각 리그에서 수퍼 클럽들은 자신들이 최대의 수혜자들이라고 확신할 것이다.

구조적 변화

> 경제학은 현재 유럽 축구에서 명백하게 나타나는 클럽과 국가와의 그리고 경쟁구도의 변화에 있어 주도권 쟁취 같은 긴장을 주도하고 있다. 또한 경제학은 각 리그 간의 경쟁이 비용절감이라는 측면에서 빅 리그와 그렇지 못한 클럽들 간의 차이를 줄여줄 수 있다는 희망을 주도하고 있다(Deloitte & Touche, 2002a, 16).

확실히 현재 클럽 수준에서의 유럽 프로 축구는 근본적인 문제점이 있다. 리그들은 점점 그 간격의 차이를 벌리고 있다. 즉, 부와 경기력의 성공이 점점 큰 나라의 몇몇 수퍼 클럽들에게 집중되고 있다. 관중의 흥미직·간접적으로와 수입은 하락하고 있는 것 같다. 이러한 양상은 스포츠의 관점에서 뿐만 아니라 사업적인 관점에서 볼 때도 사실인 것 같다.

■ 변화의 경제학

현재의 축구 구조 하에서 클럽들, 특히 수퍼 클럽들이 갖고 있는 특별한 위험은 그들이 점점 자신들의 성공적인 성장을 담당해야 하는 성숙한 사업으로 나아가고 있는 반면에 더 나은 방향으로의 발전이나 확장을 위한 기회는 점점 적어지고 있다는 것이다. 부분적으로 이러한 현상은 축구의 규제 구조에서 찾을 수 있으며, 구조적 변화와는 관계가 없다. 예를 들면 축구 당국이 클럽들 간의 연합으로 인한 경쟁구도의 약화를 방지하기 위한 목적으로 클럽의 소유구조라든지 다른 클럽과의 연계 가능성에 대해 제한을 두고 있다. 영국과 같은 나라에서 그리고 점점 다른 유럽 국가들에서도 사업 성공을 위한 공통적인 방법으로서의 수평적 통합horizontal integration, 동종의 사업에서 한 기업이 주도하는에 의한 성장이 제한되고 있다. 흥미로운 것은 수직적 통합vertical integration, 기업이 자신의 공급원을 위해서는 뒤로 그리고 소비자를 위해서는 앞으로 확장하는은 축구에서는 일반적인 것이 아니다. 수직적 통합의 가장 큰 사례는 BSkyB가 Manchester United를 인수하려는 것이었다. 이에 대해 영국의 독점과 합병 위원회가 영국 축구에 대한 영향과 부당한 통제 가능성에 대한 두려움으로 BSkyB의 인수를 불허하였다.Monopolies and Morgers Commission, 1999 ; Crowther, 2000 ; Finney, 2000. 반대로 미국에서는 거대한 오락과 방송회사가 자신의 스포츠 사업 컨텐츠를 소유하기 위하여 스포츠 구단을 인수하는 일이 있었다.Harvey, *et al.*, 2001. 앞에서 이미 언급되었던 것처럼 전혀 관련이 없는 또는 부분적으로 관련이 있는 영역으로의 경제활동을 다각화할 가능성이 존재한다. FC København은 이러한 경제활동을 성공적으로 이룩한 사례이다.제3장을 참조.

보다 근본적으로 모든 경제활동의 영역에서 새로운 시장으로 옮길 수 있는 기회는 존재한다. 그러나 축구 클럽 가운데 구단주나 주주들이 그러한 결정을 내리기는 쉽지 않다. 그보다 축구 클럽들이 자신들의 사업을 확대하거나 발전시키려는 행위는 FA 또는 UEFA와 같은 집행부가 마련한 규제에 의해 제한되어 있다. 집행부는 클럽들이 활동할 수 있는 시장의 영역을 정해주고 그 내에서 행해지는 모든 활동들에 대한 규제를 효과적으로 집행한다. 그러한 규제는 매우 흥미롭다. 현 상황에 대한 한 가지 합리적 대응은 아마도 시장의 합리화일 것이다. 즉, 리그나 경기의 재구성 같은 것이다. 이론적으로 보면 유럽 축구 내에 있는 구조적 변화에 대한 경제적 사례는 Hoehn과 Szymanski1999와 다른 사람들에 의해 검토되었다.Dobson and Goddard, 2001, 425-8. 이들은 결론적으로 경제적 사례는 새로운 유럽의 수퍼 리그의 출현과 같은 것이라고 주장한다. 그들은 새로운 리그는 현재의 상황에서 몇 개의 경기를 더 추가하는 것이 아니라 현재의 국내 리그를 대체해야 한다는 것이다. 더욱이 그들은 미국 야구의 메이저 리그나 미식축구 리그와 같은 수퍼 리그가 클럽과 소비자의 이해관계가 가장 잘 조화를 이룰 수 있는 적정한 시장일 것이라고 주장한다. 이러한 결론은 경제적 관점에서 보면 전적으로 합리적이다. 사업으로서의 스포츠라는 상황에서 시장의 성과나 형평성에 상관없이 가장 부유한 클럽들은 현재의 축구시장에서 생겨났다. 논리적으로 볼 때, 수퍼 리그에 대한 기대는 적어도 단기적으로 보다 공정한 경기를 위한 것이며 소비자가 가장 바라는 것일 수도 있다.

교환에 대한 집행부의 규제가 있음에도 불구하고 구조적 변화에 대해 관심 갖는 클럽들이 존재한다. 중요한 이슈는 유럽 내에서 국가 간 또는 지역적 경계를 무시하려는 추세이다. 논의되고 있는 부분은 국가 간 경쟁과 다른 나라의 클럽이 자기 나라가 아닌 지역의 리그에 참가하는 문제이다.

정책적인 수준에서 UEFA는 마치 유럽 축구의 구조적 변화를 반대하는 것처럼 보여지고 있다.[23] UEFA가 추구하는 목표는 유럽 축구의 질적인 발전을 도모하며 대륙의 축구 공동체 사이의 화합과 연대의 정신을 북돋는 것이다.www.uefa.com 그러나 실제로 많은 UEFA의 최근 결정을 볼 때 그러한 목적과 주장이 그대로 지켜지고 있는 것 같지는 않다. 반대로 UEFA라는 조직 스스로 압력과 로비를 하고 있다고 의심을 받는다. 실제로 1988년 이탈리아의 Media Partners는 UEFA와는 별도로 다른 수퍼 리그를 만들려고 준비하는 유럽의 몇몇 최고 클럽들을 설득하였다. 새로운 리그를 만들려는 시도에 대한 UEFA의 대응은 UEFA 챔피언스 리그가 주요 텔레비전 시장에서 몇몇 주요 클럽들이 경제적 이득을 취하게끔 운영하는 것이었다. 이러한 재구성은 평등의 관점에서 볼 때 비판받을 만하다.이번 장의 '…을 가진 사람들에게' 라는 절을 참조. 또한 UEFA가 수퍼 클럽들이 자신들의 사업을 확장시키고 더욱 발전시킬 수 있는 기회를 제한하려는 것으로 볼 수 있다. 그럼에도 불구하고 변화에 대한 요구는 없어지지 않고 있다. 리그를 해체하려는 많은 클럽들, 지금은 이들이 G14에 속해 있지만 이들과 다른 이익집단들이 자신들의 소속원들을 위해서 로비를 하고 있다.[24]

이밖에도 국내의 축구단체들이 주요 클럽들로부터의 압력에 순응하여 신생 또는 수퍼 리그들이 재정적인 이유로 인해 자신들의 후원예를 들면 FA 프리미어 리그나 스코틀랜드 프리미어 리그 하에서 자리 잡을 수 있도록 허락하고 있다. 럭비나 야구 같은 다른 스포츠에서도 새로운 리그의 탄생에 있어서 스포츠 집행부가 순응하는 모습을 볼 수 있다.Caiger and Gardiner, 2000, 3. 이러한 성공적인 구조적 변화를 가능하게 한 주요 변수는 시장의 힘이다. Media Partners가 주도적으로 구조적 변화를 할 수 있었던 원인도 이미 국가적 경계를 벗어난 유럽의 강력한 클럽들의 지원을 가졌기 때문이었다. Greenfield and Osborn, 2001, 187. UEFA의 구조가 전적으로 클럽이 아니라 국가적 조직에 기초하여 성립되었기 때문에Greenfield and Osborn, 2001, 188 구조적 변화에 적절히 대응할 수 없었고, 이것은 UEFA가 그 지위에 있어서 약화된 것으로 보인다. FA가 프리미어십을 받아들여야 한다는 제안도 주요 클럽들의 힘이 세지고 있다는 인식 하에 나온 것이다.[25] UEFA의 행태에 대한 한 가지 해석이 가능한데, 그것은 자유시장의 작동이 궁극적으로 UEFA가 다른 선택 없이 단지 변화를 받아 들일 수밖에 없음을 의미하는 것이다. 마치 그것이 시장의 경제적 법칙을 거부할 수 없는 것처럼 말이다.PSV Eindhoven의 총무이사인 Peter Foosen과의 2001년 12월에 있었던 인터뷰. 이러한 상황에서 시장의 힘을 거부하려고 할 때 생길 수 있는 위험요인은 주요 클럽들이 단합하여 리그를 탈퇴하거나 리그가 집행부의 통제로부터 벗어나는 것이다.

주요 TV 시장에서 벗어나 있는 클럽들도 구조적 변화에 대한 논의와 관련이 있을 수 있다. 이들을 위한 한 가지 제안은 국가의 경계를 넘는 아틀란틱 리그를 만드는 것이다. 여기에는 네덜란드, 노르웨이, 포르투갈, 스코틀랜드 그리고 스웨덴의 클럽들이 포함되며 자국의 국내 리그와 보완관계를 유지할 수 있다. 물론 국내 리그와 새로운 리그에서 퇴출되거나 편입되는 클럽들도 포함될 것이다. 매우 유명한 팀으로 새롭게 옮겨가는 팀 중의 하나는 독일 클럽으로서 PSV Eindhoven이다.제3장을 참조. PSV의 구단주에 따르면 아틀란틱 리그는 작은 나라에 있는 큰 클럽이 생존할 수 있다는 점에서는 경제적이고, PSV 같은 클럽이 Manchester United 같은 클럽과의 차이를 줄일 수 있다는 점에서는 공정한 경기를 가능케 한다.2001년 12월에 있었던 Peter Foosen과의 인터뷰. 예상되는 리그는 잉글랜드나 이탈리아 같은 나라에서의 프리미어 리그와 마찬가지로 UEFA의 후원 하에서 운영되는데, 개방적이고 경쟁적이며 따라서 6,000만명 이상의 사람들이 있는 시장에서 상업적으로 매우 흥미로운 상품이 될 것이다.2001년 12

월에 Peter Foosen과의 인터뷰 참고.

몇몇 클럽은 국가 간 리그의 장점을 홍보하기 위해 방송매체를 이용하기도 하고, 일반 회사의 회의 같은 공공 포럼을 개최하기도 하고 축구 엑스포Expo나 SportBusiness 같은 학술회의 등을 열기도 한다.[26] 그러나 아틀란틱 리그와 같은 교차국가 리그에 대해 경제학적으로 자세하게 분석한 연구는 아직 없다. 보도상에서 언급되고 있는 많은 내용들은 다소 회의적인 것들이다. 대부분은 새로운 리그가 방송이나 관중들에게 충분히 매력적일까에 대해 부정적인 시각이다.Campbell, D. 2000 ; Glendinning, 2000 ; Gourley 2001 ; Morrow 2001a. 보다 적절하게 말하면 UEFA는 그러한 교차국가 리그에 대해 어떠한 제재도 하지 않는 것 같다. UEFA가 이와 같은 구조적 변화 속에 굳건하게 자기의 자리를 지켜낼 수 있는지는 부분적으로 시장의 힘에 달려 있다. 시장은 특히 전반적인 축구의 시장을 말한다. 또한 아틀란틱 리그를 제안하는 클럽들은 UEFA를 움식일 만큼의 힘을 가지고 있지는 못하다. 더욱이 UEFA는 대체로 클럽들과 대화하기보다는 이의 멤버 조직들과 의견교환을 한다. UEFA는 이의 멤버 조직들이 바라는 것을 알아야 할 필요가 있다. 그리고 UEFA는 국내 조직들의 힘의 원천이 UEFA의 관할권 밖에서 활동하는 클럽들에 의해 위협받고 있는 것을 너무 잘 알고 있다. 그럼에도 불구하고 교차국가 간 경쟁의 형태를 띤 새로운 리그로의 변화가 필요하다는 요구가 없어진 것은 아니다. 예를 들면 스코틀랜드 프리미어 리그의 회장인 Lex Gold는 2002년 8월 3일에[27] 있었던 라디오 인터뷰에서 노스 아틀란틱 컵의 가능성을 지적하였다. 그는 그러한 새로운 경쟁이 아마도 2002/03 시즌[28] 초에는 시작하지 않을까 전망했다. 같은 달 언론은 새로운 교차국가 간 경쟁에 대한 보다 진전된 얘기가 모나코에서 열렸다고 주장했다.[29]

구조적 변화에 대한 다른 제안은 영국의 방송매체에 의해 심도 있게 다뤄지고 있다. 특히 Celtic과 Rangers가 영국의 전영 리그나 FA 프리미어 리그처럼 다른 나라의 축구 집행부 관할 하에 조직되어 있는 리그에 참여하기 위해 스코틀랜드 프리미어 리그를 떠나려는 시도를 집중 보도하였다.[30] Celtic과 Rangers의 경제적 이익은 분명하지만죽, 보다 많은 TV 관중을 가진 나라에 있는 리그에 참여함으로써 TV 수입이 증가되고 따라서 재정적으로 여유가 있도록 TV 협상을 할 수 있게 된 것 이들을 맞이하는 영국의 클럽들의 혜택은 아직 증명되지 않고 있다.

FA 프리미어 또한 전영 리그 소속의 클럽들의 관점에서 보면 과거 명성을 날렸던 클럽들Old Firm이 자신들의 리그에 참여하게 만드는 동기는 다른 데 있는 것이 아니라 어떤 형식으로든 축구 리그의 재편은 재정적으로 어느 한 클럽에게로의 일방적인 이익이 가는 그런 형식은 아닐 것이라는 전제일 것이다. 1989년으로 거슬러 올라가면 Rosner가 미국에서의 스포츠 산업은 비록 시장을 지배하게 되더라도 확장에 대한 가능성이 매우 낮은 이미 성숙한 상품이라고 주장했다. 이러한 문제를 해결하는 한 가지 방법은 상품을 바꾸는 것이다. 단기적으로 보면 잉글랜드에 있는 각 리그에게 주어지는 혜택은 아마도 새로운 클럽들을 끌어들여 상품을 바꿈으로써 생길 수 있다. 기존에 이미 포화상태에 있던 시장에 새로운 기운을 불러 일으켜서 소비자 특히 방송업자들에게 흥미를 유발할 수 있기 때문일 것이다. 장기적인 측면에서 보면 혜택은 아마도 공정한 경쟁을 더욱 촉진하는 데서 올 수 있다. 이들 클럽들에게 주어지는 사회적 · 재정적 지원 수준의 관점에서 보면 이들 클럽들이 기존의 프리미어 리그에 있는 수퍼 클럽들에게 도전하는 위치에 오를 수 있을 것이다. 그리고 이것은 사실상 수퍼 클럽의 수를 증가하게 만들 것이다. 전에도 논의된 바와 같이 공정한 경쟁을 도모하는 것은 더 나은 상품을 생산할 수 있게 될 것이고, 이것이 소비자 특히 방송업자들에게 더욱 매력적인 것이 될 것이다.

결과적으로 이와 같은 제한적인 재편은 아마도 소속 클럽들에게 분배되는 절대적인 수입의 양이 증가할 것이다. 왜냐하면 리그가 텔레비전 회사에게 좀더 나은 변화된 상품을 제공하여 그들로부터 좀더 많은 액수의 돈을 끌어올 수 있기 때문이다.현재의 상황에서 보면 이러한 작업이 더 이상의 수입 감소를 없애 줄 수 있을 것이다. 좀더 직접적으로 얘기하면 재편된 세계는 스코틀랜드는 물론 잉글랜드와 그밖의 다른 지역에서 과거 유명한 클럽 팬들의 분산을 통해서 관중의 수가 확실히 증가할 것이다.[31)]

축구 리그가 제로섬 게임이 아니라고 하는 데에는 어떤 식의 재편에서도 손해를 보는 사람들이 없을 것이라고 하기보다는 이익을 보는 사람들이 더 많아질 것이라는 것을 의미하는 것이다. 더욱이 이런 식의 재편시도에 대한 평가는 수입의 분배뿐만 아니라 복지, 효율성, 사회적 목적과 같은 좀더 넓은 이슈에 대한 관심을 가지고 진행되어져야 한다. 그러나 심지어 좁은 범위인 수입 분배나 재정적인 문제에서일지라도 몇몇 클럽들은 경제적으로 손해를 보게 될 것이다. 만약에 Celtic이나 Rangers 같은 클럽들이 영국의 리그에 편입된다면 확실히 그들의 리그 내 위치는 새로운 클럽들에 의해 위협받을 수 있다. Celtic이나 Rangers에게 한 가지 명확한 어려움은 새로운 리그에 소속되기 위해서는 같은 클럽들의 투표에 의한 결정으로 이루어지는 것이다. Rangers의 전임 대주주인 David Murray는 'FA 프리미어 리그에 있는 빅 클럽들은 우리의 참여를 환영할 것이나 터키는 그렇지 않을 것이다' 라고 지적하였다.Waddell 2001. 만약 Celtic이나 Rangers가 궁극적으로 FA 프리미어 리그에서 성공한다면 잠재적으로 재정적 손해를 보는 또 다른 사람들이 생겨날 것이다. 그리고 Celtic이나 Rangers가 유러피안 컵에 진출하게 된다면 현재의 영국 클럽들 중 어느 클럽이 손해를 보게 될 수도 있다. 더욱이 두 거대 클럽이 스코틀랜드를 떠남으로써 남는 클럽들이 재정적으로 어려움을 겪을 가능성 또한 남아 있다. 그러나 반대로 새로운 SPL이 성공적으로 보다 경쟁적인 실력을 보여준다면 이것은 앞에서도 얘기한 것처럼 관중이나 TV의 관심을 유발하게 되고, 이것은 수입의 증가를 가져오게 될 것이다.

궁극적으로 올드 펌이 영국의 리그에 편입됨으로써 생기는 경제적 또는 재정적 문제는 자기 이익의 차원으로 볼 수 있다. 이것은 두 클럽의 이익뿐만 아니라 그들이 얼마만큼 성공적으로 다른 클럽들에게 이익을 가져다 줄 수 있는가에 달려 있다. 이들 두 클럽이 영국의 리그에 편입되기 위해서는 충분한 수의 클럽들을 설득해야 하는데, 과연 이들이 새로운 구조 하에서 기존의 클럽들이 손해를 보기보다는 이익을 보게 될 것이라고 설득할 수 있을까?

■ 변화를 위한 정책

재편을 위한 어떤 결정은 경제학을 넘어서는 보다 함축적인 내용을 가지고 있다. 그러한 결정은 사회적 · 정책적 · 법적 영역을 포함하며, 클럽 수준뿐만 아니라 국가 수준에까지 이르는 것이다. 더욱이 유럽 축구의 경기력과 시장의 중요성이 인정받고 있는 상황에서 이러한 이슈가 국가적 차원에서만 충분히 이해되기 어렵다. 그보다는 유럽 축구의 초국가적 성격과 이것이 갖는 상업성으로 인해 EU 집행위원회가 규제에 대해 관심을 갖게 만들고 있다.

EC를 탄생시킨 조약The EC Treaty, 1997 제2장의 의미에서 하나의 경제적 활동으로서의 스포츠는 Community 법을 지켜야만 한다.Europa, 2001. EU 무역법은 시장의 통합을 추구하고 있으며, 이러한 조건은 스포츠의 이동과 경쟁을 위한 법규에도 적용되어야 한다.Weatherill, 2000. 더욱이 유러피안 커미션에 감독자의 역할을 부여하고 개별 회원들이 위반사항에 대해 각국의 법정에 세울 수 있는 능력을 보유한 EU 체제의 제도적 · 헌법적 특징은 독특한 체제의 형성에 이바지한다. EU 법정의 Bosman 사례에서 보면, 노동자의 이동을 침해함으로써 EC 조약을 위반한 경우에 적용된 전환체제가 스포츠 조직의 행위에 있어서 어떤 변화를 선도하는 데 있어서 EU 법의 잠재적인 중요성을 강하게 보여주고 있다.Morris, *et al.*, 1996. 결과적으로 EU 집행위원회는 새로운 축구의 이적체계Morris, *et al.*, 2003에 있어서 선수들의 권리라든지 방송중계권 판매, 또는 거래와 같은 영역에서의 공정한 경쟁을 규제하는 법의 적용과 같은 이슈들에 관여한다.Caiger and Gardiner, 2000 ; Ratliff, 2002.

Bosman 사례 이후 EU의 소속 국가들은 스포츠와 EU와의 관계를 이해하는 데 도움을 주기 위하여 스포츠 정책 가이드 라인을 점진적으로 개발하고 있다. 이러한 가이드 라인은 스포츠에 대한 보다 폭넓은 접근을 취하고 있다. EU 조약에는 스포츠에 대해 매우 사세한 언급은 없지만 1997년 암스테르담 조약에서 스포츠 선언Declaration of Sport 이후 EU는 종종 스포츠의 사회적 기능의 중요성을 강조해 오고 있다. EU 집행위원회는 1999년 헬싱키의 유러피안 위원회에서 처음으로 스포츠에 대한 전반적인 비전을 제시했다.European Commission, 1999. 변화하고 있는 사회 · 경제적 환경에 맞춰European Commission, 1999, 7 EU 집행위원회는 스포츠의 전통적 가치를 보존하는 전략을 추진했고, 이것은 2000년 12월에 있었던 Nice European Council의 소속 국가들에 의해 추인을 받았다. 그들은 의장성명으로서 스포츠의 특별성에 대한 선언을 이끌어냈다.Nice European Council, 2000, Annex IV, para. 1.

스포츠의 특별한 지위를 설명하기 위해서 유러피안 커미션에 의해 채택된 방식은 스포츠 집행부가 자율성을 갖게 해주는 방법으로 EU 조약1997 81장 3절에 나와 있는 예외조항에 의존한다.Foster, 2000. 연장선상에서 EU 집행위원회의 UEFA에 대한 지원은 기존의 축구 경쟁구도를 유지하는 것을 지지하는 것으로 해석될 수 있다. 사실 EU 집행위원회는 스포츠를 특히 축구의 특별한 성격에 있어서 소속 국가들을 결합시킬 수 있는 기제로 사용하려고 한다. 국가마다 문화와 전통이 다르지만 몇몇 국가의 배제보다는 국가 간의 통합을 위하여 스포츠가 긍정적으로 작용할 것으로 보고 있기 때문이다. Brown2000a, 142이 지적한 것처럼 유럽의 수퍼 리그에 대한 관심과 추진이 하나의 시장과 경쟁구도의 단일화축구의 유럽화를 통해 소속 국가를 통합시키고자 하는 것으로 해석될 수도 있다.

스포츠에 대한 두 가지 중요한 도전이 헬싱키 보고서에서 나온다. 첫째, 보고서는 스포츠 조직들이나 연합들이 스포츠가 보호되어야 할 가치가 있는 특별한 성격을 가지고 있음을 확실히 하기 위하여 그들의 미션이나 규정에 대한 정의를 내려야 한다고 조언한다. 즉, 스포츠의 특별한 지위가 충분히 정의되어져야 한다.European Commission, 1999, para 4.2.3. 둘째, 스포츠 조직이 상업적 영역과 관련될 때 스포츠 규칙은 반드시 투명성과 시장에 대한 자유로운 접근, 계약의 명확성, 그리고 효과적인 재분배 등의 원칙이 지켜지는 범위 내에서 이루어져야 한다.European Commission 1999, para 4.2.3.

두 번째 도전은 특히 집중적인 스포츠 성공, 부, 그리고 엘리트 수퍼 클럽 등의 모습을 띠고 있는 유럽의 상위 수준의 현재 구조적 상황에서 상당히 흥미로운 것이다. 재정적인 분배와 연대라는 측면에서 볼 때, UEFA의 최근 성과가 좋지 않다. 리그의 형태를 기함 경쟁Flagship Competition의 형태로 바꾸면서 UEFA의 챔피언스 리그가 비예측성부유한 클럽들에게는 바람직하지 않은 것으로을 줄여왔다. 더욱이 경기장소가 분산되어 있고 참가하는 클럽에 대한 재정적 보상이 분산되어 있는 유럽 시장의 토대 위에 작동하고 있는 경쟁구도를 묘사하기는 힘들다.

헬싱키 보고서European Commission, 1999, para 2로부터 얻을 수 있는 것은 분열의 가능성이 경제적인 측면에서는 더 나은 것으로 간주되어지고, 재정적인 연대의 원칙은 지켜지기 어려운 것으로 고려되고 있다는 것이다. 그러나 현재의 EU 정책은 경제적으로 이익이 되는 구조를 유지하도록 돕는 것이다. 그러한 구조는 몇몇 엘리트 클럽들의 재정적인 목적을 위해 설계되어진 것을 말한다. 한편 특별한 지위를 이용하여 EU 집행위원회가 할 수 있는 한 가지 선택은 UEFA가 연대를 증가하도록 요구하는 것이다. 그리고 연대는 아마츄어 스포츠에 대한 더 많은 돈을 분배하는 차원에서의 수직적 연대와 재정적 지원이 약한 국가에게는 좀더 많은 지원을 해주는 수평적 차원에서의 연대 모두를 포함하는 것이다.Foster, 2000, 60. 실망스러운 것은 재정적 연대, 분배와 사회적 중요성에 대해 UEFA가 정책의 우선성을 두고 있다는 어떤 증거도 찾을 수 없다는 것이다.

현재의 정책은 아마도 스포츠의 사회적 기능이 현재의 상태에서 가장 잘 진행되고 있다는 전제에 기초하고 있는 것 같다. 그러므로 많은 EU의 경쟁에 대한 정책이 UEFA의 지위를 보호해 주고 있는 것처럼 보인다. 즉, 마치 UEFA의 후원 밖에서 운영되는 리그의 가능성을 없애버리려는 것처럼 말이다. 적어도 UEFA의 역할이 축구의 특별한 지위를 보호하는데 있음을 보여주기 위하여 외부로부터의 압력이 UEFA에게 가해져야 한다. 그러나 보다 근본적으로는 축구가 현재의 구조 내에서 계속 진행되어야 하는가에 대한 논의가 좀더 많이 그리고 공개적으로 논의되어져야 한다. 경쟁에 대한 정책은 소비자를 고려하는 것이다. 명백하게 재편의 사례를 분석하지 못함으로써 소비자들은 제대로 대접받지 못할 수 있다. 그러나 재편은 분명히 사회적 그리고 스포츠의 관점에서 볼 때 이로울 수 있다. 그리고 많은 소비자들에게 현재의 구조보다 더 호감을 갖게 할 수 있다.

■ 변화와 법

스포츠의 구조와 규제는 유럽 축구의 관할권에 의해 영향을 받는다. 즉 스포츠, 특히 재정적인 문제와 연관하여 법이라든지 변호사들이 개입할 수 있다.Parrish, 2002. 현재까지 가장 유명한 개입 사례는 이전에 잠깐 언급한 바 있는 벨기에의 선수인 Jean-Marc Bosman과 관련된 것이다.Morris, *et al.*, 1996 참조. Bosman 이전에 선수들은 축구에 있어서 가장 영향력 없는 존재였다. 축구의 재정적인 근대화 작업이 선수들의 지위나 권리에 있어서의 변화를 반영하지 못하고 있었다.Parrish, 2002. Bosman 사례가 법의 보호 아래에서 사적인 권리를 주장한 것이었고 이것이 EC 조약의 39장이전에는 48장에서 노동자의 이동의 자유에 대한 것과 관련이 있지만, 이 사례는 중요한 변화가 경제적 힘을 이용하지 않더라고 가능했다라는 사실을 입증했다. 이 사례는 또한 유럽의 수퍼 클럽 이외의 클럽들에게도 중요한 의미를 줄 수 있다. 확실히 Celtic과 PSV Eindhoven과 같은 클럽들이 그들 스스로를 발견하는 것과 Bosman의 상황이 유사한 면이 있다. 그것은 어떠한 법적인 도전도 이동의 자유에 대해서 관심을 가질 수 있다는 것이다. Peter Foosen은 다음과 같이 주장 한다 : "기본적 입장은 하나의 노동시장이 존재하고, [실질적으로] 하나의 유럽 통화가 존재한다는 것이다 … . 그러나 축구 클럽들을 위한 단일한 유럽 시장이란 존재하지 않는다 … . 클럽들에게는 이동의 자유가 없다."2001년 12월의 인터뷰에서.

현대 유럽 축구에서 축구 경기를 하고 있는 선수들, 장소, 수입원 등의 측면에서 볼 때, 클럽들은 이미 국가적 경계를 벗어나고 있다.[32] 자기들의 국가 범위를 벗어나 각 리그에 참여하고 있는 클럽들은 단순하게 말하면 세계화의 논리적 귀결이다. 클럽들에게 한 가지 던져지는 법적인 도전은 UEFA가 자기의 존재를 지키기 위해서 또는 EU의 다른 소속 국가들에게 서비스를 제공하기 위해서 회사의 권리에 대해 규제를 하려고 하는지에 관한 것이다.Foster, 2002. 흥미로운 것은 유로파 뉴스레터EU의 활동을 요약 정리하는는 이동의 자유의 또 다른 중요한 측면으로서 다른 나라에서 스포츠 클럽을 설립할 수 있는 자유에 대해서 묘사하고 있다.Europa, 2001. "EC 조약의 43장에 기초하고 있는 이러한 권리는 최근에 그들이 속한 리그에서 경기를 계속하면서 원래 세워졌던 곳 밀고 다른 지역에 등록된 사무실을 개설하기를 희망하는 몇몇 클럽들에 의해서 시도되어지고 있다."Europa, 2001. 최근의 역사에서 보면 Wimbledon이 Dublin으로 옮기려던 계획이나 벨기에 클럽인 Excelsior Mouscron이 프랑스에서 UEFA 컵의 홈 경기를 갖자고 제안한 것 등이 아마도 EC 조약의 43장의 정신을 보여주는 것이 아닌가 싶다.Mortimer and Pearl, 2000.

어떠한 사례에서도 자기들이 멤버인 조직의 관할권을 벗어난 지역에서의 경기에 참가하려고 하는 클럽은 찾기가 어렵다. 그러나 좀더 근본적인 구조적 변화에서 볼 수 있는 것은 클럽들이 자신들의 홈 조직의 관할권을 벗어난 지역에서 경기를 하려는 것이다. 이런 점에서 1999년 유럽 사법재판소Court of Justice에서 다뤄진 Centros 사례는 아마도 적절한 사례일 것이다. 이 사례는 EC 조약의 43장과 48장설립의 자유에 잘 나타나고 있는데, 주로 회사의 이주 자유와 관련된 것이다. 유럽 사법재판소212/97 사례 Centros Judgement는 다음과 같이 판정을 내렸다 : "덴마크 사람의 소유로 영국에 등록된 회사가 덴마크에서 사업을 하기 위해 지점을 덴마크에 설립할 필요가 없다."Mortimer and Pearl, 2000. 만약 이러한 결정이 일반적인 적용성을 갖는다면 유럽의 축구 클럽들이 자신들의 전통적인 팬들이 있는 지역을 벗어나 다른 지역에 클럽을 세우려는 계획을 중지할 필요가 없다고 볼 수 있다.Mortimer and Pearl, 2000, 233. 즉, 자신의 나라가 아닌 곳에서의 경기에 참가하려는 클럽들에 의한 법적인 도전은 판례에서 약간의 권위를 인정받을 수 있을 것 같다.[33] UEFA가 자신의 허가 없이 다른 리그를 구성하는 것을 불허하면서 국가 리그를 보호하려는 행위에 의해 유럽 축구에서 자신의 우월한 지위를 남용하고 있다는 점에서 UEFA의 활동에 도전이 올 수도 있다.Foster, 2002.

규제에 대한 법적인 접근은 두 가지 중요한 문제에 부딪친다. 하나는 규제의 미숙한 형태이다. 이것은 질문에 대한 응답에 있어서 법원으로부터 네/아니오의 답변만 제공할 것이다. 다음은 이것이 축구를 하는 의미와 재정적인 의미에서 나타나는 위험과 함께 축구 집행부에 참여하려는 특정 클럽의 의지에 달려 있다는 것이다. 앞의 절에서 살펴본 바와 같이 UEFA는 구조적 변화에 노골적으로 반대하고 있다. 더욱이 UEFA의 지위가 특정 스포츠의 조직과 발전보다는 오로지 경제적인 문제에만 관심을 갖고 있는 유러피안 경쟁 위원회European Competition Commission에 의해 지지를 받고 있다.Caiger and Gardiner, 2001. 좀더 자세한 이슈는 Celtic과 Rangers가 영국 FA의 후원하에 있는 경기에 참가할 가능성에 관한 것이다. 그러나 영국이 EU의 소속 국가이기 때문에 클럽들이 다른 멤버 국가 내에서 설립하거나 운영되는 것으로부터 제재를 받고 있다고 주장할 근거가 없다. 그러므로 어떤 사례이든지 영국의 국내 사례에 불과하다.Nicolson, 2002.

■ 변화를 위한 의제-사회적 복지, 협의, 그리고 연구

유럽 축구 리그를 얼마나 잘 조직할 수 있을까라는 질문에 대한 답을 찾기 위해서는 보다 넓은 사회적 · 문화적 중요성과 함께 경제적 그리고 스포츠에 관련된 이슈들에 대한 고려를 해야 한다. 이론적으로 볼 때 구조의 어떤 정형적인 분석은 사회적 복지에 대한 고려와 관계되는 모든 사람의 효용성을 최대화할 수 있는 최적 조건즉, 파레토=옵티마 조건을 찾아야 하는 것이다. 최적 조건은 공동체 내의 한 개인이 더 나아진다면, 그리고 어떤 사람도 나쁘게 되지 않는다면 전체 공동체는 훨씬 좋아진다는 가치 있는 원칙이다.Albert and Hahnel, 1990. 리그 재편에 있어서 고려해야 할 것들은 그로 인해 손해를 보는 사람에 대한 고려가 있어야 한다. 그리고 모든 참여하는 사람, 즉 주주들, 후원자들, 고용자들, 집행부 그리고 공동체 등의 관련자들의 선호에 대한 부분을 염누에 두어야 한다. 실제 상황에서는 손해를 보는 사람들효용이 감소되는 사람들이 생김으로써 최적의 해결책이 종종 방해를 받는다. 이보다는 차선의 최적 조건은 파레토 개선이라는 개념일 것이다. 즉 변화로 인하여 이익을 보는 사람들의 복지향상이 손해를 보는 사람들에 대한 보상을 할 만큼 충분하다면 잠재적으로 바람직한 것으로 간주된다.Culyer, 1975 ; Tower, 1993으로부터 인용.

실제에 있어서 결정분석에 포함되는 다양한 이해당사자들의 선호를 결정하기 위한 어떤 명확한 메커니즘이 존재하기 힘들다. 결과적으로 한 가지 위험은 보다 넓은 사회와 복지에 대한 고려는 경제적 힘에 의존한 변화에 의하여 무시된다는 것이다. 이것의 결과는 거대한 인구에 기초한 큰 클럽들이 자신들에게 재정적으로 유리한 경기에 참여하며, 이것이 스포츠의 성과를 독려하거나 또는 무관심하게 내버려뒀던 사회적 또는 공동체의 결속을 도모하기 위해 스포츠를 사용하는 것과 같은 보다 폭넓은 고려를 하게 될 것이라는 것이다. 또 다른 위험은 정책이 법적인 사례와 같은 외부의 영향에 대한 반작용을 하게끔 강제하는 것이다.

다른 위험은 결정이 사회적 중요성과 축구의 중요성에 관한 주장에 기초해서 만들어지는 것이다. Brown2000a이 지적한 것처럼 유러피안 커미션이 스포츠의 사회적 이득을 유지해야 한다는 아이디어를 견지하는 동안 그러한 이득이 무엇이며구체적으로 관중의 입장에서 어떻게 그것들이 현실화되고 분배되고 또 변화되는지에 대한 이해와 연구가 필요하다. 축구의 현재 구조는 유지할 만한 가치가 충분히 있다. 그러나 그러한 결론은 그동안 주장해 온 사회적 결과가 달성되었는지에 대한 증거에 기초해야 한다. 더욱이 다른 구조가 비슷하거나 같은 결과를 달성할 수 없을 수도 있다는 것을 고려해야 한다는 것이다.

이 장의 도입부에서 제시된 것처럼 유럽의 축구 환경은 경제적 · 법적 · 규제적 · 사회문화적 측면에서 변화의 시기를 겪고 있다. 이 시점에서 필요한 것은 공개적이고 폭넓은 토론과 어떻게 축구가 앞으로 구조화되어야 하느냐에 관한 연구에 기초한 정책적 대응이다. 그리고 가능하면 축구의 많은 관련자들의 선호에 대한 설명이 있어야 한다. UEFA와 같은 몇몇 축구의 이해당사자들과는 협의가 가능한 반면 후원자 그룹 또는 공동체의 이익을 위한 이해당사자들의 선호를 결정하는 것은 간단하지 않다. 이들 그룹들은 축구의 사회적 중요성에 있어서 근본적인 부분이다. 그들을 포함하는 방식은 사회적 · 경제적으로 받아들일 수 있는 결과가 성취될 수 있는지에서 찾아져야 한다.

이상묵 옮김

주_

1_ 스코틀랜드의 엘리트 축구에 있어서 자원(resources)과 성적(performance)과의 관계에 대한 좀더 자세한 내용은 Murphy(1996b)를 참조. Murphy는 다음과 같이 주장한다. 1946-99년에 걸쳐 상위와 하위 클럽 간의 성적 차이는 줄어들고 있었다. 그러나 Celtic이나 Rangers에 의한 챔피언의 독점은 늘어가고 있는 것 같다.

2_ 때때로 복잡한 경제적 분석은 필요치 않다. 2001/02 시즌 중간에 5살짜리 소녀가 처음으로 셀틱 공원(Celtic Park)에서 치러지고 있는 Celtic과 Hibernian과의 경기를 보고 있었다. 2대 0으로 Celtic이 이기면서 전반전이 끝났을 때 그 소녀는 질문을 던졌는데 그 질문이 스코틀랜드 축구의 문제를 아주 간결하게 지적해 준 것 같다. 즉, 그녀는 「아빠, 왜 사람들은 축구장의 반쪽만 사용하고 있어?」 한편, 스코틀랜드의 한 신문인 〈*The Sunday Herald*〉는 Celtic이나 Rangers가 없다면 SPL이 어떻게 될까를 가정해 보면서 「올드펌이 없는 생활」이라는 제목으로 매주 리그를 소개하는 글을 싣고 있다.

3_ 이들의 라이벌 관계에 대한 보다 자세한 분석은 다음의 자료를 참조. Bradley, 1998 ; Finn, 1991a, b ; Murray, 1984, 1998.

4_ SPL에서의 불공정한 경쟁과 그것의 결과에 대한 자세한 논의는 Soccer Investor(2002e)를 참조.

5_ 이러한 팀들은 다음과 같다 : Milan, Inter, Juventus, Bayern Munich, Borussia Dortmund, Werder Bremen, Real Madrid, Barcelona, Atlético Madrid, Manchester United, Liverpool, Arsenal. 잉글랜드에 대한 자료는 1991년부터 나온 것이다. 잉글랜드 클럽들이 이전에는 유럽의 경기에 출전하지 못했기 때문이다(Hoehn and Szymanski, 1999).

6_ 영국(UK)에서 OFT(Office of Fair Trading)는 리그 소속의 멤버 클럽들의 이익을 위해서 집단적인 권리(collective rights)를 팔아버린 프리미어 리그의 법적인 행위에 대하여 반대했다. 그러나 그러한 반대는 제재실무법원(Restrictive Practices Court)에 의해 거부되었다. 법원은 이러한 조정이 공적인 이익에 반한 것이 아니라는 생각을 가지고 있었다. 법원은 집단적인 조정이 축구 클럽들 사이에서의 균형적인 경쟁을 증진시킬 수 있을 것으로 판단했고, 이것이 결국은 공적인 이익에 부합하는 것으로 간주했다(Cave, 2000).

7_ 스페인 클럽들은 1996/97 시즌부터 2002/03 시즌까지 개별적으로 방송중계권 협상에 임할 수 있도록 허용되었다. 한 가지 결과는 모든 클럽의 텔레비전 중계 수입이 408% 증가하였다는 것이다. Real Madrid와 Canal Satellite Digital과의 협상은 평균 4,300만 유로

이고 Barcelona의 경우는 Via Digital과의 협상에서 평균 4,380만 유로를 기록했다(Allen, 2001).

8_ Gerrard(2002)는 이처럼 명백한 관계의 정도에 대하여 문제점를 제기하였다. 그는 저자가 장기간의 평균값과 다양한 크기의 클럽들로 구성된 샘플로부터 구해진 회귀 분석의 통계치(R^2)에 너무 의존하여 임금 지출과 리그 성적과의 밀접한 관계를 그리 놀라운 것이 아니게끔 만들어 버렸다고 지적하고 있다.

9_ 시즌 중에 상위를 차지했던 Ipswich Town은 결국 2000/01 시즌에 FA 프리미어십에서 5위를 차지하고 UEFA 컵에 진출할 수 있는 자격을 얻었다. 그러나 다음 시즌에 이 팀은 전영 리그로 퇴출당하는 상황을 맞았다. 이탈리아에서는 Chievo가 2001/02 시즌에 Serie A의 상위에 몇 주 동안 머물러 있었고 결국 2002/03 UEFA 컵 진출을 위한 자격을 얻었다.

10_ 퇴출로 인한 재정적인 어려움을 겪었던 증거는 2003년 2월에 Ipswich Town이 법원으로부터 부채를 구조조정할 수 있도록 임시적인 행정명령을 받았다(Soccer Investor, 2003).

11_ G14그룹의 클럽들은 몇몇 유럽의 상위 클럽들의 경제적 이익을 위하여 만들어진 것이다. 이 그룹의 원래 멤버들은 14개 클럽이다 : AC Milan, Ajax, Barcelona, Bayern Munich, Borussia Dortmund, Inter Milan, Juventus, Liverpool, Manchester United, Olympique Marseille, Paris St Germain, Porto, PSV Eindhoven, Real Madrid. 2002년에는 새로운 4개의 멤버들이 더 보강이 되었다 : Arsenal, Bayer Leverkusen, Olympique Lyonnais, Valencia.

12_ 많은 언론보도에서 영국의 전영 리그와 함께 G14 클럽에(2005/06 시즌부터) 의한 소위 '임금 캡(wage cap)'의 소개가 있었다(예를 들면 「영국의 엘리트들이 임금 캡에 동의하다」, 〈*The Guardian*〉, 2002년 11월 6일, 28 ; 「영국 클럽들이 임금 캡에 찬성하다」, 〈*The Scotsman*〉, 2002년 11월 22일, 32). 임금 캡은 1984-85 시즌에 미국의 NBA 리그에서(Staudohar 1999를 참조) 처음으로 소개되었는데 축구에 적용되는 것에는 자발적인 임금동결 수준은 아닌 것 같다. 클럽들은 피고용인에게 지급하는 연봉을 구체적인 매출 비율로 제하는 데 동의한다(G14 클럽의 경우에는 70% 그리고 전영 리그 같은 경우에는 처음에는 60%였으나 현재는 50%로 내려간다). 이러한 조치는 처음에는 환영받았으나 지금은 이미 지나간 일이 되었다.

13_ 한 가지 설득력 있는 목소리는 Leeds United의 부사장인 Alan Leighton의 것이다(예를 들면, "부양해야 할 사람들이 없는데 권력에 대한 탐욕은 강한", The Independent on Sunday, 200년 12월 8일, 15).

14_ 이것은 많은 사람들이 불공정하다고 인정하는 계약구조의 한 부분이다. 예를 들면 젊고 유능한 선수들이 매우 낮은 또는 기본적인 조건과 그리고 장시간 동안 계약기간이 맺어지고 있는 것들이다.

15_ 계수(coefficient)는 지난 5년 동안 유럽 컵에서 팀의 성적에 영향을 받는다. 이 기간 동안 각 팀은 이기면 2점 그리고 지면 1점을 얻는다. 1999년부터 자격(qualification) 경기에 대해서는 이러한 점수들이 반으로 줄어든다 : 승리할 경우는 1점, 패배할 경우는 0.5점을 얻는다. 그리고 8강, 4강, 그리고 우승하면 1점의 보너스 점수가 주어진다. 챔피언스 리그의 1회전에 진출하면 보너스 1점을 얻는다. UEFA 계수는 평균으로 계산된다.

그리고 평균은 총 점수를 각 나라의 총 팀의 수로 나눈 것으로 구해진다(UEFA, 2002b).

16_ UEFA만이 UEFA 챔피언스 리그에 대한 상업적인 권한을 갖는다(UEFA, 2002b, para. 24.05). 상업적 권한에는 미디어 계약권, 광고권, 상품화와 특허권(Annex VII, para. 2.1). 관중들의 입장수입은 홈 클럽에 의해 징수된다(para. 24. 04).

17_ UEFA가 챔피언스 리그의 수정에 대한 얘기를 제대로 수행하지 못했다는 논의에 있어서 G14의 웹사이트는 다음과 같이 밝히고 있다. 멤버 클럽들이 챔피언스 리그나 UEFA 컵을 위한 시드를 배정하는 일에 있어서 다섯 개의 규모가 큰 리그의 특권을 유지 지켜 주자고 주장했다(www.g14.com. 검색일 : 2002년 12월 11일).

18_ 그러나 한 가지 기억할 필요가 있는 것은 UEFA 챔피언스 리그 체계 내에서 불이익을 받고 있는 많은 클럽(Celtic, Rangers, PSV Eindhoven, Ajax)들이 국내적으로는 비슷하게 행동을 같이 하고 있다는 것이다. 예를 들면, SPL 같은 리그를 해체하도록 한다거나 집단적인 텔레비전 중계권 협상을 포기하는(네덜란드) 것처럼. 이러한 변화는 이들 클럽들이 국내 수입의 몫을 증대하려는 목적에 의하여 나타난 것이다.

19_ 현재의 윤리적 조건으로 볼 때 하나의 고객으로부터 총 수입의 15%(또는 어느 경우에는 10%)를 얻는 것은 조금 지나친 경우일 것이다.

20_ 예를 들면 1980년대 Tottenham Hotspur는 스포츠웨어, 여성 패션 그리고 입장료 등에 간여하면서 축구활동의 핵심적인 부분들을 벗어난 자신들 사업의 다각화를 시도했는데 성공하지 못했다.

21_ 2002/03 시즌에 클럽들과 Stream 사이에 진행된 모든 협상은 2001/02 시즌과 거의 똑같은 액수였다(AS Roma–3,720만 유로 ; SS Lazio–3,200만 유로 ; Parma–2,480만 유로 ; Bologna–1,340만 유로 그리고 Udinese 1,290만 유로). 2002/03 시즌에 Torino(800만 유로)와 Reggina(700만 유로) 그리고 Telepiu 사이에 행해진 협상도 2001/02 시즌의 것과 같았다(Soccer Investor, 2002a).

22_ SNCCFR(Sir Norman Chester Centre for Football Research 2002)에 따르면 축구는 매일 밤에 볼 수 있다. 그리고 주말에 축구를 볼 수 있는 시간이 약 70시간 정도가 된다.

23_ 예를 들면 「클럽들은 리그 내에서 좀더 말을 할 필요가 있다」, 〈*The Financial Times*〉 1998년 10월 15일, 2 ; 「제안된 수퍼 리그에 대한 UEFA의 반응」, 〈*The Mirror*〉, 1998년 10월 3일, 39 ; 「UEFA의 아틀란틱 리그로의 이동」, 〈*The Guardian*〉, 2001년 2월 8일, 32 또는 「아틀란틱 리그와 UEFA의 충돌」, 〈*Sunday Business*〉, 2001년 2월 4일, 47.

24_ G14가 공식적인 구조를 벗어난 새로운 경쟁구도를 만드는 것에 반대하고 있다는 것을 언급해야한다(www.g14.com).

25_ Manchester United가 2000년 1월에 FA 컵이 아닌 새로 시작하는 세계 클럽 챔피언스 컵에 참가하기로 한 결정은 몇몇 클럽이 벌써 초국가적 조직을 고려하고 있음을 보여주는 것이다.

26_ 예를 들면 「Celtic 구단주는 아틀란틱 리그의 팬이다」(www.sportbusiness.com, 2001년 3월 1일) 또는 「아틀란틱 리그가 아니면 파산」(www.sportbusiness.com, 2002년 4월 25일).

27_ Sportsound, BBC radio Scotland, 2002년 8월 3일.

28_ 예를 들면 「노스 아틀란틱 컵 계획에 대한 UEFA의 현명한 반응」, 〈*The Independent*〉 2002

년 8월 5일, 9 또는 「노스 아틀란틱 리그 컵? 잠시만 시간을 주세요」, 〈*The Daily Record*〉, 2002년 8월 5일, 3.

29_ 예를 들면 「개척자 : 비밀협상이 해체의 희망을 밝게 한다」, 〈*The Guardian*〉, 2002년 8월 31일, 11.

30_ 유사한 토론이 독일의 분데스리가에 참가하고 있는 네덜란드 클럽들에 대해서 얘기하는 것처럼 논쟁은 영국(UK)의 경우에 조금은 더 심각해진다. 이것은 기본적으로 다음과 같은 사실 때문이다. 스코틀랜드와 잉글랜드는 축구를 하는 데 있어서는 별개의 국가이지만 (물론 정치적으로도) 민족국가(nation state)는 대영제국이다(United Kingdom).

31_ 예를 들면 2002년 10월 6일 일요일에 영국(UK) 전역에서 생중계되었던 첫 번째 올드펌 경기에는 삼백 사십 만 명의 관중이 모였다. 비교해 보면 2002년 9월에 Sky TV가 생중계했던 영국과 포르투갈과의 경기에는 백 칠십 만 명이 시청했다(「340만 TV 시청자」, 〈*The Daily mail*〉, 2002년 10월 8일, 5).

32_ 몇 몇 유럽의 클럽들은 그들의 국내 리그가 해외로 송출되면서 방송 수입을 받는다. 게다가 Manchester United나 Barcelona와 같은 중요 클럽들은 해외로 팔린 상품들로부터도 엄청난 수입을 거둔다.

33_ 법적인 도전 가능성을 보여주는 다른 징표는 정치적인 자원으로부터 온다. 예를 들면 독일의 자유민주당과 개혁 MEP인 Toin Manders는 유럽 연합(European Commission)에 UEFA가 교차국가적 리그의 구축을 방해하는지 그리고 유럽의 신뢰법(European trust laws)에 위촉되는 행위를 하는지를 조사해 줄 것을 요청한다(Chaudhary 2001).

2. 축구 클럽

비즈니스인가 사회제도인가

최근 들어 축구선수의 연봉, 소유구조, 수익의 배분, 경기장의 발전, 입장권 가격 등 축구의 다양한 측면에서의 경제적 변화는 괄목할 만한 양상을 보여주고 있다. 그러나 이 책을 통해서 다각적으로 논의되고 있는 것처럼 쟁점이 되는 것은 축구, 좀더 정확하게는 축구 팬이나 구단들이 진행되고 있는 경제적 변화에 대하여 어떻게 적응하는가의 문제이다. 비즈니스로서 이미 이루어진 축구의 방향과 결정이 시장경제의 기능에 맡겨져야 하는지가 논란이 되고 있다. 그것은 리그의 구조, 예산의 배분 등 같은 이슈에 적합한 제한받지 않는 시장논리이고 주식 가치나 이익 그리고 시장 점유율 등과 같은 비즈니스 목적을 강조하는 시장이다. 실제로 영국 축구는 테일러 보고서Taylor Report, Home Office, 1990에 입각한 경기장 안전요건에 적합한 방식이 제한받지 않는 자유시장 원칙에 정확하게 부합하는지 논란거리이다.King, 1997.

그러나 좀더 정치적으로 세련된 접근방식이 채택될 수 있다. 즉 기본적으로는 경제적이지만 사회적 속성도 가지고 있는 것으로 개념화된 축구를 의미하는 것이다.Nash, 2000. 이러한 접근방식은 순수한 경제행위의 차원에서 축구를 다루면서 사회적 측면을 강조한다. 즉, 어떻게 축구의 경제적 기반이 지역사회에 영향을 미치는가를 확인하는 것이다. 행위를 통해서 영향을 미칠 수 있고 비즈니스 언어나 투자자를 활용함으로써 영향력을 줄 수 있을 것이다. 투자자 개념은, 명확하게 책임에 대한 요구가 분명한 축구 클럽 투자자들의 특별한 속성이 있기 때문에 오히려 통상적인 비즈니스에서보다도 축구 클럽에 좀더 타당성이 있을 것이다. Morrow, 2000.

이 장의 목적은 축구의 재정적 변화가 비즈니스의 결과나 행위를 반영해야 하는지 혹은 특히 클럽이나 팬들 간의 관계와 같은 사회적 측면에 영향을 주어야 하는지에 관해서 살펴보는 것이다. 말하자면 통상의 지역적인 공간뿐만 아니라 종교적 · 사회적 영역 내에서도 축구 클럽의 운영이나 존속에 직 · 간접적으로 영향을 미치는 사람들이나 집단들 등을 포함하여 클럽의 선수들, 서포터, 넓은 지역사회, 팬들에 대하여 다룰 것이다.

선수들

최근에 선수들의 지위에 관해서 특별히 눈에 두드러지는 변화가 있었던 지역은 없다. 보스만 사건Bosman case, CJEC, 1995에서 유럽연합재판소는 가장 획기적인 계기가 될 만한 법적인 틀을 정립하였다. 6개월간의 어려운 협상과정Morris, *et al.*, 2003을 거쳐서 유럽연합, FIFAFédération Internationale de Football Association, UEFA 사이에 합의된 이적체제의 변화에 따라 2001년 3월부터 적용된 동 규정은 선수들에게 이전보다 많은 행동의 자유와 협상권을 부여하였다. 유럽의 빅 리그에서 활용되는 예산의 실질적인 증가—TV 방영권에 따른 예산의 대폭 확충—가 동반됨에 따라 스타 플레이어들이 훨씬 향상된 경제적 보상을 받는 위치에 이르렀다. 예를 들면 프리미어 리그에서 자유계약FA 자격을 얻은 선수들은 한 해에 평균 오십만 파운드 이상의 급여를 벌어들여서 평균 급여가 1995/6 시즌 이래 260% 상승하였다.Deloitte & Touche, 2002a, 32–33.

경제학자들은 선택된 직업의 소수 사람들이 높은 급료를 받고 있는 반면에 다른 분야의 더욱 재능 있는 근로자들이 별로 많지 않은 임금을 받는 상황을 지적하고 있다. 보수 수준의 사회적 · 경제적 수용의 문제는 미디어에서 공적인 논쟁거리로 점점 많이 다루어지고 있다. 영국에서는 이러한 논쟁의 명확한 설명이 프로축구협회에서 2002년 11월에 재택한 결정을 보도한 여러 보도매체를 통해 공표되었다. 즉 프리미어 리그 TV 방영권 협상의 축구협회 지분에 대해 반대할 가능성 여부에 대한 선수 여론조사를 실시하여 2,500명 정도의 축구선수들 중 99%의 지지를 받은 조사결과가 나왔다.[1]

프로 선수들의 보수에 관하여 비슷한 사항이 발표되었다. 짐머Hill Zimmer and Zimmer, 2001는 문헌상에 나타났던 것보다 좀더 광범위한 맥락에서 미국 선수들의 수입에 대한 경험분석을 수행하였다. 이전의 연구에서 두 가지의 중요한 결점들을 지적하였다. 첫째는, 스포츠 선수의 수입은 독립적으로만 논의되어서는 안 되며 오히려 적절하게 정의된 사회경제적 참고집단의 맥락에서 살펴보아야 한다. 둘째로, 일류 스포츠 선수들에 적용되는 보수에 초점을 둘 뿐만 아니라, 전체 직업에 걸쳐서 낮은 급여를 받는 사람들도 고려해야 한다. 선수들과 다른 직업 연예인들을 비교했을 때, 그 분석결과는 선수들이 실제로는 비교적 낮은 급여를 받는 것으로 나타났다.

경제의 혹은 시장의 관점에서 연예인을 사례로 비교한 설명이 더 이해하기 쉬울 것이다. 의사가 받는 월급과 병원 드라마인 ER에서 의사 역할을 하는 George Clooney의 수입을 비교한다는게 의미 없는 것과 마찬가지로, 프리미어리그 축구선수의 급여를 비숙련 노동자들의 보수 혹은 그 클럽 서포터들의 평균 급여와 비교하는 것도 잘못된 것이다. 핵심적인 요소는 의료나 교육을 스포츠와 비교하면서 영향을 미치는 사람의 영향범위에 근거하는 것이다.Mayer, 1960. 의사의 역할을 하는 배우보다 훨씬 더 높은 가치를 지닌 서비스를 의사가 제공한다는 데 이의가 없을 것이다. 그러나 수입의 차이는 청중이나 소비자 집단의 규모로 설명할 수 있다. 즉 의사에게는 그 규모가 매우 한정적이지만 배우에게는 그 규모가 매우 크다.Dobson and Goddard, 2001, 214. 이것은 기술적 측면의 하나이다. Rosen and Sanderson, 2001.[2] 그러므로 단순하게 보면 최고의 축구선수 급여는 수퍼스타에 대한 시장원리에 따라 발생된다.[3]

이러한 주장이 수용된다면 축구가 또 다른 차원의 연예 비즈니스라는 관점이 그럴 듯하게 보여진다. 이에 대하여 서포터, 정책결정자, 선수협회 그리고 축구 관련당국 등 축구와 연관된 많은 사람들은 분명히 문제를 제기할 것이다. 즉 축구는 경제행위와 관련성을 맺으면서 사회적 측면을 갖는다는 것이다. 이 영역에서 현대 축구에서 나타나는 불일치에 주목한다. 이러한 측면을 잉글랜드 프로축구협회의 사례에서 보다 더 잘 보여주는 곳은 없다. 예컨대 축구의 재정적 문제에 대처하는 가장 좋은 방법으로서 인센티브를 주는 선수계약과 연결된 시장의 힘을 지지하기보다는 오히려 급여 상한과 같은 좀더 개입주의의적 방법을 활용한다. Sunday Herald, 2002. 동시에 프로협회는 이와 같은 개입주의적 안전장치가 클럽들이 재정적 어려움에 처했을 때 선수들의 경제적 이익이나 리그의 통합을 보호하는 데 필요한 사항이라는 것이다.Conn, 2002a. 좀더 근본적으로는, 선수 급여나 선수들의 인원을 결정하는 데 시장의 힘을 수용한다면, 시장에 근거한 해결책의 지지자들은 특정 도시나 국가에 얼마나 많은 팀이 존재해야 하는지와 같은 이슈에 시장의 논리를 적용하지 않는 이유에 정당하게 문제제기를 해야 한다.

평균 이하의 임금을 받는 선수들과 관련된 이슈는 또한 흥미로운 쟁점을 제시한다. 미디어에서 논란이 되는 엄청난 경제적 보수는 상대적으로 소수의 선수들에게 지급되고, 축구선수들의 수익배분은 매우 비대칭적이다. 이탈리아의 경우 비교적 소수의 선수들이 불비례적으로 예산의 몫을 벌어들인다.Lucifora and Simmons, 2003. 그 결과는 Rosen의 수퍼스타 이론과 일치를 이룬다. 게다가 잉글랜드와 스코틀랜드 축구협회에서 제공한 자료에 따르면, 매년 여름의 계약 종결 이후 방출되는 선수 숫자가 점차 늘어나면서 선수들의 직업 안정성은 더욱 떨어진다.Buckland, 1999 ; Campbell, D., 2001 ; Martin, 2002. 1TV가 무너지면서 직접 영향을 받지 않는 클럽들뿐만 아니라, 많은 클럽들이 이 사건 발생 이전부터 심각한 재정적 어려움에 처해 있다고 알려져 왔는데, 이 사태로 인하여 전영 리그 소속 클럽들의 2002년 여름의 상황은 더욱 악화되었다. 이전에 클럽들은 이적 시장에서 선수 들을 다른 클럽에 팔아서 이러한 재정적 문제를 타개해 왔다. 그러나 선수들의 이적과 관련해서 1년에 두 번 열리는 이전 창구제의 도입Morris, *et al.*, 2003에 따른 축구 이적 시스템의 변화로 인하여 재정적 안정망으로서 이적시장의 가치가 감소하였다.

이러한 상황에 처하여 일반적인 비즈니스의 경우, 통상 채권자들과 해결을 위한 협의를 진행하고, 인원을 감축하여 비용을 줄이는 등의 행정절차에 돌입한다.[4] 잉글랜드 축구 리그의 경우, 클럽을 구조조정할 수 있는 자유는 축구 리그의 파산정책에 의해서 상당한 제약을 받고 있으므로 클럽들은 이에 근거한 행정절차에 따라야 한다. 이 정책의 목적은 리그 시스템의 통합을 보장하고 경쟁을 지속시키는 것이다. 즉, 클럽들이 게임에서의 승리를 위하여 고용한 높은 연봉의 선수에게 급료를 지불하지 않고 해고하는 것을 방지하는 것이다.Conn, 2002a. 이에 따르지 않는 클럽들은 리그에서의 퇴출 위험에 직면하게 된다. 이 규칙은 계약기간에 있는 선수들이나 과거 선수들로 인한 모든 총액을 효과적으로 클럽들이 지불토록 하는 주 채권자 규정의 도입에 따라 다른 기업에 요구하도록 하는 법률을 넘어서고 있다.[5] 달리 말하면, 통상적인 파산의 원칙처럼 모든 축구의 채권자에게 유리하게 적용되지는 않는다.

축구 채권자는 시장에서 높은 신용의 재정상태를 유지해야 한다고 주장한다.Horo, 2002. 그러나 대부분의 클럽은 가장 큰 비용을 급료나 봉급이 차지하고 있으므로 엄격한 재정적 조건에 따른 구조조정 과정에서 이 부분을 손댈 수 없고, 파산 전문가들이 단기간에 이러한 정책에 따른다면 그 조정은 더욱 어려움에 직면한다.Manning, 2002.

좀더 기본적인 차원에서 보면 사회적으로 선수들 계약의 신뢰성을 보장해 주는 것이 점점 더 어려워지고 있다. 빅 클럽의 많은 선수들은 사회적 엘리트이다. 축구를 함으로써 얻을 수 있는 경제적 보상은 대부분의 서포터들이나 지역사회의 다른 사람들이 받는 급료 보다 훨씬 많다. 이러한 정책을 견지하는 것은 다른 이해 당사자들의 손해 위에서 자신들의 이익을 추구하는 부자들 이상으로 보이지 않는다는 것이다. 저널리스트 David Conn은 〈*Independent*〉지의 축구 컬럼제5장 참조에서 이러한 상황을 수용할 수 없다는 데 초점을 맞추었다. 그가 지적하듯이 그 정책은 온전히 급료를 받는 백만장자 축구선수가 소속된 클럽의 파산상황에서는 끔찍한 상태가 전개된다. 반면에, 낮은 봉급을 받는 비서 혹은 청소부들은 해고되고, 불경기 하의 지역 사업체는 급료를 지급할 수 없을 것이다.Conn, 2002a. 이러한 정책의 결과를 사회적으로 수용하기 어려운 또 다른 사례가 있다. 즉, 잉글랜드 클럽들은 축구경기에서 다치거나 부상당한 선수들을 관리하는 자원 봉사단체인 세인트 존 앰블런스St John Ambulance, 역주 : 영국의 세계적인 응급조치 자선단체에 각 클럽들은 게임당 200파운드의 지불금을 내고 있다.Conn, 2002b.

서포터스

서포터들은 축구의 사회적 차원에 관해서 논의할 때 필수불가결한 존재이다. 전설적인 셀틱의 단장인 Jock Stein의 "팬 없는 축구란 존재하지 않는다"는 말이 자주 인용된다. 많은 전문가들은 축구 클럽에서 서포터의 역할을 정의하고 설명한다. 최근 들어 개인적으로 중요성을 갖는 팬층fandom의 확대가 급속히 이루어지고 있다. 이들은 축구에 대한 열정으로 정체성, 지역, 성gender과 같은 이슈에 대한 분석적 통찰을 제공한다. 이러한 부류 중에서 가장 괄목할 만한 공헌은 혼비의 「열광」Nick Hornby's Fever Pitch, 역주 : 아스널에 미쳐 있는 한 남자의 인생역정을 그린 작품이라는 소설이다. 그 속에서 저자는 아스널의 팬이 되어 공유하는 감정적 느낌을 정형화하였다. 비슷한 경우가 프리미어 리그 축구 클럽에 많이 존재한다. Bennie, 1995 ; Nixon, 2000 ; Schindler, 1999. 그러나 재미있는 것은 이러한 대중적인 팬 문화형태의 존재는 축구의 변화하는 경제적 · 사회적 계층구조를 반영한 것으로 해석된다. 즉, 전통적인 노동계층의 대중문화에서 중간층으로의 전이현상이다.Boyle and Haynes, 2000, 180. 혼비와 같은 저자들이 정리한 모든 팬들에 관한 정의는 모든 팬들에 대한 전통적 의미와는 차이가 있다. 예를 들면, John Reid의 사회당 논문 「게임의 회수」Reclaim the Game에는 축구의 여피족 프로그램에서처럼 축구에서 배제된 혼비의 관점을 요약하고 있다.

비록 관중들은 어느 정도 스포츠 연구에서 과대평가되고 있다고 지적Malcolm, *et al.*, 2000 하였지만, 팬에 관해서는 여러 전문가들이 연구하여 왔다. 축구 군중Wadding, *et al.*, 1998과 같은 사회적 집합과 같은 이슈에 관한 저작이 이루어졌다. 팬들의 잡지나 서포터 조직에 참여하는 등 적극적 활동과 관련된 훌리건주의hooliganism가 집중적으로 다루어졌다.Giulianotti, 1999, 40–

49. 이러한 문제의식을 가진 저작의 관심은 일반적인 의미의 팬들King, 1998은 아니다. 그런데 Liverpool FC라는 한 팀을 대상으로 좀더 폭넓은 시각에서 접근할 수 있다. 즉 특정 도시의 일상 속에 역사적으로 문화적으로 용해된 축구팬들의 문화와 다양한 시각의 전통들을 살펴볼 수 있다.Williams, *et al.*, 2001.

팬에 관한 본래의 특징이 Jones에 의해서 밝혀졌다.Jones, 1998, Malcolm, *et al.*, 2000에서 재인용. 이것은 루톤Luton시의 축구 팬들의 정체성을 심층적으로 다룬 저작이다. 이 연구에서 팬은 전체적으로 자율적인 중앙조직으로서 많은 서포터들에 의해서 일체화됨에 따라 매우 높은 수준의 참여로 특징지워진다. 예컨대 인터뷰에 응한 팬들의 1/3은 일체성을 갖는 가장 중요한 팬으로 자임했다. 40% 이상은 가족관계와 같은 질문항목에 최소한 동의하는 것으로 나타났다. 이 연구에서 또 다른 흥미로운 결과는 대부분 팀의 성공이나 실패가 팬들에게 별로 영향을 미치지 않는다는 사실이다. 자신의 팀의 특징적인 평가와 같은 다른 팀과 구별되는 요인을 강조한다.Jones, 1998, Malcolm, *et al.*, 2000에서 재인용. 이러한 결과는 미국의 연구에서도 뒷받침되었다. 즉, 골수 스포츠 팬들은 경기의 성공과는 상관없이 자신들의 팀을 계속 후원함을 관찰할 수 있었다.Meier, 1979 ; Wann and Branscombe, 1990.

이 저작의 흥미로운 요소는 팬들에 대한 함의와 축구의 상업화에서 파생되는 축구의 사회적 중요성의 확장이다. 1990년대 잉글랜드 축구를 변화시킨 자유시장 원칙이 적용됨에 따라 축구 서포터들은 축구 생산물의 소비자로 변화케 되었다.King, 1997, 1998. 이러한 변화가 초래됨에 따라서 서포터들과 공유하는 문화적 일체감이나 감정적 유대의 기초가 위협을 받게 되었다. 비슷한 맥락에서 Duke2002는 잉글랜드에서의 프로 축구를 20세기 말 '맥도날드화' McDonaldization나 '디즈니화' Disneyization의 용어로 규정하였다. 이는 전통적인 팬 문화나 지역적 연계를 위협하는 의미이다. 비록 전통적인 서포터들이 자신들의 팬 문화의 상당 부분을 선택하고 지속시킬 수 있는 능력을 보유하고 있음을 지적하고 있지만, 또한 경기장 참여에 값을 매기거나 응원의 즐거움에 집단적으로 동화되지 않는 젊은 팬들의 등장을 새로운 위험으로 지목하고 있다.Duke, 2002, 21. 이러한 관점은 실증적으로 뒷받침된다. 일단의 서포터들은 클럽들이 직면하는 큰 문젯거리인 티켓 값, 경기시간 날짜의 변경 그리고 개별 클럽들의 세력 등과 같은 축구의 상업화에서 비롯되는 이슈에 관심을 둔다는 것이다.SNCCFR, 2000. 서포터들에게 제기되는 주요한 관심은 티켓의 가격 상승 비율에 따라서 어떤 서포터들의 경기장 불참으로 이어진다는 것이다.Brown, 2000b 반면에 William and Perkins1998에 따르면 축구장을 찾는 관객 중에서 70%는 경기장에 가지 않는 주요한 이유로서 티켓 가격을 꼽지 않는다.

그러나 축구 군중들의 사회적 구성이나 관중의 지리적 분포의 변화에 관해서 제기된 여러 주장들은 대개가 입증되지 못했다고 밝히고 있다.Malcolm, *et al.*, 2000. 그러나 새로운 팬들은 게임에 매력을 갖게 되는 반면에, 대부분의 기존 팬들은 자신의 팀을 후원하고 응원하는 방식에 별로 영향을 받지 않는다고 여긴다. 그럼에도 좀더 넓게 보면, 최근 들어 전체적으로 새로운 방식들이 등장하면서 서포터들이 게임과 연계되고 있다는 것을 알 수 있다. 위성 TV와 인터넷이 등장하면서 팬들은 가까이에 없어도 공동체로 존재할 수 있게 되었다.Bale, 2000. 유료시청과 같은 것이 등장함에 따라 아직까지 제한적이지만, 축구의 세계화와 점차 탈지역 성향을 보이는 많은 축구 클럽들의 발전 속에는 팬의 사회적 속성에 관한 잠재적 의미가 포함되어 있다. 여러 톱 클럽들은 부분적으로 수출과 세계적인 소비를 지향하는 상품화, 마케팅, 위성 TV에 근거하여 세계적 브랜드화에 나서고 있다. 그러한 세계화된 팬들, 위성 TV에 의한 중계, 홈인 지역과 국가와의 진정한 사회적 연계의 부족 등이 팬들 문화의 속성이나 정체성에 영향을 주는지에 관한 의문에는 아직 답변을 하지 못하고 있다.Nash, 2000.

〈그림 2.1〉 관중의 분류

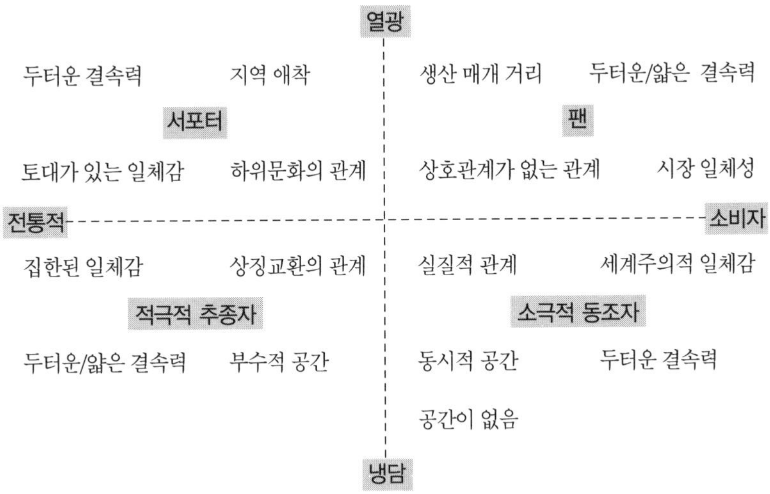

출처 : Giulianotti, 2002, 31.

Giullianotti는 팬의 속성에 관한 이론적 관점을 제공해 주고 있다 Giullianotti, 2002. 축구의 근본적이고 구조적인 변화의 맥락에서 관중들이 구체적 클럽에 대하여 가지는 일체성의 특징적 유형에 근거하여 관중들의 분류를 발전시켰다.〈그림 2.1〉

논문에서 사용하는 어려운 전문 용어임에도 불구하고 Giullianotti의 이론적 분류는 흥미롭고, 팬들의 속성에 관한 축구의 최근 동향에 영향을 주는 현대적 의미를 제공하고 있다. 하나의 장점은, 신세대와 구세대 혹은 서포터와 소비자 등으로의 이분법적 구분보다는 축구 서포터들에 내재된 다양성을 인식하려고 한 것이다. 그러나 다른 분류와의 중첩이나 의존 가능성 또한 존재한다. 한쪽 편에서는 전통적인 서포터를 대표한다. 이 영역에서 클럽은 서포터와의 공공적 일체성이 담긴 복합적이고 살아 숨쉬는 상징이고, 서포터가 클럽이나 지역의 의미와 감성적 연대를 갖고 있다. 또 다른 쪽 편에서는 소비자 관중이 클럽 생산품의 소비의 구심으로 하는 시장중심적인 관계를 형성하고 있다. 그러나 이를 넘어서서 다른 분류와의 차이가 등장한다. 예를 들면, 동기의 관점에서 추종자들은 축구에 대한 지속적인 관심을 가지게 하는 방법으로서 클럽들에 대한 다양한 일체감을 증진시킨다. 반면에 소극적 동조자들은 성공이나 스타일에 의존한 일시적인 지원 정도만을 제공하면서 흥미와 자극을 추구한다. 예컨대 공간적인 관계의 차원에서 소극적 동조자들은 실제로 지역의 제도로서 클럽과 개인적으로 제휴할 수 있는 능력을 갖고 있지 못하다. 팬들과의 관계는 클럽보다는 스타들과의 관계이고, 팬들의 충성심을 확고히 하고 과시하기 위하여 스타 중심의 생산품의 소비에 치중하는 관계이다.Giullianotti, 2002, 41.

클럽에 참여하고 가입한다는 차원에서 서포터가 수행하는 역할은 축구 클럽에 의해 채택된 점증하는 비즈니스의 경향성에 영향을 미치는 또 다른 영역이다.Brown, 1998. 1997년 영국 정부는 축구특별위원회Football Task Force를 구성하였다. 또한 인종주의나 장애인의 접근성과 같은 쟁점을 고려하면서 서포터의 클럽 참여 부족이나 축구 클럽의 등장에 따른 갈등, 지역사회와 축구경기와의 관련성 등에 대하여 문제제기를 하였다. 서포터의 참여, 이해당사자 간의 갈등, 그리고 상대적으로 협력적 관리제3장 및 제4장 참조와 같은 광범위한 주제들은 실제로 서포터, 정치인, 축구행정가, 학술연구자, 미디어 사이에서의 폭넓은 논쟁의 주제였다. 이들 집단에서 제기된 이슈는 런던의 버백 대학Birkbeck College에서 개최한 일련의 컨퍼런스에서 논의되었고, 그에 따라 여러 출판물이 간행되었다.Hamil, *et al.*, 1999, 2000, 2001b. 정책의 수준에서 독립적 축구위원회의 권고에 따라 잉글랜드 축구 관련 기관의 업무결과를 조사하기 위하여 독립 기구는 2001년 설립되었다. 서포터들과 관련된 이슈나 다른 이해당사자의 참여와 관련해서는 특별한 관찰이 필요하였다.IFC, 2002.

■ trusts(이하, 트러스트)

축구특별위원회에서는 클럽들이 트러스트와 서포터 주주조직 등 집합체를 인식하고 장려해야 한다고 권고하고 있다.Football Task Force, 1999. 4년 동안 정부의 주도로 공공자금이 지원된 서포터스 디렉트Supporters Direct가 잉글랜드와 스코틀랜드에서 축구 클럽에 참여한 서포터들에게 도움을 주기 위하여 설립되었다. 트러스트는 70개의 클럽에서 구성되었다.Pendry, 2003. 영국에서 축구 클럽과 지역사회의 관계를 강조하기 위하여 서포터들의 촉매제로서 비즈니스의 영향력을 활용한다는 것은 어떤 면에서는 패러독스이다. 그럼에도 불구하고 그 영향력은 소유관계나 축구 클럽의 운영과 관련된 근본적인 변화의 기회를 제공하고 사회적 위상이나 영국에서 축구의 중요성을 반영한다.

트러스트는 축구 클럽의 존재 근거인 지역사회가 곧 서포터라는 데 기초하여 성립되었다.서포터스 디렉트의 사무국장 로맥스(Brian Lomax)와의 인터뷰, Supporters Direct, December 2001. 그 조직은 일인일표주의의 민주적인 원칙에 기초하고 있다. 서포터의 관점에서 트러스트는 서포터들이 클럽 내에서 행동과 책임에 영향을 미치고 함께 할 수 있도록 하는 집합적 구조이다. 연계집단이나 노동조합과 유사하게 그 전체는 개인의 부분들보다 훨씬 가치가 있다. 단순하게 보면 이러한 조직을 통하여 서포터들은 자신들 목소리의 영향력을 듣기 원하는 이들에게 전달하는 기회를 갖는다.Michie and

Ramalingam, 1999. 트러스트는 서포터들에게 자신들의 이해당사자로서의 권리를 확실하게 행사케 하는 메커니즘을 제공하고, 또한 사회적 · 비즈니스적 관점에서 자신의 클럽들의 지향방향에 영향을 미치고, 조직으로서의 위상정립에 기여할 수 있는 기회를 부여한다.

트러스트 운동의 괄목할 만한 성공에도 불구하고[6] 주요한 변화는 각 조직 속에 내재해 있다. 모든 트러스트가 직면하고 있는 도전은 자신들 존재의 타당성, 정당성, 달리 말하면 대표성을 표방해 보이는 것이다. 분명히 높은 수준의 멤버십은 그 조직이 대표성을 공표하는 한 방법이다. 비록, 트러스트가 클럽의 구조나 재정적 위상에 따라 형성되지만, 클럽의 재정적 어려움이나 위기가 트러스트 형성의 촉매제로 작용할 수 있다는 것은 분명하다. 이러한 의미는 높은 수준의 후원과 높은 수준의 멤버십이 함께 형성된다는 것이다. 예를 들면, 와포드 서포터 트러스트Watford Supporters' Trust는 다음의 임무를 가지고 2002년 9월에 설립되었다. 즉, 프로 축구 클럽으로서 비카레지 로드 스타디움Vicarage Road Stadium에서의 Watford FC의 계속적인 존속을 확고히 하는 목표를 분명히 한다.www.watford supporterstrust.com 약 1,500여 명의 회원을 가진 이 조직은 영국에서 가장 큰 조직 중의 하나이다.Fincham, 2003. 상대적으로 어려움이 적은 재정 환경 속에서 구성된 다른 트러스트들이 오히려 많은 회원의 충원에 더욱 어려움을 겪고 있다.

물론, 이러한 현상이 단기간 동안 트러스트에 대한 정당성의 부족에 기인한다는 것은 확실하다. 축구의 어떤 영역—예컨대, 관리자의 신분보장, 선수 계약, 성공에 대한 요구—은 분명히 단기적임에 반하여 서포터들의 충성심, 그리고 클럽의 지리적 위치 등과 같은 다른 측면은 확실히 장기적 성격을 갖는다.Bale, 2000 ; Malcom, *et al.*, 2000. 직접적인 재정의 어려움이나 위기상황에 대한 대응과는 상관없이 설립된 클럽에서는, 해당 클럽의 장기적 성공과 안정에 공헌할 수 있는 트러스트를 설립하는 것 자체에서 동기부여가 된다. 트러스트를 형성하고 운영하는 긍정적인 마음가짐의 서포터들이 집단적으로 함께 하는 것은 소위 사회적 자본에서 비롯된다. 이 사회적 자본은 협동적 작업수행과 지역의 복지를 뒷받침하는 사회집단과 개인 사이의 네트워크이다.Jarvie, 2003. 따라서 트러스트 회원의 자발적 속성에 따라 상당한 규모의 조직을 설립하는 데 시간이 소요된다고 하더라도, 트러스트에 강력한 토대를 제공해 주는 것은 사회적 자본의 존재이다. 그러한 힘은 내부에서, 그리고 정부의 펀드나 다른 지원의 형태로의 외부의 도움을 통해 확장된다. 이 힘은 사회적 자본이 번성할 수 있는 구조를 창출하지만 사회적 자본을 만들어내지는 못한다.

소비자 신용조합credit union 운동의 발전도 유사한 면을 보여준다. 소비자 신용조합은 재정적으로 협동적이며 상호적 기반으로 구조화되어 있다. 이 기반은 공동의 유대와 특정한 조직의 피고용인으로서, 그리고 특정 지역의 거주민으로서, 혹은 연합체의 회원으로서 회원들이 공유하면서 운영되고 있다. 소비자 신용조합의 강점 중의 하나는 이익의 동기가 없고 회원들의 경제적 · 사회적 목적달성을 위한 조직이라는 것이다.Ferguson and McKillop, 1997. 그러한 장점은 내부에서 유래한다. 그렇기 때문에 비록 재정적 서비스에 접근할 수 있는 폭을 넓히고 재정적 어려움을 줄이는 관점에서 소비자 신용조합의 이점을 충분히 인식한다 하더라도 영국이나 그밖의 지역에서 정부는 사회적 자본 혹은 상호 간의 장점을 발전시키기 위한 운동을 촉진시키 데 충분한 지원을 제공하면서도 신중하게 대처한다. 예를 들면, 공공자금 1백5십만 파운드가 지원된 2001년 3월 스코틀랜드의 소비자 신용조합 실행계획의 집행을 시작하면서 사회복지부장관 Jackie Baillie는 다음과 같이 강조하고 있다. 즉, 이 자금은 정부가 소비자 신용조합을 통제하기 위한 수단이 되어서는 안 되고, 신용조합을 발전시키는 데 필요한 인프라 구축에 기여해야 할 것이다.

> 나는 집행부가 그 운동을 떠맡으면서 행동계획에서 표면상 드러나 있지는 않지만 그 운동의 자율성이나 정신, 즉 지역사회에의 참여, 자발적 참여자의 역할, 상호 연계성 등의 장점들을 충분히 인식하고 있다고 직접적으로 말할 수 있다. 우리는 집행부가 그 지원들을 최대한 잘 분배하고 은행, 지역당국, 지역 기업 그리고 폭넓은 자발적 부문과 같은 다른 부문들이 이 운동에 최대한 기여할 수 있게끔 하는지를 주시할 것이다(Scottish Parliament Official Report, 2001).

게다가 영국에서 다른 자율단체들처럼 트러스트 조직이 더 이상 사람들의 모임의 연합체가 아니라는 변화된 문화환경에 직면하고 있다. 이러한 주장들은 분명하게 입증이 된다. 즉, 영국의 전체 교회신자의 수는 1990년 670만 명에서 2000년에는 590만 명으로 떨어졌다.UKCH, 2001. 노조 가입자 수도 1991년 이래 130만 명에서 10년 동안 15% 가량 하락하였다.Brook, 2002. 또한 스포츠, 여가부문 그리고 문화영역 등에서의 자발적인 참여자들이 영국보다는 덴마크, 네덜란드, 노르웨이, 스웨덴 등에서 더욱 활발하게 활동한다.Ibsen, 2002.

이 부문에서 정당성 혹은 대표성의 주장은 대부분의 팬들이 축구 서포터로 묘사된다는 사실과 또한 연계되어 있다. Brown1998의 지적처럼 팬층은 다양한 지지자들을 포함하고 있다. 따라서 서포터 조직들이 대부분 클럽을 지원하는 입장을 대표한다는 정당성을 주장하기는 어렵다. 그러나 다음 두 가지 점이 간과되고 있다. 첫째로, 트러스트 조직은 현재의 서포터 조직을 대신하거나 대체하려는 것은 아니고 다양한 영역에서의 관심이나 흥미의 기대에 따른 것이다. 둘째로, 구조적으로 트러스트는 민주주의의 기본원칙—규칙을 준수하는 사람들은 회원이 될 수 있고, 모든 회원들은 평등하다—을 통해서 영향력을 갖는다. 비록 트러스트의 개별 회원들은 많지 않은 규모를 유지하고 있지만, 서포터들에 의해서 뒷받침되는 집단적 의사표시를 통해 정당성을 인정받기 때문에 서포터들의 조직에서 수용된다. 예컨대 Celtic의 트러스트는 셀틱 서포터들의 연합체의 지원을 받는다. 그 연합체는 세계 여러 곳에서 10,000명의 회원을 대표하는 170개의 개별 서포터 클럽들을 회원으로 하는 셀틱의 크고 오래된 서포터 집단이다.Carr, *et al.*, 2001.

그러나 장기적으로 정당성이나 대표성을 나타내 주는 가장 믿을 만한 근거가 될 수 있는 것은 회원 수 통계보다는 트러스트의 행동일 것이다. Celtic Paribus라는 트러스트가 자신의 행위, 정책결정, 단장들과의 관계의 발전 등의 차원에서 어떻게 행동하느냐에 따라서 다른 서포터들이나 지역사회에서 지원이나 존중을 할 것인지를 결정할 것이다. 트러스트는 서포터들이 그들 클럽의 방향성에 영향을 미칠 수 있는 메커니즘을 제공함으로써 주도적인 역할을 한다. 말하자면 트러스트는 사회적 통합, 티켓 가격, 인종주의, 기부행위 등과 같은 이슈에 중점을 두면서 클럽에 대한 사회적 의제의 발전을 이끌어낼 수 있다. 축구 클럽은 일반적인 사업체와는 차별화되는 사회적 의미를 가지는 기제로 볼 수 있다.

지역사회

지역사회에서 스포츠의 위치는 정치집단이나 학술집단 내에서 논쟁의 대상이 되어왔다. 그러한 논쟁에서 관심의 초점은 축구 클럽과 그들의 지역사회와의 관계이다. 많은 유럽 국가들에서와 마찬가지로 영국에서 축구는 지역적 연고를 상징하는 클럽의 대표적인 스포츠로 인식된다. 지역사회, 도시, 그리고 해당 연고 축구 팀과의 관계는 50,000명의 인구도 채 안 되는 스코틀랜드의 작은 도시인 커콜디Kirkcaldy 지역과 Raith Rovers 축구 팀과의 사이에 존재하는 사회적 연대의 경우에서 잘 알 수 있다. Raith Rovers팀은 커콜디 지역에서 지역적 연고의식, 문화, 그리고 공유된 일상의 과거와 현재 속에서 중요한 역할을 수행한다. 클럽과 지역사회의 연계에 관해서는 한 서포터와의 문답 속에 분명히 나타나 있다. 당신은 Raith Rovers팀을 응원합니까? 단순히 '예, 아니오'의 대답 대신에 저자는 서포터의 반응을 다음과 같이 읽었다. '나는 이 도시 출신이고, 여기에서 학교를 다녔습니다', 말하자면 이곳에서 자라났고, 어린시절을 보냈으며, 성인시절 그리고 Raith Rovers 팀과의 관련된 여러 일들을 클럽에 대한 단순한 질문의 대답으로 표현할 수 없는 수많은 기억들과 함께 한 삶이라는 것을 말하려는 것 같았다.Hague and Mercer, 1998, 114.

클럽으로 대표되는 지역사회는 특정한 지리적 위치로 제한될 필요는 없으나 경기의 안과 밖에서 생기는 좀더 폭넓은 이슈들과 연관된다. 이러한 사례들은 여러 가지가 있다. 프랑스에서 분리된 파리지역과 연관된 마르세이유Marseille의 특별한 관련성Crolley and Hand, 2002, 6, 카탈리나Catalan 민족주의의 관심의 초점이 된 바르셀로나의 위상Burns, 1999, 스코틀랜드에 있는 아일랜드 이민자들의 상징적 일체감으로서의 셀틱의 위상Carr, *et al.*, 2001, 영국 클럽 중에서 문화적 중요성과 독특성의 상징으로서의 리버풀Williams, *et al.*, 2001 등이다. 다른 유사한 사례에서 제시될 수 있는 것은 어떻게 축구 클럽이 지역사회에 연고의식이나 일체감을 제공하는가에 관한 것이다. 클럽들은 특정 지역, 그리고 알려지기를 원하는 현실적 혹은 이상적 가치를 상징화하는 존재이다.Crolley and Hand, 2002, 77.

축구 비즈니스와 지역과의 관계는 외부적으로 드러나지 않는 편이고, 오히려 해당 지역 클럽이 재정적 어려움이나 역경에 처했을 때 지역 클럽과의 관련성을 알림으로써 지역사회의 도움을 촉구할 때 알려지는 경우가 많다.[7] 그러나 점증하는 클럽의 비지니스화 경향과 더불어서 서포터스와 다른 지역사회와의 협력적 속성에 따라 그 관계에 대한 긍정적 재평가의 기회가 주어진다.Hamil, 1996b ; Morrow, 1999, 2000 ; Smith, 1997 ; Williams, *et al.*, 2001. 부상하는 클럽들과 지역사회는 함께 지역사회 혹은 사회적 차원을 새롭게 하거나 강화시키려 한다. 이 장의 앞부분에서 언급한 영국의 서포터 언세조직 모델은 어떤 때보다도 지역사회와의 관계를 강화시키는 데 주도적인 역할을 한다.Oughton, *et al.*, 2003.

■ 공동선에 기여

톱 클럽들은 이론의 여지없이 비즈니스이다. 그러나 이 저작에서 중심적으로 논의하는 점은 축구 비즈니스에는 일반적인 형태의 경제활동과는 차별되는 많은 부분들을 담고 있다는 것이다. 가장 두드러지는 점은 사회적 차원이나 지역사회의 중요성을 강조하는 것이다. 비즈니스로서 축구 클럽은 지속적으로 경제영역을 넘어서는 영향력과 의미를 담고 있다. 축구 클럽이 사회적 그리고 지역적 영향력을 발휘하는 비즈니스 조직만은 아니다. 공동선을 위하여 영향력을 발휘하려는 경제적 · 사회적 힘을 가진 조직체라는 것이 일반적인 인식이다.Dean, 2001. 회사법DTI, 2002이나 기업의 사회적 책임European Commission, 2002과 같은 분야에서의 최근의 발전적 변화는 점차로 이러한 사회적 영향을 수용하고 있다.

클럽 커뮤니티 혹은 클럽들의 점증하는 비즈니스 경향으로부터 제기되는 사회적 위상에 관해서는 Morrow and Hamil2003에 의해서 연구되고 있고, 다음 장의 상당 부분은 그와 관련된 내용들이다. 1999-2000 시즌[8]에 영국과 스코틀랜드의 30여 개의 일류 클럽들에 초점을 맞추면서 이 연구는 두 가지 목적을 가지고 있다. 첫째는, 클럽의 위상 또는 지역사회나 사회적 제도로서 자신들의 현재 모습 등이 어느 정도로 사회적 역할을 수행하는가이다. 둘째는, 클럽들의 실질적인 비즈니스 행위가 얼마만큼의 사회적 기능을 하는가를 탐구한다.

초점은 지역사회의 서포터들이나 다른 사람들이 사회적 위치의 관점에서 클럽들을 어떻게 인식하는가이지만, 동일하게 중요한 의미를 가지는 것은 어떻게 클럽들 스스로가 자신들의 위상을 찾는가에 관한 이슈이다. 재정적인 관점에서 그러한 위상은 비즈니스의 차원에서는 두드러진다. 이들은 두 가지 자료—연차 보고서와 웹사이트—들을 근거로 이러한 내용들을 연구하였다. 해당 지역사회와 사회적 위상에 관하여 대외적으로 공표된 제한된 수의 클럽에 대한 자료들이 연차보고서에 기술되어 있고,〈예시 2.1〉 이러한 내용들은 실제로 지역사회의 주도 하에 토론 소재로 활용된다. 이러한 점에 관해서 두 개의 클럽은 Sunderland와 Celtic이다. Sunderland의 경우, 그 연차보고서에는 클럽의 비전과 목표가 제시되어 있다. Celtic의 경우, Celtic 자선기금에 관한 발표내용에 따르면 클럽이 속한 지역사회와 자선활동 상황 등이 나타나 있다.〈예시 2.2〉

이러한 내용들을 살펴보면 클럽의 소유구조가 그 연차보고서에 서술된 사회적 공헌의 경향성에 어느 정도 영향을 미치는 것으로 보인다. 〈그림 2.1〉, 〈그림 2.2〉에 명시된 7개의 클럽 중의 사례에서 West Ham United만이 상장된 주식회사가 아니다. 주식회사의 일반화는 연차보고서 부록 〈표 2.4〉에서 기업의 지역사회 참여CCI : Corporate Community Involvement 활동의 공표에 따라 나중에 이 연구에서 밝힐 것이다. 주식회사인 클럽은 상대적으로 분산된 소유구조를 가지는 경향이 있다는 사실을 보여준다.

그러므로 연차보고서는 분산된 지분 소유자들과의 의사소통 수단으로 활용된다. 주식회사는 일단의 주식 소유자들로부터 회사운영의 타당성이나 사회적 책임성과 같은 이슈에 더욱 세심한 주의와 관심을 갖는

〈예시 2.1〉 사회참여(연차보고서에서 발췌)

단장의 보고내용

- 지역사회

  위원회는 지역사회와의 관계를 지속적으로 우선하여 생각하고 지역주민들과 소수집단과의 적극적인 상호 소통의 관계를 유지한다.

  Leicester City, 연차보고서 2000.

- 활동내용

  Manchester United는 지역적으로 그리고 국제적으로 지역사회에 실질적 영향을 미칠 수 있는 프로그램을 실행한다.

  Manchester United, 연차보고서 2000.

- 의장의 평가

  지역사회를 위한 일

  우리 지역사회의 장점을 알리는 것이 즐겁고 … 또한 지역사회 활동에 대하여 널리 인식시키도록 이끄는 방식을 실행한다.

  Newcastle United, 연차보고서 2000.

- 의장의 평가

  최근의 축구

  축구 아카데미는 지역사회에서 차지하는 Southampton 축구 클럽의 중요성을 올바로 인식하고, 클럽의 문화를 이해하는 선수들을 육성하는 장기 계획의 중요한 부분이다.

  Southampton Leisure Holdings, 연차보고서 2000.

- 의장의 평가

  사회적 책임

  궁극적으로 지역사회의 성공은 모든 주민들을 포함시킬 수 있는 능력에 달려 있다. 우리 지방의 경제적 향상에 공헌하는 인사들을 지원하기 위하여 지역사회의 발전계획을 통해 지속적인 노력을 다할 것이다.

  West Ham United, 연차보고서 2000.

더욱 공적인 공간에 존재하게 된다. 결국, 연차보고서는 이들 주주집단들과 의사소통을 하거나 타당성을 공시하는 메커니즘으로서 활용된다.

또 다른 자료의 원천으로서 지역사회의 변화하는 실제의 모습, 축

〈예시 2.2〉 사회참여(연차보고서에서 발췌)

우리의 비전

– 우리의 목표 :

- 우리 아카데미 선수들의 경기력, 복지 그리고 다방면의 발전을 증진시킴.
- 모든 사람들이 축구를 쉽게 즐기고 가까이 할 수 있도록 함.
- 우리의 서포터들이나 주주들에게 기쁨을 줌.
- 지역사회와 우리 지방에서 적극적이고 가치 있는 역할을 수행함.
- 모든 사람들을 위한 클럽이 됨.

Sunderland, 연차보고서 2000.

– Celtic 자선기금

Celtic이 발족한 지 112년이 되는 2000년은 더욱 지역사회를 위하는 자선사업 그리고 Celtic 자선기금을 통해 Celtic 역사의 그 어느 때보다도 많은 자금을 기증할 것이다.

Celtic 축구 클럽은 지역사회를 후원하고, 클럽의 설립자 Brother Walfrid의 숭고한 목적을 존중하고 그 목적을 위해 노력을 다하는 것을 자랑스럽게 여긴다.

Celtic, 연차보고서 2000.

구 클럽과 주주들과의 결과적인 관계변화를 보여주는 것은 웹사이트이다. 기업의 웹사이트는 대부분의 스포츠 팀에 대한 다양한 서비스를 제공한다. 예를 들면, 경제적 차원에서는 입장권이나 판매품 등을 알려주고, 사회적 차원에서는 팬들의 불만을 해소해 주며, 팬들의 성원을 확보하는 기능을 수행한다.Mahony and Howard, 2001. 중요하게도 이러한 방식을 통하여 팀들은 그들의 주주들과 의사소통하는 일상적인 메커니즘을 갖게 된다. 대다수의 클럽들은 웹 페이지를 활용함으로써 실제로 지역에서 주도적인 역할을 한다.〈표 2.2〉 소수의 클럽들은 이들 자료들을 자신들의 지역적 · 사회적 위상을 공개적으로 부각시키는 데 이용한다.[9]〈예시 2.3〉 참조. 이러한 점을 다음과 같이 쉽게 설명할 수 있다. 즉, 클럽의 소유구조나 법적 위상과는 무관하게 클럽들은 이 자료들을 서포터들의 모임이나 지역에 좀더 폭넓게 알림으로써 그들의 지역사회에 밀접하게 연관되어 있고, 접근 가능한 것으로 인식시킨다.

〈예시 2.3〉 사회참여(클럽의 공식 웹사이트에서 인용)

- 클럽은 우리를 뒷받침해 주는 지역사회에서 강력한 역할을 수행하며, 지역사회의 중심에서 중요한 역할을 다할 것이다.

Middlebrough FC의 고객 헌장
(http://www.mfc.co.uk/, 13 January 2002)

- Sheffield는 지역사회의 구심점으로 수행할 수 있는 역할을 인식해야 한다.

Sheffield Wednesday FC의 팬 헌장
(http://www.swfc.co.uk/, 13 January 2002)

- 우리의 목표는 단순하다. 우리의 지역사회에 도움을 주는 일을 수행하는 것이다.

Everton FC의 지역사회 페이지의 축구부문
(http://www.evertonfc.com/, 13 January 2002)

- 지역사회는 우리 클럽의 중심에 있다.

Sunderland AFC 지역사회 홈 페이지
(http://www.safc.com/, 13 January 2002)

■ 기업의 지역사회 참여(CCI : Corporate Community Involvement)

기업의 지역이나 사회참여의 특정한 부분을 기업의 지역사회 참여라 할 수 있다. 이는 지역사회, 자선사업에 대한 직접적인 재정 공헌, 그리고 경제적 차원의 기여와는 구별되는 다른 참여를 통한 방식 등 두 가지를 포함한다. 기업의 지역사회 참여를 둘러싼 논란은 기업의 관리적 측면, 특히 기업이 법적으로 주주들보다는 투자자들을 더 고려해야 하는 부분과 밀접하게 연관되어 있다. 이전에 논의했듯이 투자자 개념은 구체적으로 책임을 따지는 특정 축구 클럽 투자자의 특징으로 인하여 축구 클럽들과 큰 상관관계가 있다Morrow, 2000. 이에 관해서 근대 회사법에 관한 영국 정부 백서는 매우 중요하다. 기업 운영자는 전체 주주의 최대한 이익에 관해서, 그리고 회사의 최상의 이익에 대하여 결정을 하면서 회사의 성공 달성을 위하여 숙고한다. 또 운영자는 고객과의 관계를 포함해서 회사의 비즈니스 관계를 뒷받침해야 할 필요성을 인지해야 한다 … . 그리고 지역사회나 작업환경에 대한 회사의 영향력을 고려해야 할 것이다.DTI, 2002.

예를 들어 자선행위를 통한 기업의 사회참여가 기업차원에서는 다른 사회부문과 접촉하는 비즈니스의 한 방식으로 공표된다. 전통적으로 사회참여의 주요한 동기는 순수한 인류애이다.Cambell *et. al.*, 1999 : Cowton, 1987 : Shaw and Post. 그러나 1980년대 초 이래 기업을 둘러싼 환경이 변화하면서 좀더 많은 기업들이 주주관리 전략의 법제화의 한 부분으로서 경쟁에서 우위를 얻기 위하여 사회참여 활동을 하게 되었다.Freeman, 1984. 기업의 사회참여는 축구 클럽이 자신들의 사회적 토대 구축을 위한 합리적 대응으로 간주된다. 사회적 위상을 확보하여야 하는 클럽의 입장에서 기업의 사회참여는 말을 행동으로 옮길 수 있게 하는 것으로 해석되기도 한다. 좀더 실용적으로 기업의 사회참여는 점증하고 있는 클럽들의 비즈니스 경향을 반영하여 관리차원에서의 합리적 대응인 것이다. 다른 말로 하면, 축구 클럽에서 사회참여는 사회적 과제에 대처하는 과정에서 재정적 목표를 달성하기 위한 또 다른 통로를 마련해 준다. CCI는 비즈니에 영향을 미치는 지역사회 집단과 같은 다른 주주집단으로부터의 압력에 대한 합리적 차원의 관리방식을 반영한다.Hamil, 1999a. 이는 어떤 결정을 할 때 클럽들로 하여금 지역사회의 이익을 고려해야 한다는 서포터들의 믿음에 따라 실제 행동으로 실천한 증거이다.Holt, 2003. 한 가지 사례는 지역적 지원의 부족에 시달리는 문제에 대처해야 하는 클럽과 Leyton 팬 클럽과 협의 하에 구성되어 운영되는 단체의 경우이다. Holt가 지적한 바와 같이 지역사회 내에서 긍정적이고 진정한 역할을 수행한다는 것은 호의를 베풀고 결과적으로 경제적 보상의 관점에서 모든 이들에게 계속적으로 이득을 제공할 수 있어야 한다.

축구 클럽에서 아마도 가장 두드러지는 기업의 사회참여 행위의 경우는, 지역 관련 축구FIC : Football in the Community계획과 축구지원사업이다. 지역 관련 축구계획은 1990년대 초부터 많은 프로 축구팀에서 일반화되어 왔으며, 1975년 이래 축구 훌리건이즘을 저지하는 데 도움을 주는 장치로서 인식되었다.Watson, 2000. 통상 1년에 백만 명 이상이 지역적 축구 프로젝트에 참가한다.Reade, 2000. 높은 수준의 발전계획이 개별 클럽에서 마련되었으며, 그에 따라 정부의 주도 하에 사회적 취약부문의 문제를 해소하기 위한 금융투자가 활용된다. 하나의 사례는 Leeds United의 경우이다. 즉 이 팀은 앨런 로드Elland Road, 역주 : Leeds United의 홈구장, Smith, 2000 인근에서 프로그램을 실천하였다. 그러나 프리미어 리그에서 지역 관련 축구계획은 차츰 상업적 경향을 띠게 되는 것 같다는 지적이 나오고 있다. Perkins, 2000. 게다가 축구특별위원회 보고서에 따르면 클럽들이 유한공사PLC : Public limited Company, 역주 : 영국에서 공기업의 민영화 과정에서 회사법에 따라 만들어진 회사의 한 형태 형태를 채택함에 따라서 기업의 사회참여 운동에 프리미어 리그의 클럽들의 참여가 줄어들고 있는 것이다.Football Task Force, 1999.

축구지원사업은 비교적 최근의 주된 흐름으로서 자율적인 자선기관에 기금을 지원하는 자선지원으로 발전되어 왔다. 이러한 기금조성은 여러 클럽에서의 경매나 서포터들이 클럽 경기장에서의 자선경기 등을 통해 조달되었다. 2003년의 이벤트는 19개의 프리미어 리그 클럽들, 10개의 하부 리그 클럽들, 그리고 10개의 스코틀랜드 프리미어 리그 클럽들이 후원하였다. 축구 지원의 목적은 관련 클럽이나 리그의 지역 투자를 뒷받침하고 그들이 선택한 자선사업의 모금을 위한 것이다.www.footballaid.com

그러므로 서포터들로부터 기금을 융통하는 방법으로서 주도적인 것은 클럽을 활용하는 것이다. 그러나 또 다른 차원에서는 축구산업을 통해서 지역사회 투자나 자선 기부 프로그램을 얻어낼 수 있는 방안을 충분히 검토하여 고려해 본다.Paterson, 2002. 이런 차원에서 축구 지원은 명시적으로 기업의 사회적 참여와 연관된다. 즉, 그 창시자 그리고 의장은 조직 활성화 방안 속에서 "축구 지원 연합회 결성을 통해서 우리의 파트너들은 경제적 혜택을 주고 지역사회의 증진에 공헌할 수 있다"고 하였다.Paterson, 2002.

기업의 지역사회 참여의 또 다른 사례는 사회적 차원의 현금 기부이다. 회계상의 장려책에도 불구하고 최근에 바람직한 목적을 위한 영국 기업들의 기여는 매우 완만하게 나타나고 있다. 1990년대 초에 영국의 주요 선두권 기업들은 세금 전 수익의 0.42%를 지역사회에 기여하였고, 대부분이 현금이었다. 10년 후 자신들의 지역사회 프로그램의 전 부문 비용을 포함해서 2000-2001년에 499,000파운드의 기여금의 세전 수익 비율이 1990-1991년 기여금의 225,000파운드와 거의 같은 비율이었다.Benjamin, 2002.

〈표 2.1〉에 나타나 있는 것은 축구 클럽의 연차보고서에 공표된 직접 기부의 수치이다.[10] 이 표는 1997-1998년 영국과 스코틀랜드의 톱 리그에 소속된 30개 클럽들의 4년 동안의 자선기금의 총합을 나타낸 것이다. 이를 테면, 2000-2001년 시즌에는 잉글랜드 프리미어 클럽의 팀당 평균 기부액은 20,511파운드이고, 총 매출의 0.045%에 해당한다. 스코틀랜드 프리미어 리그는 팀당 2,801파운드이고 총 매출의 0.02%에 해당한다. 기부금이 없는 경우, 이들 클럽 중에는 보고 된 이익이 없다는 차원에서 합리화될 수 있다. 하나의 사례로, 2000-2001년 시즌에는 샘플로 선택된 30개 클럽들 중 83%가 세전 이익이 없었다.Deloitte & Touche, 2002a ; Pricewaterhouse Coopers, 2002. 그러나 이 기간 동안 톱 클럽에 유입된 전례 없는 수입을 고려하면 그러한 합리화는 적절하지 않다.

〈표 2.1〉 자선 기부금

	2000/01	1999/2000	1998/99	1997/98
잉글랜드 프리미어리그(20클럽)	파운드(£)	파운드(£)	파운드(£)	파운드(£)
전체 금액	410,228	367,297	169,131	50,824
최고 기부금	164,000	141,400	67,000	17,740
최저 기부금	762	235	365	200
기부 참여 클럽 수	12개 클럽	13개 클럽	11개 클럽	9개 클럽
기부 불참 클럽	8개 클럽	7개 클럽	9개 클럽	11개 클럽
스코틀랜드 프리미어(10클럽)				
전체 금액	28,012	30,229	309,364*	27,277
최고 기부금	13,445	17,150	287,511*	13,385
최저 기부금	554	1,080	2,941	1,531
기부 참여 클럽 수	4개 클럽	4개 클럽	4개 클럽	4개 클럽
기부 불참 클럽	6개 클럽	6개 클럽	6개 클럽	6개 클럽

* 287,511파운드의 기부는 상여금에 대한 Celtic 선수들과 사장과의 논의 끝에 나온 예외적인 기부금액이다. 이 금액은 글래스고우(Glasgow)의 요크힐(Yorkhill) 어린이 병원에 기증한 것을 합한 것이다. 이 금액을 제외한 전체 액수는 21,853파운드이다.

현금 기부 이외에도 많은 클럽들은 자선운동이나 기업의 지역사회 참여활동에 참여하거나 지원을 하였고, 연차보고서나 웹사이트를 통해 지역사회와의 다양한 정보교류나 의사소통을 행한다. 예컨대 Sunderland는 지역의 독립적인 자선사업체를 설립하였다. 반면에 Arsenal, Aston Villa, Celtic과 같은 클럽들은 자신들의 이름 등을 빌려주는 식으로 혹은 선수들의 참여를 통해서 지원을 해주는 자선신탁을 만들거나 연결되었다. Leicester City, Leeds United 그리고 Middlesbrough는 클럽 차원에서든 선수 차원에서든 혹은 두 가지 경우 함께 1년 내내 지원을 한 자선단체로 선정되었다. 그런

데 Manchester United나 Sheffield Wednesday와 같은 클럽은 자선단체를 지원하거나 함께 일하는 데 참여하였다. 대부분의 클럽들은 축구 지원에 참여하고 있다. 이미 앞장에서 밝힌 연례 자선행사에서 축구 서포터들은 자신들이 좋아하는 클럽과 함께 할 수 있는 기회를 원한다.

연차보고서의 상세한 설명에 따르면 매우 분명하게 구분이 된다. 7개의 소수의 클럽들은 1999/2000년 연차보고서에 기업의 사회참여 행위 부문에 상당 부분을 할애하고 있다. 그렇지만 나머지 23개 클럽들은 기업의 사회참여 행위부문에 대하여 언급이 없다. 사회참여 활동의 대부분을 공표하는 클럽은 상장클럽들이다West Ham United는 예외. 〈표 2.4〉에는 1999-2000년 연차보고서에 공개된 기업의 사회참여 활동의 내용과 분량이 요약되어 있다.

대부분의 클럽들은 자체 웹사이트를 통해 CCI관련 정보를 좀더 상세히 제공한다. 〈표 2.2〉는 2002년 1월에 클럽 웹사이트에 공표된 간략한 색인 정보내용이다.

CCI는 다음과 같이 해석될 수 있다. 비즈니스에 영향력을 행사하려는 투자자들로부터의 압력이나 요구에 대해 점차 수익성을 지향하는 클럽의 운영자들에 의한 보완적인 대책으로 강구되었으며, 재정적인 목표와 더불어 사회적 목표도 달성하려는 클럽들을 지원하기 위하여 계획된 것이다. 따라서 1차적으로는 CCI를 추진함으로써 서포터들과의 관계를 강화하는 것과 같은 사회적 목적을 달성하기 위한 것이다. 2차적으로는 CCI를 추진함으로써 서포터들의 소비를 더욱 촉진시키는 형태로 사업성과를 향상시킬 수 있다. 이러한 의미부여는 축구 원조Paterson, 2002의 철학과 일맥상통한다. 이렇게 함으로써 클럽들로 하여금 자선행위에 참여하는 데 매우 성공적이다.

CCI를 통하여 사회적으로 그리고 사업적으로도 일석이조의 이익

〈표 2.2〉 클럽 웹사이트 공표 색인(2002년 1월)

공표	클럽	사례
많은 수준	7/30 Aston Villa, Leicester City, Sheffield Wednesday, Sunderland, West Ham United, Wimbledon, Celtic	SAFC 지역사회와 SAFC 창립. 정보안내 : 교육 프로그램과 학생 정보 인종주의 건강 사회적 통합
중간 수준	10/30 Arsenal, Bladford City, Chelsea, Everton, Leeds United, Middlesbrough, Newcastle United, Southhampton, Dundee, Heart of Midlothian	Heart of Midlothian 지역사회 섹션의 각종 정보 항목, 즉 축구센터, 장애인 선수 코치, 축구 아카데미 지역 링크에 추가된 휴일 일정
제한적 수준	11/30 Coventry City, Derby County, Liverpool, Manchester United, Tottenham Hotspur, Aberdeen, Dundee United, Hibernian, Motherwell, Rangers, ST Johnston	Liverpool 사회적 관계 섹션의 토론항목 자선활동, 병원방문 등에 대한 클럽의 입장
없음	2/30 Warford, Kilmarnock	

출처 : Morrow and Hamil(2003).

〈예시 2.4〉 CCI에 관한 설명 공개자료(1999-2000 연차보고서)

	CCI 이슈 공표	쪽수/길이
Leeds United	• 지역사회 프로그램에서 축구	운영내용(1페이지)
	• 「성공을 위한 경기」와 「축구를 통한 배움」과 같은 교육 관련 프로젝트	1/2페이지 설명 및 사진 1
Leicester City	• 지역사회 부문	의장 보고
	• 지역사회 공헌상	1문장
	• 프리미어 리그 클럽 헌장의 동의	
Manchester United	• 지역사회 계획에서 축구	운영내용(2페이지)
	• 박물관/연구지원센터	1/8페이지 설명
	• UNISEF와의 협력관계	

Newcastle United	• 지역사회 프로그램에서 축구	의장 보고(2문장)
	• 홍보 비디오	
Sunderland	• 사회적 배제의 가격정책	의장
	• 지역 이슈	성명
	• 환경/생물 다양성 이슈	10문장(1과 1/4페이지)
	• SAF 지역사회	
	• SAF 지역사회의 창설	
	• 지역사회 참여 주도	
West Ham United	• 사회적 책임에 대한 공언	의장
	• 지역사회 계획에서 축구	성명
	• 축구와 휴일 축구센터를 통한 교육항목(12)	2와 1/4 페이지 설명
Celtic	• Celtic 자선기금	리포트 마지막 페이지
	• 후원 지역과 목적	1페이지 설명
	• 빵과 물고기와 같은 것의 후원	
	• 역사적 맥락	

출처 : 연차보고서, Morrow and Hamil (2003).

에 대한 인식 증대가 예상됨에 따라 클럽들은 그 지역에서 더 나은 의사소통을 추구한다. 위의 조사는 1999-2000년의 연차보고서를 바탕으로 만들어졌다. 더욱 많은 클럽들이 지역사회의 참여를 약술하고 있는 연차보고서와 같은 간행물을 펴내고 있다. 예를 들면, Everton은 2001-02 연차보고서의 1면 정도를 지역사회 참여에 할애하고 있고, Arsenal은 동 보고서의 4면을 할애하고 있다. 한편, Rangers는 2001-02 연차보고서에서 클럽의 자선기금을 마련에 착수했으며, 자선사업으로 25만 파운드를 더 기부하기로 했다는 사실을 적시하고 있다.[11)]

■ 변화하고 있는 지역사회

1장에서 논의하였던 것처럼 산업 차원에서 혹은 리그 차원에서의 리그 구성이나 경쟁규칙과 같은 축구의 중요한 이슈는 통상적으로 경제적 관점에서 제시된다. 그러나 이러한 이슈들은 사회적 의미나 지역사회 차원의 함의를 갖고 있다. 논란의 중심인 경제적 고려에 따른 위험부담은 클럽의 합병이나 연고지 재배치와 같은 중요한 일에 관해서 더욱 주의를 기울인다. 기업행위의 부문에서처럼 축구에서도 그러한 주도권은 구단주들에게 재정적으로 좀더 매력적이고 좀더 경쟁적인 조직을 만들고자 하는 의지처럼 사업상 판단의 기초가 된다. 그렇지만 사회적 혹은 지역사회의 입장에서는 그 기본적인 중요성은 이해될 수 없다.

최근 유럽에서 축구 클럽의 합병은 드물다. FC København은 1903년에 설립하여 가장 오래된 덴마크의 두 개의 클럽 København Boldklub과 Boldklubben를 통합하여 1992년에 창설되었다. 1900년에 만들어진 Andrea Doria와 1911년에 창설된 Sampierdarenese Sezione Calcio의 합병에 따라 Sampdoria 클럽이 1946년에 만들어졌다. Inverness Thistle는 1888년에 설립되었고 Caledonian FC는 1886년에 창립되었다. 지역 기업인 Max Griggs가 1989년에 만들어진 Rushden Town과 1947년 창설된 Irthlinborough Diamonds를 합병하여 Rushden and Diamonds를 1992년에 창립하였다.

프로 스포츠 팀과 특정한 도시 사이의 관계에는 오랜 역사가 있다. 유럽 축구 클럽들의 연고지 재배치는 상대적으로 희소하다. 이 점은 미국과는 뚜렷이 대비된다. 미국에서 프로 스포츠의 프랜차이즈는 새로운 인구 중심지나 특정 주나 도시로부터 좀더 나은 재정적 지원이 이루어질 수 있다면 옮기거나 재조정하는 것이 일반적이라 할 수 있다. 특정 도시 등으로 스포츠 프랜차이즈를 재조정하여 생기는 경제적 효과에 대해서는 자주 언급되지만 실제로 사회적 · 심리적 효과, 그리고 팬과 관련된 재조정의 결과 등에 대해서는 별로 연구된 것이 없다. 하나의 예외가 Hartford Whalers 하키 팀의 프랜차이즈 재조정에 관한 미트라노의 연구이다. Mitrano, 1999. 1997년 3월 지방정부와 만족할 만한 해결책을 강구하지 못한 하트포드 웰러스 팀의 소유주는 자신의 팀의 하트포드에서는 더 이상 경기를 할 수 없다는 발표를 하고 북캐롤리나의 랠리Raleigh로 연고지를 옮겼다. 인터넷에서 토론에 참여하는 Hartford Whalers 팬들에 대한 관찰 및 인터뷰를 통해 미트라노는 다음과 같은 함의를 탐구해냈다. 팬들은 프랜차이즈 재조정의 결정을 수용하고, 스포츠 프랜차이즈와 같은 시민적 참여제도의 상실에 따른 대처방법을 탐구하며, 나아가 스포츠 팀의 서포터로서의 팬 의식의 속성을 관찰하였다. 팬들의 감정의 바탕에는 팀을 잃는다는 것이 자동차 키나 지갑과 같은 물질적 대상물을 잃는 것과는 다르다는 사실을 보여주고 있다. 지인의 죽음이나 이혼과 같은 느낌이 그들의 팀의 상실의 의미를 설명해 주고, 그 팀과의 깊은 심정적 유대감이나 개인적 동참의식을 가졌음을 나타내 준다. 외적으로 드러난 바는 스포츠 조직은 사회적 제도로서 지역사회의 틀을 형성하고 있다고 보여진다. 프랜차이즈의 재조정이 이루어짐으로써 마치 인간의 죽음이나 이혼 시와 유사한 감정을 가지게 된다는 것이다.Mitrano, 1999, 137.

영국에서는 프랜차이즈 조정의 경우는 매우 드물지만 Derby County, Southampton, Sunderland와 같이 새로운 지역으로 옮긴 여러 클럽들을 다룬 테일러 보고서 이래 상당히 증가하고 있다.Bale, 2002. 지역 재조정이 생기면 비교적 짧은 거리 개념은 사라지는 경향이다.Bale, 2000. 특정 지역에 대한 자긍심의 발로로서 지역 이름을 가진 팀의 이전은 팬들에게 거부의 대상이 되며, 그 클럽은 경원시되는 경향이 있다.Bale, 2000, 96. 실제로 이러한 지역에 대한 애착심은 어떤 도시지역 이외에서도 나타난다. 자신들의 클럽이 다른 지역에 새로운 경기장을 세우는 것보다 기존의 경기장을 유지케 하려는 목적으로 여러 클럽들의 서포터들은 캠페인을 벌이기도 한다.[12] 어떤 나라에서는 경기장이 매우 중요한 의미를 가진다. 1970

년대 브라질에서 군사정부는 경기장 신축정책을 채택하였다. 그에 따라 1978년까지 브라질에는 45,000명 이상을 수용할 수 있는 27개의 경기장과 100,000명 이상의 스타디움이 생겨났다. 축구의 랜드마크는 그 도시의 자긍심의 상징이 된다. Bellos2002는 이 나라에서 경기장 발전에 관한 하나의 명백한 사례를 제시한다. 주변지역에 사는 인구가 고작 3,000명, 많아야 4,000명 정도인 브렌지노Brejinho라는 도시에 1993년에 10,000명 규모의 경기장을 세워졌다. 이 도시의 지속적인 빈곤에도 불구하고 경기장을 건설하고 그 비용을 충당하는 데 정치적 우선성을 부여함에 아무도 이의를 달지 않았다고 그는 적시하였다.

■ Wimbledon의 경우

전국적인 리그 클럽의 연고 조정을 둘러싼 지속적인 논란은 날카로운 쟁점들을 낳게 하였다. 즉, 그러한 이슈들은 지역에 대한 애착이나 자긍심과 관련될 뿐만 아니라 사업상의 목적이나 사회적 목적 사이의 잠재적 갈등까지도 집중적으로 제기되었다.

2001년 초 Wimnledon의 구단주는 잉글랜드 남부의 버킹엄셔Buckinghamshire의 새 도시인 밀턴 케인즈Milton Keynes로의 클럽 이전을 공표하였다. 이러한 발표는 이미 이 클럽의 전 구단주인 Sam Hammam이 1991년에 자신의 홈인 플러 레인Plough Lane으로부터 같은 런던지역 클럽의 홈인 크리스탈 팰리스Crystal Palace로 클럽의 이전을 결정한 것으로부터 비롯되었다. 이러한 결정이 이루어진 이유는 플러 레인 측이 테일러 보고서의 요구조건을 충족시키지 못했기 때문인 것으로 보인다. 그러나 그 결정은 사실 오래된 구장을 매각함으로써 얻게 되는 이익이라는 재정적 동기에 따라 행해진 것이라는 주장도 있다.White, 2003. 클럽의 새로운 연고지를 찾으려는 시도는 쉽게 진전되지 못했다. 해멈은 자체의 프로 축구팀을 가지고 있지 않은 아일랜드의 수도인 더블린Dublin으로의 이전이라는 아이디어를 냈다. 그렇지만 그러한 연고지 이전이 재정적인 차원에 입각하여 합리적으로 진행될지라도 실행과정에서 해당 클럽의 서포터들은 자신의 클럽과 멀리 떨어져 있다는 사실을 수용할 수 없었다. 이처럼 국경을 넘나드는 팀의 이전은 FIFA의 규칙에 금지되어 있었지만, 유럽축구연맹과 축구협회 측에서는 이 규정이 EU의 경쟁법EU Competition Law에 저촉되는지 여부를 EU쪽에 문의하였다.Parrish, 2000, 30. 그러나 이에 대한 검토 이전에 해멈은 소유 주식의 80%를 노르웨이 회사인 AKER RGI에 2,500만 파운드에 팔았다.Lords Hansard, 2002.[13)]

그 노르웨이 회사는 클럽의 관리자로 Chales Koppel을 임명하였다. 2000년 4월 Hammam은 Koppel이 주주인 회사에 자신의 나머지 주식을 양도하였다.Lords Hansard, 2002. 코펠은 윔블던에 관여하기 전까지는 축구경기에 대하여 관여한 바가 없었고, 축구 클럽과 서포터들과의 사이에 존재하는 관계에 대한 인식도 별로 없었다.White, 2003. 코펠이 관심을 가졌던 것은 발전에 관한 것이다. 즉, 새로운 축구경기장을 포함하는 비즈니스 혹은 레저사업의 기회였다.White, 2003. 멀턴Merton 시에서는 적합한 지역을 물색하기가 어려운 것으로 보여졌기 때문에 윔블던을 밀턴 케인즈로 이전하는 가능성을 검토하였다.[14)] 밀턴 케인즈는 빠르게 인구가 증가하고 있으며, 그들 중 상당수가 19세 이하이며, 동남쪽에 급속하게 커가는 지역경제가 존재했다.

서포터들은 클럽을 도난당했다고 하면서 역사상 가장 정교한 팬들의 조직적 활동을 강화하였다. 이러한 움직임은 영국의 축구가 토대를 두고 있는 클럽과 지역사회의 역사적 관계에 근거한 것이다. 이 경우 아이러니 중의 하나는 윔블던이 과거에는 지역사회의 모습이나 관계양상의 측면에서 좋은 평판을 가졌다는 것이다. 예를 들면, 윔블던의 웹사이트에 공표된 기업의 사회참여 활동 정도는 〈표 2.2〉에서 보는 바와 같이 많은 수준으로 분류되었다. 또한 노만 체스터 축구연구센터Norman Chester Centre for Football Research에서 이전에 실시한 팬 표본조사 결과에 따르면, 서포터들을 이끌어내는 Wimbledon FC의 지역사회 계획의 실행은 성공적이라는 평가를 받았다.SNCCFR, 1997. 그럼에도 불구하고 2002년 5월에 축구협회에서 설립한 독립위원회에서는 윔블던 클럽 대표의 Wimbledon FC의 밀턴 케인즈로의 지역 재조정 요청을 승인하였다. 그 대표는 재정적 이슈에 대하여 언급하였다. 말하자면 이 클럽은 불안정한 비율로 잠재적인 적자상태의 미묘한 상황에 처해 있다는 것이다. 재정적 비즈니스 차원에서, 그리고 계획과의 관련성 속에서 이 이슈를 검토해 보면 여러 전문가들이 문제를 제기한다.White, 2003. 그런데 좀더 중요한 부분은 서포터들과 팀의 해당지역과의 관계를 포함한 클럽의 현재 지역사회에 대한 결정의 의미를 살피는 데 실패한 것이다. 윔블던 독립 서포터 연합체WISA : Wimbledon Independent Supporters' Association의 주도로 서포터들은 운동을 통해 분노를 표출하여 결국 자신들 소유의 팀 AFC Wimbledon역주 : 2002년 창설된 잉글랜드의 세미프로 축구팀을 설립하였다. 이 팀은 현재 하부 리그인 Seagrave Haulage연합 리그에서 더 많은 관중 앞에서 경기를 하고 있다. 기존의 윔블던 팀은 2002–2003 시즌까지는 셀허스트 파크Selhurst Park, 역주 : 챔피언스 리그 소속의 Crystal Palace팀의 홈구장에서 경기를 하였다. 2004–2005년부터 이 클럽은 28,000좌석의 댄버Denbigh North에 있는 신경기장이 완공되기 전까지는 밀턴 케인즈의 내셔널 하키 스타디움National Hockey Stadium에서 우선적으로 홈 게임을 치른다. 그런데 서포터들의 불만이 밀턴 케인즈의 이 윔블던 클럽에까지 확산된 것은 분명하다. 서포터들과 토튼햄 서포터 연계조직과의 연대를 통해 내셔널 하키 스타디움에서 Tottenham Hotspur와의 시즌 전 친선경기가 취소된 것에서도 드러난다.Ferris, 2003. 서포터들의 관점에서 연고지 조정에 관한 상세한 내용은 윔블던 독립 서포터 연합체(WISA)의 웹사이트 참조. www. wisa. org.uk ; Bell, *et al.*, 2003.

■ 현대화?

윔블던 사례는 클럽의 현재 지역 연고나 혹은 팬클럽들의 독특한 성향 등에 별다른 영향을 미치지 않을 것이고, 그렇게 놀랄 만한 사건으로 보이지는 않을 것이다. 이전의 클럽 연고지 변경의 사례연구 등을 살펴보면 이전에 이러한 논란이 벌어졌을 때 팀이 서포터들의 관심에 제한적인 영향을 미쳤을 뿐인 것으로 나타난다.Vamplew, *et al.*, 1998. 그러나 제안된 연고지 조정과 경기장 공유에 관한 논란은 독립적 조직에 따라 운영되는 팬들과의 협의과정을 거쳐야 한다는 것이 간과되었다Stephen, 2003. 윔블던 사례의 구체적인 교훈보다는 그 사례를 통해서 연고지 조정이나 프랜차이즈와 같은 폭넓은 정책이 이슈로 제기되어 무언가 함의를 제공했다는 것은 흥미로운 점이다.

상원에서의 토의과정에서 윔블던을 지지하는 상원의원 Richard Faulkener는 축구 클럽의 소유주들은 자신들을 서포터나 지역사회의 지킴이로서 공공 재산의 한시적 수호자로서 여겨야 한다고 지적하였다.Lords Hansard, 2002. 그러한 관점은 많은 사람들과 공유되고 있으며, 이 저작에서 일관성 있게 밝히고 있다. 그러나 윔블던의 구체적인 사례를 배제한다면, 이와 같은 시각을 제시하는 것이 현재의 모든 축구 클럽들이 자신들의 현재 프랜차이즈 지역에 지속적으로 머무르는 것이 양도할 수 없는 권리라는 의미로 해석되어서는 안 된다. 클럽이나 지역사회 양측 모두가 서로의 관계를 확고히 정립하려는 노력이 상호 간의 책임이라 여기는 것이 합리적이다. 클럽들은 자신들의 사업을 지속적으로 유지시키고 지역을 발전시키는 데 진력하여야 한다. 동시에 서포터들이나 지역사회에서는 그들의 클럽을 지원하는 것이 또한 의무이다. 만약에 클럽들이 한 지역에서 충분한 관중을 끌어들이지 못했다고 한다면 다른 방식을 찾아야 한다. 만약 지역사회가 그들의 팀에 대한 응원이나 도움을 제대로 해주지 못했다면, 다른 곳에서 사회적 자본을 끌어올 수 있는지를 암중모색하고, 다른 곳에서 새롭고 활기찬 지역과의 관계를 정립할 수 있는지를 찾는 것이 과연 원천적으로 잘못된 일인지는 의문이다.

지금까지 논의한 프랜차이즈에 관해서 다른 견해도 있다.[15] 미국의 프로 스포츠 조직에서는 통상 프랜차이즈라고 불리는 활발한 시장이 존재한다. 퀴크와 포트Quirk and Fort, 1977, 49는 돈의 흐름을 창출하는 자본으로서 스포츠 프랜차이즈는 소유자의 입장에서는 긍정적인 측면도 있고 부정적인 측면도 있다고 보았다. 즉, 경기를 하는 팀을 통해서건 또는 프랜차이즈의 가격변동을 통해서건 자본상의 손해를 볼 수도 있고 이익을 낼 수도 있다는 것이다. 그러므로 중요한 것은, 프랜차이즈가 의미하는 바는 스포츠 팀의 소유관계의 변동과는 상관없이 실제로 프로 스포츠 팀의 재조정이 있을 수 있다는 것이다. 그 조직 자체는 이동이 가능한 상품이다. 지역 재조정은 경제적 이슈에 따라서 조정될 수도 있고, 재정적 유인에 따른 도시들 간의 거래과정에 따라서 결정될 수도 있다. 흥미로운 점은 프로 시민구단의 사례로서 알려진 그린 베이 패커스Green Bay Packers[16] 팀 조차도, 만약 시에서 경기장 개선작업의 요구를 들어주지 않는다면 그린 베이Green Bay를 떠나 다른 기업과 손잡을 수 있다고 공표하고 있다.Leeds and von Allmen, 2002, 154.

프랜차이즈 지역 이전과 주주들의 반응과 관련된 사회적 측면이 처음으로 표출된 것은 Tom O'Malley 구단주가 NFL 팀인 브루클린 다저스를 로스엔젤스로 프랜차이즈를 옮길 때이다. 비록 다저스가 NFL에서 가장 성공적이고 수익이 많이 나는 팀이었지만, 오말리는 로스엔젤스에서 독점 공급자로 자리 잡을 가능성에 주목하였다.Leeds and von Allmen, 2002, 153. 이것은 스포츠 팀과 관련하여 사회적 반향을 불러일으킨 최초의 연고지 변경의 경우이다. 브루클린 지역민들은 영리하고 부자들인 맨하튼 거주민들의 뉴욕 자이언츠에 대한 선호 감정과는 달리, 다저스에 대해 문화적인 일체감을 가지고 있었다.Leeds and von Allmen, 2002, 153.

미식축구에서 프랜차이즈의 의미는 밀턴 케인즈로 지역연고를 옮겼던 윔블던의 이전을 둘러싼 논란에서 입증된 것처럼 상당히 격정적이다.[17] 그러나 소위 프랜차이즈의 문제와 돈과 축구와의 관계가 새로운 것은 아니라는 이슈를 다시 살펴보는 것도 가치 있다. 예를 들면, 1913년 Arsenal FC는 좀더 많은 관중들을 끌어오기 위해서 많은 팬들의 반대에도 불구하고 홈 그라운드를 플렘스테드Plumstead에서 현재의 하이버리Highbury로 옮겼다.Vamplew, 1988, 5. 그 당시의 표현으로는 클럽의 이전이고, 그 결정은 재정적 이유 때문에 이루어졌다. 지역 이전은 클럽의 소유권상의 어떤 변화를 동반할 필요는 없다. 좀더 정확하게 말한다면 회사나 혹은 법적인 또는 축구 위상의 변화를 수반할 필요는 없다. 그러나 불가피하게 변화되는 것은 사회적 위상이나 특정 지역 내에서의 자리매김 등이다.

물론, 그 지역 자체도 시간이 지나면서 다양한 경제적 · 사회적, 그리고 정책적인 결정이 내려짐에 따라서 변한다. 확실히 영국의 인구통계는 대부분의 프로팀들이 만들어진 19세기 말 이래 확연하게 변하였다. 이에 따르면, 클럽들이 이러한 인구변화의 실상을 감안하여 새로운 지역을 찾는 것을 원칙적으로 수용하지 않을 수는 없다. 그러나 축구 클럽을 만들고 지역을 재조정하는 것에 대한 논란에서 새로운 혹은 재조정되는 지역의 예상되는 투자자—즉, 새로운 서포터들, 새로운 도시나 다른 지역의 사업—에 대한 고려는 외견상으로는 별로 없다. 대신에 그러한 분석이나 제언은 투자자나 지역에 대하여 재조정 결정의 의미를 탐색하는 방향으로 이루어진다. 어떤 의미에서는 이러한 것은 놀라운 일이 아니다. 이 지역은 이미 존재했었고, 동일시되었다. 과거나 현재의 행위에 따라 투자자들은 필연적으로 좀더 나은 위치에 있다. 게다가 그들은 어떤 측면에서는 실패할 수도 있다. 그러나 그러한 접근은 피할 수 없이 책임에 따른 편견을 반영한다.Hellwig, 2000.

새로운 지역이 축구 클럽의 주인으로서 활약할 기회를 주지 않는다는 것은 제도화된 나이차별 이상은 아닌 것 같다. ICTInverness Caledonian Thistle사례의 경우는 아마 여기에 적절하다. ICT는 인버니스Inverness라는 영국에서 가장 빨리 발전되고 있는 도시 중의 하나인 신도시에 위치하고 있다. 그것은 Inverness Thistle와 Caledonian FC의 합병으로 생겨났다. 최근까지 거기에는 새로운 클럽에 가입하지 않는 이전 클럽의 서포터들이 남아 있다. 그러나 인버니스에 살고 있는 사람들, 특히 최고 수준의 축구를 관전할 기회를 원하는 젊은 층들이 또한 있다. 미래의 신세대 투자자들이 최고 수준 팀에게 흥미를 갖게 되는 것을 거부하는 것이 사회적으로 수용될 수 있을까? 아마도 이 경우에 요구되는 것은 파레토 최적 모델이나 또는 최소한의 파레토 만족 결과[18] 정도는 되도록 노력하는 것이다. 이는 리그 재구성의 입장에서 1장에서 논의한 부분과 유사하다.[19] 말하자면, 예상되는 연고지 재조정이나 합병에 따른 이익이나 손실을 추산해 보고 서포터들, 투자자들, 피고용인들, 관련 단체나 지역사회를 포함해서 모든 영향을 미치는 요소들의 선호를 고려해 보아서 현재의 투자자나 미래의 투자자들에 대하여 실제로 실현될 수 있는 사항에 주된 관심을 가져야 한다. 앞에 놓인 도전해야 할 과제는 현실 안주에서 벗어나 발전을 모색하고 축구가 현대사회에 적합하도록 노력하는 것이다.

유호근 옮김

주_

1_ 2001년의 10월, 11월에 나온 각종 신문 및 하딩(Harding, 2003) 참조.

2_ Rosen and Sanderson(2002)은 수퍼스타들의 임대와 선생님들의 임대와의 차이를 사례로 하여 기술의 중요성에 대하여 설명하였다. 즉 선생님들이 원격 수업처럼 인터넷이나 다른 미디어를 활용하여 많은 학생들에게 수업을 했을 때, 그것은 수퍼스타들과 비슷한 보상이 주어질 것이다.

3_ 수퍼스타의 시장에서 Lucifora and Simmons(2003)은 여러 요인들로 인하여 다른 연예인들과 비교하여 축구선수들이 얻을 수 있는 최대의 수입은 조절된다고 지적한다. 첫째는, 서포터들은 보통 개별 선수들이 아니라 팀을 후원한다. 또한 상대적으로 상대팀 선수들에 대한 판단은 목적이 아니다. 둘째는, 팀 스포츠의 속성상 개별 선수들의 공헌을 분리하기가 어렵다는 점도 있다. 셋째는, 서포터들은 다양한 스타일의 경기모습을 선호한다. 넷째는, 다양하고 서포터들의 평가가치가 다른 각 축구 경기는 비디오 재생 경기가 아니라 TV에서든 경기장에서든 실황경기이다(특히, 〈그림 2.1〉에서의 분류 참조).

4_ 행정절차는 법에 의해 규정된 목적을 달성하기 위하여 파산 전문가나 법의 절차에 근거하여 회사가 처리되도록 하는 것이다. 행정명령은 법원의 판결이나 정부의 동의 없이 채권자의 행동을 효과적으로 배제하는 지불유예의 효과를 갖는다.

5_ 주 채권의 전체 리스트는 선수들의 계약에 따른 지불 총액, 다른 클럽으로부터의 차입액, 축구협회, 축구 리그 그리고 축구 신탁기금, 내국세 세입청, 간접 세무국에 지불해야 할 금액 등을 포함한다.

6_ 다음을 참고. Elliot(2000), Horrie(2009b), Simpson(2002).

7_ 영국 축구의 최근 역사는 서포터가 이끄는 캠페인으로 가득 차 있고, 이 캠페인의 목적은 특정 클럽을 구하는 것이다.

8_ 30개의 클럽들은 다음과 같다. (잉글랜드) Arsenal, Aston Villa, Leicester City, Sheffield Wednesday, Sunderland, West Ham United, Wimbledon, Bladford City, Chelsea, Everton, Leeds United, Middlesbrough, Newcastle United, Southhampton, Coventry City, Derby County, Liverpool, Manchester United, Tottenham Hotspur, Warford. (스코틀랜드) Aberdeen, Celtic, Dundee, Dundee United, Hibernian, Motherwell, Rangers, ST Johnston, Heart of Midlothian, Kilmarnock.

9_ 이러한 강조는 보통 클럽 웹페이지의 지역사회 부문에 자리하고 있다. 그러나 지역사회가 변화함에 따라서 웹사이트도 바뀐다. 그러므로 이들 페이지의 상당 부분은 변화하고 발전되고 있다.

10_ 1985년의 회사법 부칙 7(3)-(5)에 따르면, 영국 기업은 연차보고서상에 명목상 200파운드 이상의 현금 기부를 공표해야 한다.

11_ 영국 밖에서 클럽의 지역사회 참여에 대한 이러한 프로젝트의 부분으로서 수행된 연구는 없다. 그러나 적시할 만한 가치가 있는 하나의 프로젝트는 Inter Milan에서 수행된 인터 푸루타(Inter Futura) 프로젝트이다. 이것의 목적은 혜택받지 못한 어린이들에 관한 연구이다. 이 프로젝트는 어린이들에게 교육에 대한 동기부여를 할 수 있는 유인으로서 Inter Milan을 활용하는 것으로서 축구와 교육을 연계시켰다. 또한 세계적 차원의 프로젝트로서 보스니아, 브라질, 팔레스타인 등과 같은 다양한 지역을 대상으로 수행되었다.

12_ 미국에서의 최근의 실증자료에 따르면, 스포츠의 관점에서 클럽들이 현재 자기의 경기장에 머물게 하려는 팬들의 행동은 현명하다. 1987년과 2000년 동안 농구, 야구와 아이스 하키 경기의 연구결과에 따르면 경기장을 이동한 팀들은 홈 이점의 24%를 상실했다는 점을 분석하였다. 이러한 결과는 선수들이 새로운 경기장에서는 익숙함이 상실됨에 따라 나타나는 것 같다. 또한 다른 경기장에서 선수들은 연고지 경기시의 열정을 가지지 못하게 되는 것 같다고 밝히고 있다.

13_ Hammam은 Cardiff City의 의장과 소유주로서 다시 등장하였다.

14_ Wimbledon이 멀턴에 적합한 경기장을 찾기 위해서 진정으로 노력을 했다는 코펠의 주장에 관해서는 의문이 제기된다(Kelly, 2002). 실제로 Koppel이 축구 서포터들은 바람직하지 않은 이웃이라는 생각에서 플러 레인의 주민들을 후원하는 제안을 하였다. 축구팬 설문조사(Football Fans Census)에서 실시한 구성원들의 표본조사에 따르면, 밀턴 케인즈로의 이전 결정 전에 클럽에서 충분한 대안의 해결책을 모색했다는데 '동의 혹은 전적으로 동의' 한 사람은 단지13%뿐이다.

15_ 영국에서 프랜차이즈는 맥도날드(McDonald)나 쉘(Shell)처럼 기업에 의해서 대중화된 비즈니스 형태의 프랜차이즈를 의미한다. 즉, 프랜차이즈를 원하는 사람에게 라이센스를 허락해 준다. 프랜차이즈 허락을 받은 사람은 그 프랜차이즈 브랜드를 사용할 수 있고, 전체적인 상품을 사용할 수 있으며, 필요한 물품을 제공받고, 이미 이루어진 계약에 따라서 지속적인 지원을 받는다(www.british-franchise.org). 이것은 미국에서 프로 스포츠의 맥락과는 아주 상이하다.

16_ NFL(National Football League : 북아메리카 프로 미식축구 리그)의 NFC(National Football Conference : 내셔널컨퍼런스) 중부지구에 소속된 프로 미식축구팀으로, 1919년 8월 11일 창단하고 1921년 NFL에 소속되었다. 연고지는 위스콘신 주(州) 그린베이(Green Bay)이다. 팀명의 패커스(Packers)는 식료품을 포장 · 출하하는 도매업자라는 뜻으로, 창단 당시 구단주가 통조림회사를 운영한 데서 유래되었다. NFL이 AFL(American Football League : 미국 프로 미식축구 리그)과 통합되기 전 챔피언결정전에서 우승한 것까지 합쳐 모두 12회 우승함으로써 NFL 최다우승기록을 보유하고 있다. 오랜 역사를 지

닌 명문구단으로, 전 시민이 팀의 주주이며 창단 이래 소도시인 그린베이에서 한 번도 연고지를 바꾼 적이 없는 자존심이 강한 팀이다

17_ 축구협회의 위원회는 축구의 첫 번째 프랜차이즈의 경우를 대표하는 밀턴 케인즈의 결정을 거부하였다. 그러나 그 의미는 밀턴 케인즈를 윔블던의 파트너로 포용한 것이다(White, 2003). '축구 팬 센서스' 에서 수행한 그 구성원에 대한 표본 조사에서는 이 문제에 대한 흥미로운 결과가 나왔다. '당신은 이러한 움직임이 잉글랜드 축구에서 프랜차이즈의 시작의 신호로 생각하십니까?' 에 대하여 16%는 '분명히 그렇다' , 38%는 '아마도 그렇다' , 34%는 '아닌 것 같다' , 6%는 '아니다' , 7%는 '모르겠다' 는 응답을 하였다.

18_ 파레도 개신(Pareto Improvement)을 나튼 발로 하면, 그 의미는 어느 누구도 복지의 감소 없이 변화 속에서 이득을 보는 사람의 복지의 개선이 있는 한 그 변화는 좋다는 것이다.

19_ 파레토 최적(Pareto-optimality)은 다른 어느 누구의 상태도 불리하게 하는 일 없이 한 개인의 상태를 유리하게 하는 것으로서, 지역사회가 유리한 상태에 따른 원리로 평가된다.

3. 조직의 형태

소유권과 지배구조

축구 클럽의 목적들

축구 클럽들은 표면상으로는 단순한 조직들이다. 즉 그들은 조직화된 축구경기에의 참여를 촉진시키기 위해 존재하는 것이다. 하지만 이 단순한 진술 너머에 축구 클럽의 목적과 취지에 관한 보다 복잡하고 다양한 논쟁이 존재한다. 예를 들어서, 참여라는 말은 무엇을 뜻하는가? 축구에 참여하는 걸로 충분한 것인가, 아니면 그와 같은 참여가 성공적인 것이어야만 하는가? 만약 성공적인 것이어야 한다면 우리는 성공을 어떻게 정의할 것인가? 리그 우승? 국내 대회 우승? 유러피언 컵 우승? 한 축구 클럽이 그 멤버들이나 서포터들을 넘어서서 다른 클럽들이나 혹은 그들이 속한 지역사회에 어떤 책임을 갖는가? 넓은 의미에서 말할 때 우리는 '클럽' 을 어떻게 정의할 것인가?

영어의 다른 많은 단어들과 마찬가지로 클럽이라는 단어는 라벨label로서의 정확성을 잃어버릴 만큼 많은 의미를 획득해 왔다. Daly의 클럽 법규Daly's Club Law에 따르면 클럽은 "본질적으로 개인들의 연합체이며, 일면에 있어 어느 정도까지는 다음과 같은 요소들—자유로운 선택, 영속성, 집합적 정체성, 그리고 노동조합에 속했을 때 부여되어지는 그러한 이득과 같은 것의 획득보다는 어떤 공통의 흥미에 대한 추구 등—을 포함한다"고 정의하고 있다.Martin, 1979. 영국에서는 대부분의 최고 수준의 축구 클럽들이 오랫동안 회사로 변신해 왔다.'영국에서의 축구의 구조' 편 참조. 다른 나라들에서는 축구가 여전히 최소한 명목상으로는 클럽을 통해 조직화되어지고 있으며, 그러한 클럽들 중 몇몇은 Bayern München과 Barce-lona처럼 지역에 10만 명의 멤버를 갖고 있는 확실한 조직을 갖추고 있다. 하지만 이와 같은 국가들에서 지금은 전통적으로 조직화된 클럽들이 공개적으로 상장된 회사들에 의해 조직되었거나 소유된 클럽들과 대항하여 경쟁하고 있다.예로서 Wilkesman and Blutner, 2002를 참조할 것. 조직상의 구조에 있어서의 차이점이 어떻게 축구 '클럽들'의 목표에 영향을 미치는가? 클럽이 주주들을 갖춘 등록된 회사일 때 어떤 차이점들이 명백해지는가?[1]

이와 같은 유사한 질문들에 대한 논쟁이 최근 몇 년간 보다 두드러져 왔는데, 이는 부분적으로는 1990년대 초반 이래의 수입에 있어서의 상당한 증가와 축구에 있어서 가능해진 재정적 이득의 결과이다.[2] 축구로 인한 수입의 급격한 증가의 결과 축구의 이해관계자들주주, 회원, 서포터, 공동체 등 내에서의 매우 다양한 이해관계와 동기들이 조명받게 되었다. 축구 클럽의 이해관계자들이 어떤 단일한 목적을 가진 적은 아마도 한번도 없을 것이지만, 당대의 클럽들의 이해관계자들의 목적은 그 어느 때보다도 더욱 다양하다.Stewart, 1986. 몇몇 클럽들이 증권거래소에 상장된 회사가 되겠다는 결정을 내림으로써 두드러지게 된 것이 분명한 서포터들과 투자자들의 목표에 있어서의 명백한 갈등은 어쩌면 가장 감정적 갈등의 양상을 띠어 왔다고 볼 수 있다. Bose1999, 24는 그 논쟁을 다음과 같이 요약하고 있다 :

> 'plc' … [이들] 세 머리 글자들은 이제 거의 어떤 맹세의 단어로서 사용되고 있으며, 모든 악—즉 자본가의 축구에 대한 궁극적인 승리—의 원천으로 [간주되고]

있다.

이 특별한 갈등은 축구 클럽의 소유구조에 초점을 맞추고 있다. 소유구조에 대한 모든 논쟁은 다면적이다. 한 수준에서 그것은 다양한 조직형태에 관한 것이다. 또 다른 수준에서 그것은 투표 수 및/혹은 자본의 분배, 그리고 그와 같은 투표 수 및/혹은 자본의 소유자들의 정체성과 같은 이슈들과 관련되어 있다. 그것은 또한 어떤 조직이 어떻게 통제되어지고 관리되어지는가 하는 법인의 관리 및 책임의 문제에 직접적으로 영향을 미친다. 하지만 보다 근본적으로는, 그것은 소유및 통제의 틀과 그 결과로서 발생하는 기업의 지배구조의 문제이며, 이는 구조를 발생시키고, 이 구조를 통해서 회사의 목표가 설정되며, 그와 같은 목표를 달성하고 실행을 감시하는 방법들이 결정된다.OECD, 1999, 11.

조직의 형태

축구는 만국 공용어lingua france라고 묘사되어져 왔다.Radnedge, 1998, 12. 그러나 축구는 또한 종종 어떤 특정한 사회의 현상으로 간주되어지기도 함으로써 국가대표팀들은 그들의 다양한 경기 스타일 속에 국가적 정체성의 다양한 면들을 대표하고 있는 것으로 간주되어지기도 한다.Crolley and Hand, 2002, 9. 유사한 맥락에서 전통적으로 영국과 유럽대륙과 라틴아메리카의 축구 클럽들 사이에는 상당한 정도의 행정적 및 사업적 상이함이 존재해 왔다.

이와 같은 사업적 상이함은 반드시 축구 클럽에만 한정되는 것은 아니며 일반적인 사업적 조직의 성격과 구조, 자금조달 및 관리에 있어 국가마다 다양한 모습을 나타낸다. 그것들 중에서도 두드러진 것은 서로 다른 국가들에 있어서 증권거래소가 담당하는 역할이다. 이들은 기업이 공개의 형태를 띠는 것을 선호하는 영국과 미국에서는 전형적으로 기업의 자금조달 활동에 있어 주된 역할을 담당하는 반면에, 대부분의 다른 유럽 국가들에서는 기업이 일상적으로 사적 소유의 형태를 띠고 있음으로 인해 은행으로부터의 자금조달과 같은 방법들에 강하게 의존하는 경향이 있다.Solnik, 1996, 168. 하지만 최근 몇 년 동안 많은 유럽 국가들에서 증권거래소가 더욱 중요한 역할을 담당함에 따라 이러한 요소는 침식되어지기 시작했다.

어느 정도까지 이와 같은 사업구조의 침식은 세계화 과정의 피할 수 없는 결과이다. 지난 10년 남짓한 기간 동안 점점 많은 수의 국가들이 시장에 근거한 접근법들을 경제정책에 채택해 왔다. 전 세계에 걸쳐 많은 국가들의 금융시장들 역시 규제완화의 과정을 경험해 왔으며, 그 결과 더욱 통합되어지고 국제화된 시장들이 등장했고, 국제 투자의 증가를 가져왔다.Solnik, 1996, 5. 그럼에도 불구하고 국가별 특징들은 남아 있는데, 특히 상이한 국가들에서의 회사의 소유와 통제의 관점에 있어 그러하다. 예로서, 몇몇 유럽 대륙 국가들의 회사들은 여전히 매우 집중된 소유구조를 유지하고 있다. 이는 단순히 거대한 투자자 혹은 핵심 투자자 그룹의 존재 때문만이 아니라, 타인에 의한 상당한 정도의 소유의 분산이 없기 때문에 통제가 집중되어지고 있는 것이다.Becht and Mayer, 2001, 36. 대조적으로 영국에서는 소유가 보다 다양화되어 있으며, 거대 주주의 존재가 드물다. 기업 통제의 척도가 국가에 따라 상당한 정도로 다를 뿐만 아니라 통제를 실행하는 집단 또한 매우 상이하다. 예로서, 영국에서는 금융기관들이 주된 주식 보유집단인 데 반해 이탈리아에서는 가족이 지배적인 역할을 담당하는 경우가 여전히 존재하며, 네덜란드에서는 행정부서가 가장 많은 수의 주식을 보유하고 있다.Becht and Mayer, 2001, 26.[3] 다른 핵심적인 차이점은 소유구조가 통제권에 대한 경쟁을 예방하는 데 어떻게 사용되어지는가 하는 것이다.Becht and Mayer, 2001, 12.

소유 및 통제와 관련되어 있는 것은 기업의 지배구조이다. 서로 다른 국가에서 기업의 지배구조는 역사적으로 사회적 · 정치적 및 법적 전통의 변화에 의해 결정되어 왔으며, 그 차이점들은 소유와 통제의 구조에 반영되어진다.Demirag, *et al.*, 2000. 특히 중요한 것은 기업의 지배구조가 지배시스템에 참여하는 이들의 관계에 의하여 영향을 받는다는 사실이다. 다른 말로 하자면 통제권을 갖고 있는 주주들은이들은 개인일 수도 있으며, 가족일 수도 있고, 제휴 동맹자들이거나 어떤 보유 회사를 통해 활동하는 다른 기업들 혹은 교차 주식 소유일 수도 있다. 기업의 행태에 상당한 정도로 영향을 미칠 수 있다.OECD, 1999, 13.

세계화 세력들은 또한 재정보고와 같은 관련 있는 영역들에서 뿐만 아니라 기업의 지배구조 체계와 같은 영역들Demirag, *et al.*, 2000에 명확히 존재하고 있다.[4] 경제정책에 대한 시장 기반 접근들의 한 가지 효과는 개인의 복지를 위해 사기업들의 중요성에 주의를 집중시킨다는 것이다.OECD, 1999, 7. 한 수준에서 이것은 회사들이 그들의 자본을 효율적으로 사용하고 그로써 투자자의 신뢰를 지속시키는 것을 보장하는 데 도움을 주는 것과 관련되어 있다.OECD, 1999, 7. 그러나 또 다른 수준에서 그것은 책임에 관한 것인데, 즉 회사들이 주주들, 종업원들, 고객들과 공동체와 같은 조직에 대해 이해관계를 갖는 다양한 집단들의 이해를 고려하도록 하는 것을 보장하고 회사측 위원회가 회사와 주주들에 대하여 책임을 지도록 하는 것이다.OECD, 1999, 7. 기업의 지배구조에 대한 관심은 지난 10년 남짓한 기간 동안 그 문제를 다룬 유럽 국가들에서 발행된 보고서들의 숫자에 의하여 두드러진다.[5] 세계화의 맥락에서 어쩌면 가장 중요한 것은 OECD의 『기업 지배구조의 원칙들』*Principles of Corporate Governance*의 발간일 것이다. 법체계의 다양성과 제도적 틀 및 전통을 인정하는 것이 전 세계에 걸쳐 기업 관리의 유효한 일련의 모델들이 존재한다는 것을 뜻한다고 할지라도, 그 원칙들은 다양한 국가들에 있어서의 공통된 요소들에 의존하고 있다. 이것들은 좋은 기업 지배구조의 기초가 되며, 존재하는 다양한 모델들을 포함하도록 짜여져 있다.OECD, 1999.

축구계 내부에서는 세계화와 스포츠 자본의 국제적 순환이 상이한 국가들에 있어서의 축구조직들 간의 전통적 혹은 문화적 독특성들 중 많은 것들을 침식시켜 왔다는 논의가 있어왔다.Giulianotti, 1999, 86. 확실히 축구 클럽들 간에 시장원칙에 의하여 소유되어지거나 통제되어지는 기업구조들이 더욱 널리 퍼져 있는 것이 사실이다.Giulianotti, 2002. 이는 상장된 축구 클럽들이 지금은 덴마크와 영국, 독일, 이탈리아, 네덜란드, 포르투갈, 스코틀랜드, 그리고 터키와 같은 곳에서 발견된다는 사실에 의하여 가장 명확히 증명되어진다. 하지만 매우 상이한 사업구조가 유럽의 클럽들 사이에 여전히 남아 있으며, 세계화가 어느 정도까지나 특징적인 조직형태를 침식시키고 있는지를 판단함에 있어서는 주의해야 할 필요가 있다.

이 장의 나머지 부분은 다양한 유럽 국가들에 근거를 두고 있는 소수의 클럽들의 이와 같은 구조에 대한 최근의 분석을 제공하고자 하는 것을 목표로 하고 있다. 즉 이와 같은 클럽들에 있어서의 소유와 통제 그리고 지배구조의 제 측면들을 기업재정과 지배구조에 대한 어떤 특정국가의 체계의 맥락과 또한 그 국가의 축구 문화와 환경의 맥락 모두에서 명확히 밝히고자 하는 것이다. 위에 제시된 OECD에 의하여 채택된 접근법과 유사하게, 본 연구는 어떤 공통적인 접근법을 규정하려고 노력하거나 축구 클럽 소유권과 지배구조에 대한 어떤 유일한 적합한 모델을 밝히고자 하는 것이 아니다. 독특한 법적 · 재정적 · 제도적 틀을 갖고 있는 국가들에서의 클럽들에 초점을 맞추는 대신에, 본 연구의 목적은 이와 같은 클럽들의 소유 및 지배구조와 관련하여 드러나는 공통적인 주제들을 명확히 하고 성공적인 클럽들과 우수한 축구 클럽 관리의 기초가 되는 요소들에 대한 지침을 제공하고자 하는 것이다. 어느 정도까지 이러한 접근은 또한 UEFA Club Licensing System 서류에 반영되어져 있는 것과 보조를 같이 하고 있는데UEFA, 2002a, 이 서류는 UEFA의 주 서류에 근거하여 개별 협회들이 자신들 고유의 라이센싱 체계를 개발하는 데 있어서의 유연성을 허락하고 있다. 비록 그 서류에 명백하게 언급되어 있지는 않지만, 이와 같은 접근법은 아마도 상이한 법적 · 재정적 · 문화적 및 사회적 틀에 대한 인정에 근거한 것이라고 할 수 있으며, 그와 같은 틀 안에서 각 협회의 멤버 클럽들은 작동하고 있고, 바로 그 사실이 공통의 접근법을 무의미한 것으로 만들어 버린다.

인터뷰는 2001년과 2002년 각기 다른 날짜에 클럽의 이사들 및/혹은 경영진과 각 클럽에서 진행되었으며, 또한 가능한 곳에서는 서포터 대표자들과도 인터뷰가 행해졌다. 이 인터뷰들은 이 장의 나머지 부분 전체에 걸쳐 언급되어져 있다.

영국(The United Kingdom)

2001년 7월 현재 5,960만 명의 인구가 살고 있는 영국은 주요한 무역국이요 재정의 중심지이다. 2000년에 24,500달러에 달했던 1인당 GDP는 다른 OECD 국가들인 프랑스24,400달러, 이탈리아25,100달러 등과 비견할 만하다. OECD, 2002. GDP의 가장 많은 부분을 차지하고 있는 것은 서비스업인데, 특히 은행업, 보험 및 경영 서비스 등이 이에 속한다. 반면에 일반 산업은 그 중요성에 있어 지속적인 하락세를 보이고 있다.CIA, 2001. 명백한 EU 국가이면서도 영국은 아직까지 단일한 유럽 통화인 유로화 채택을 받아들이지 않고 있다. 헌법상으로는 영국 의회Westminster Parliament가 영국을 다스리는 것으로 되어 있지만 다양한 수준의 권한을 갖고 있는 지역 의회들을 스코틀랜드와 웨일즈, 그리고 북아일랜드에서 찾아볼 수 있다.

영국은 본질적으로 자본주의적인 경제를 전개하고 있으며, 절대 다수의 주요 사업체들은 유한회사의 형태를 띠고 있다.[6] 유한회사는 19세기 말과 20세기 산업의 팽창시대 동안에 벤처 캐피털 수요에 대한 반응으로서 등장하였다.Rutterford, 1993. 유한회사에 있어 중요한 점은 그것이 그 멤버들에게 회사가 어떠한 재정적 어려움에 빠져든다고 할지라도 어떤 일정한 양의 자본 이상을 제공하도록 요구하지 않는다는 것이다. 다른 말로 하자면, 멤버들은 끊임없는 자본을 투자해야 하는 위험으로부터 비켜나 있으며, 그럼으로써 그들 자신이 어쩔 수 없이 파산에 처하게 될 가능성이 훨씬 줄어들게 된다는 것이다.Dyson, 1992, 115.

이와 같은 벤처 캐피탈에 대한 필요의 관점에서 본다면, 영국에 있어서의 기업활동이 런던 증권거래소를 통해 자금을 조달해 온 오랜 역사를 갖고 있으며, 그 발전이 다른 유럽국가들의 경우보다 앞선다는 것은 전혀 놀라운 일이 아니다. 오늘날 영국은 세계에서 가장 큰 증권시장 중 하나인 런던 증권거래소가 자리하고 있는 곳이다. 2002년 9월 대략 2,849개의 회사들이 런던 증권거래소에 상장되어 있었다. 이 회사들 중에서 1,738개의 영국계 회사들과 425개의 외국계 회사들이 주거래소에 상장되어 있었고, 국내 시장의 자본평가액은 1조 1050억 파운드1조 7,500억 유로에 달했다.www.londonstockexchange.com 또한 런던 증권거래소가 영국보다 더 활발한 경제활동을 벌이고 있는 독일과 프랑스 같은 국가들에서는 증권거래의 장으로서보다는 자금조달의 장으로서 더 중요한 역할을 담당하고 있다는 것을 언급할 필요가 있다.

■ 영국에 있어서 축구의 구조

영국의 축구는 전국적인 수준에서 조직화되어 있지는 않다. 대신 몇몇의 웨일스 클럽들 또한 참여하는 잉글랜드 리그와 스코틀랜드 리그, 그리고 북아일랜드 리그가 각자 존재한다. 각국에는 또한 별개의 관리체가 존재하며 예로서 스코틀랜드 축구협회, 한편으로 각 협회 산하에 나름의 국가대표를 갖는다. 프리미어 리그FA Premier League와 같은 각국 내의 독립된 행정조직들이 개개의 축구 리그를 관리한다.

몇몇 영국 축구 클럽들에 있어서 서포터들과 투자자들 간의 갈등을 두드러지게 한 것은 증권거래소에의 상장이었지만, 사실상 그 근원은 유한책임을 갖는 기업구조에 더 깊은 뿌리를 두고 있는데, 이와 같은 기업구조는 대략 19세기 말 이래로 영국 축구 클럽들 사이에서 지배적인 것이었다.Szymanski and Kuypers, 1999, pp. 5–6 ; Vamplew, 1988, 4. 비록 최초의 동기는 클럽의 창립자들과 임원들을 클럽이 갚을 수 없는 부채를 지게 되는 사건이 일어났을 때의 개인적 책임으로부터 보호하자는 것이었지만, 특히 임금이 증가함에 따라 사실상의 결과는 클럽을 소유하고 운영하는 이들과 그 클럽을 지원하는 이들 간의 분열로 귀결되고 말았다.

경기적 목적과 재정적 목적 사이에서 유한책임을 갖는 축구회사들에서의 발생 가능한 갈등에 대한 인식이 영국 축구협회로 하여금 규칙 34를 도입하도록 하였다. 이 규칙은 소유주에 대한 배당금의 지급을 제한하였는데, 이는 처음에는 5%에 불과했지만 1981년에는 주식의 명목상 가치의 15%로 증가하였으며, 또한 이사진에 대한 지급을 금지하였다.Conn, 1997, 39 ; Hamil, *et al.*, 2001a, 4. 하지만 1983년 Tottenham Hotspur가 런던 증권거래소에 상장됨으로써 축구 클럽과 축구회사를 구분하려는 영국에 있어서의 축구당국에 의한 모든 의미 있는 시도는 사실상 종식을 고하게 되었다. 그 스스로를 매력적인 재정적 투자의 상대로 만들기 위해서 축구 클럽을 자회사로 갖는 새로운 지주회사Tottenham Hotspur plc를 설립함으로써 규칙 34를 피해나갔다. 이것에 있어서의 핵심은 지주회사가 축구협회의 규칙에 종속되지 않으며, 그런 까닭에 규칙 34에 설정된 재정적 제한이 적용되지 않는다는 것이다. 축구협회의 조정자로서의 미약함의 전형은 협회가 규칙 34를 강제하려는 모든 시도에서 실패함으로써 드러났으며, 그후 많은 수의 클럽들이 회사의 설립에 앞서 유사한 기업구조를 채택하였다. 규칙 34는 결국 1998년 축구협회에 의해 완전히 폐기되었다.Brown, 2000b.

영국에서 축구는 사실상 유한회사나 주식회사 모델을 마지막으로 받아들인 주요 산업부문들 중의 하나이다. 하지만 1888년에 이르렀을 때 Athletic News는 연간 총 매상이 1,000파운드인 축구 클럽들은 사기업에서 유한회사로 전환해야만 한다고 추천하였다.Birley, 1995, 39. 보통 유한회사 모델은 회사에 대한 소유권과 통제권의 분리라는 결과를 가져온다. 하지만 축구에서 이 두 가지는 종종 지속적으로 겹치는 경우가 많은데, 많은 영국 클럽들은 소규모의 사업가들 집단과 대부분이 팬으로 이루어진 수백 명에 달하는 소액 주주들에 의하여 소유되어지고 있다. 1982년의 연구는 92개에 달하는 영국 축구 리그 클럽들 중 절반에 달하는 클럽들에서 40% 이상의 주식들이 이사들에 의하여 보유되어지고 있다는 것을 발견하였다.FIR, 1982. 보다 최근의 것으로 〈표 3.1〉은 영국과 스코틀랜드의 최고 수준의 축구회사들을 1997년의 소유권 유형에 따라 분류하고 있다. 이 표는 대부분의 클럽들이 소유권을 집중한 사람 혹은 몇 사람의 개인들이나 조직들이 한 회사에서 많은 비율의 주식을 소유하는 구조시켜 왔거나 또는 통제권을 집중보다 다양화된 소유구조에도 불구하고 하나 혹은 몇몇의 지배적인 주주집단들이 결정적 영향

〈표 3.1〉 소유권 유형에 따른 축구회사의 분류, 1997

집중된 소유권		분산된 소유권-집중된 관리		분산된 소유권
지배적 소유주	가문/이사 통제	지배적 소유주	가문/이사 통제	
Blackburn Rovers	Arsenal	Aston Villa	Leicester City	Caspian (Leeds United)
Derby County	West Ham United	Newcastle United	Nottingham Forest	Manchester United
Everton	Dundee United*	Sheffield Wednesday	Aberdeen	Sheffield United
Liverpool	Motherwell*	Sunderland	Heart of Midlothian	Southhampton Leisure (Southhampton)
Wimbledon		Tottenham Hotspur	Burnden Leisure (Bolton Wanderers)	West Bromwich Albion
Dunfermiline Athletic		Celtic	Charlton Athletic	
Hibernian		Birmingham City	Silver Shield (Swansea City)	
Kilmarnock		Loftus Road (Queen's Park Rangers)		
Raith Rovers		Preston North End		
Rangers				
Middlesbrough				

* 이와 같은 분류는 이들 클럽들 각각에 있어 발행된 주식의 수가 매우 적음을 보여준다. Dundee United의 경우 13,004이고 Motherwell의 경우 266,996이다.

주 : Chelsea Village (Chelsea) 와 Conventry City Football Club (Holdings) 유한회사에 있어서의 실질적인 지분의 본질에 관한 공개적으로 얻을 수 있는 정보의 결핍은 이와 같은 회사들의 분류를 비실용적인 것으로 만든다. 일반적 의미에서 이와 같은 본질에 대한 어떠한 분류도 당연히 주관적이라는 것을 유념해야 한다.

출처 : Morrow (1999, 83).

력을 행사하는 위치를 고수하는 구조시켜 왔다는 것을 보여준다.

2002년 10월의 경우 20개의 영국 클럽들이 주시장인 런던 증권거래소의 상장목록에 올라 있거나 대체투자시장AIM : Alternative Investment Market—런던 증권거래소에 상장될 준비가 되어 있지 않거나 혹은 합류하기를 원하지 않는 보다 소규모이고 생긴지 얼마 되지 않았으며 빠르게 성장하는 회사들을 위한 시장—에 올라 있다. 영국의 기업활동에 있어 자금조달 수단으로서 증권시장이 담당하는 역사적 중요성의 관점에서 보았을 때, 영국에 다른 어떤 곳보다도 많은 상장된 축구 클럽들이 존재한다는 것은 어쩌면 전혀 놀라운 일이 아닐지도 모른다. 하지만 아마도 놀라운 것은 이들 상장된 클럽들의 대부분이, 명백히 세계에서 가장 두드러진 상장된 스포츠 회사인 Manchester United를 포함하여 1990년대 중반까지는 상장되지 않았다는 사실이다.

■ Tottenham Hotspur

Tottenham Hotspur 축구 클럽은 1882년에 형성되었으며, 그 독특한 이름은 조그마한 크리켓 클럽인 The Hotspur Cricket Culb으로부터 유래한 것이다. 이 클럽은 런던의 토튼햄 지역의 구장에서 경기하였으며, 그 멤버들은 크리켓 시즌이 끝났을 때 클럽이 함께 즐길 수 있는 겨울철 오락거리를 찾고 있었던 것이다.Goodwin, 1988, 9. 새로운 기금 투입의 필요와 멤버들의 개인적 책임을 제한하고자 하는 소망은 결과적으로 1898년 3월 2일 클럽의 멤버들의 모임에서 클럽의 재산과 책임을 유한회사인 The Tottenham Hotspur Football and Athletic Company Limited로 전환시키자는 동의를 이끌어내게 되었다. 일반 대중에게 개당 1파운드의 가치를 갖는 8천 개의 주식을 발행하는 일이 함께 행해졌다. 흥미롭게도 1983년 회사의 런던 증권시장 상장과 함께 이루어졌던 주식발행은 응모자 수가 네 배에 달할 만큼 성공적이었지만, 이 최초의 주식발행은 성공적이지 못해서 첫해 겨우 1,558주의 주식만이 소유주를 찾았다.Goodwin, 1988, 14.

■ 소유 및 구조

Tottenham Hotspur는 축구의 재정적 제 측면들에 대해 관심을 갖고 있는 사람들에게 오래도록 중요한 존재였다. Tottenham은 증권시장에 상장된 최초의 유럽 축구 클럽이었을 뿐만 아니라, 또한 자신의 사업을 핵심적 축구활동으로부터 벗어나 다양화시킨 최초의 주요 클럽들 중 하나였으며, 성공적이지 못했던 스포츠 웨어, 여성 의류, 그리고 티켓 발매 등 사업에의 투자가 회사를 1990년 파산 일보 직전까지 몰고 갔었다. Tottenham은 또한 축구 클럽에 있어서의 재정보고에 있어서도 주도적 역할을 담당하였으며, 소속 선수들에 의하여 제공되는 서비스를 1989년 대차대조표상에 자산으로 인정한 최초의 영국 클럽이었다.Morrow, 1999.

보다 최근의 역사는 여전히 흥미롭다. 2001년 2월, 많은 유럽 클럽들의 주식을 소유하고 있는 오락 및 레저 그룹인 ENIC : English National Investment Company이하 ENIC는 Tottenham Hotspur 유한공사에 대한 사실상의 지배적 주식 보유를 획득하였다. Tottenham Hotspur 유한공사의 자기자본 중 20만 주29.9%에 달하는 ENIC의 초기 주식은 전 의장이자 사업가였던 Alan Sugar 경으로부터 구입한 것이었다. ENIC가 관련되기 이전에 Tottenham의 소유구조는 분산된 소유권과 집중된 통제권의 모습을 띠고 있는 것으로 분류될 수 있었다.〈표 3.1〉 참조. 다른 말로 하자면, 증권거래소에 상장되었음에도 불구하고 Tottenham은 계속해서 Alan Sugar 경이라는 한 개인의 효율적인 지배하에 있었던 것이다. 이와 같은 구조는 상장된 클럽들 사이에서는 전혀 이상한 것이 아니며, 그와 유사한 지배적인 개인들이 여전히 Aston villaDoug Ellis, LazioSergio Cragnotti 그리고 RomaFrancesco Sensi와 같은 클럽들에 대한 통제권을 유지하고 있는 것이다.이탈리아 편을 볼 것.

2002년 9월의 Tottenham Hotspur의 소유구조는 〈표 3.2〉에 나타나 있다.

〈표 3.2〉 Tottenham Hotspur 유한공사의 소유권

주주	지분율	주식 수
ENIC	29.80	30,406,649
Amshold Group Limited*	13.13	13,396,026
Hodram	8.67	8,850,000
H. Shore‡	0.99	1,000,000

* Amshold Group Limited는 Tottenham Hotspur plc의 이전 의장인 Alan Sugar 경이 온전히 소유하고 있다.

‡ H. Shore는 Tottenham Hotspur plc에 백만 주를 갖고 있는 임의신탁의 잠재적 수혜자이다.

출처 : Tottenham Hotspur plc Annual Report 2002, information at 3 September 2002.[7]

ENIC는 여러 개의 축구 클럽에 소유권과 관련된 이해관계를 갖고 있다. 수년간에 걸쳐 ENIC는 유럽 클럽들에 지분을 갖는 자산구성을 형성해 왔기에 AEK Athens, Basle, Rangers, Slavia Prague, Vicenza의 지분을 갖고 있다. ENIC의 원래 계획은 클럽들을 피라미드 형태로 만드는 것이었다. 맨 꼭대기에는 ENIC가 영향력을 행사하는 하나의 주된 클럽명백히 Tottenham에게 부여되었을 포지션이 존재하게 된다. 그 아래에는 여러 개의 클럽들이 존재하는데, 이들은 흔히 축구에 있어 후진국의 위치에 있으며 성장 가능성이 있는 그리스나 체코 공화국 같은 나라들에 존재하게 된다. 원래 이러한 구상의 원리는 그들 클럽들이 Tottenham의 상업적 아이디어들과 전문기술을 공유하고 그로부터 이득을 얻는다는 것이었다. 그러면 Tottenham은 정상거래에 근거하여 이와 같은 클럽들 출신의 선수들을 활용할 수 있게 된다. 최고 경영자인 Daniel Levy의 표현에 의하면, "그것은 우리

가 생각하기에 양편 모두에게 이익을 가져다 줄 수 있는 다양한 클럽들 간의 상호관계"이다.2001년 8월의 인터뷰. 하지만 이와 같은 상승작용적인 발의는 UEFA가 여러 클럽에 대한 소유권을 금지함으로써 사실상 차단되었다. UEFA는 똑같은 단체나 개인에 의하여 통제되어지는 두 개의 클럽들은 동일한 UEFA 경기에 참여하지 못하도록 규정지었는데, 그 근거는 그것이 토너먼트의 통합성에 손상을 입히고 경기 조작의 가능성을 만들어낸다는 것이었다. 이 결정은 1999년 유럽 스포츠 중재재판소에 의해 확정되었다. ENIC는 그후 그와 같은 규칙들이 EU의 경기규정에 위반된다고 주장하면서 이의를 제기하였다. 하지만 2002년의 판결에서 유럽 집행위원회European Commission는 한 기업이나 개인이 하나의 클럽 이상을 통제하도록 허가되어서는 안 된다는 결정을 받아들임으로써 ENIC의 투자전략에 회의를 불러일으켰다.Cohen and Guerrera, 2002.

증권거래소에 상장된 회사로서 Tottenham이 갖고 있는 오랜 역사를 감안했을 때, ENIC의 다른 클럽들 중 하나인 AEK Athens가 현재 그리스의 법규 아래서 주식공모회사로 변신하는 것이 금지되어지고 있다는 것은 흥미롭다. Daniel Levy에 따르면, 공개적으로 상장된 회사로서의 지위를 갖게 되는 것이 주는 가장 중요한 이점 중의 두 가지는 첫째, 자본에의 접근을 용이하게 해주며, 둘째, 투명성과 관리를 향상시켜 준다는 것이다.2001년 8월의 인터뷰. 결과적으로 ENIC의 관점에서 그리스 클럽들과 그리스 축구는 이와 같은 이점들을 부인당함으로써 뒤처져 있는 것이다.

■ Tottenham Hotspur의 사업

당신들에게는 단지 클럽의 주주들이 아니라 현재의 팬들과 미래의 팬들, 그리고 미래세대를 위하여 클럽의 자산을 보호할 의무가 있다.

2001년 8월 Daniel Levy와의 인터뷰

Tottenham의 지배 주주에 따르면, Tottenham은 그것이 갖는 증권 거래소에 상장된 회사로서의 지위에도 불구하고 영국 시장의 상장회사들이 통상적으로 갖고 있는 목표—이득의 극대화 혹은 주주 가치의 극대화—들보다 훨씬 광대한 목표를 갖고 있다. 대신에 채택된 목표들은 경기장의 안과 밖에서 발생하는 것들 사이의 공생관계를 꾀하고 있다 :

> 이것은 우선적으로 축구 클럽이며, 두 번째로 사업체이다 … 이것은 소득의 흐름을 몰아가는 정점에 이른 성공이다 … 내 견해로 당신은 반드시 가져야 한다 … 먼저 축구의 성공을, 그러나 그것이 적절히 관리되어지도록 확실히 만들기 위해서 당신은 적절한 장소에 적합한 사업구조를 가져야만 하며, 이는 당신이 축구로 성공을 이루었다는 사실을 이용할 수 있음을 보장해 주어야 한다.
>
> 2001년 8월 Daniel Levy와의 인터뷰

Levy가 소유구조와는 다르게 사용하고 있는 '사업구조' 라는 문구는 흥미롭다. 축구 클럽들이 공개적으로 상장된 회사가 되도록 허락되어져야 한다는 자신의 열망에도 불구하고 소유구조는 그 자체로서 기업의 목표를 성취하는 데 있어 핵심 요소로 간주되지 않는다는 것이 명확해 보인다. 그보다 중요한 것은 회사가 어떻게 운영되어지느냐이지, 누가 그것을 소유하고 있느냐가 아니다. 다른 말로 하자면, 회사가 축구의 성공으로부터 이득을 얻는 것을 가능하게 해주는 적절한 구조를 갖추고 있느냐 하는 것이다.

'사업구조' 라는 문구는 축구 마인드를 갖고 있는 서포터들과 사업가적 마인드를 갖고 있는 이사들 간의 갈등에 대한 이미지를 만들어낼 수도 있다. 그러나 Tottenham에는 축구사업을, 클럽의 사회적 중요성 혹은 사회적 역할을 인정하는 식으로 보다 광범위하게 혹은 보다 포괄적으로 정의하고자 하는 의지가 명확히 존재한다. 한 수준에서 이는 어쩌면 단지 사업상의 우선순위들에 의하여 유발되어질 수도 있다. 다른 말로 하자면, 이사들은 클럽을 소중한 사회적 자산으로 만드는 요소들이 클럽을 성공적인 사업체로 만드는 요소들과 종종 동일한 요소들이라는 점을 인식하고 있으며, 그러므로 그들의 행동은 그와 같은 사회적 관계를 회사의 재정적 위치의 이익에 들어맞게 배양하는 것을 목표로 삼는다. 자유시장에서 축구 클럽 서포터들이 고객이나 소비자로 변하는 것에 대한 우려가 표명되어 왔지만예로서 King, 1997 ; Morrow, 1999 종종 이는 별개의 선택으로 표현되어져 왔다. 하지만 Giulianotti2002는 서포터로서의 정체성에 대한 보다 철저한 분석을 제공함으로써 네 가지 이념형—서포터즈, 추종자들followers, 팬들, 소극적 동조자들flaneurs—으로 구분하고 있다. Giulianotti의 구분에 대한 단순화된 버전은 〈그림 3.1〉에 나타나 있다.보다 상세한 버전은 〈그림 2.1〉에서 발견된다.

〈그림 3.1〉 관중 분류(단순화함)

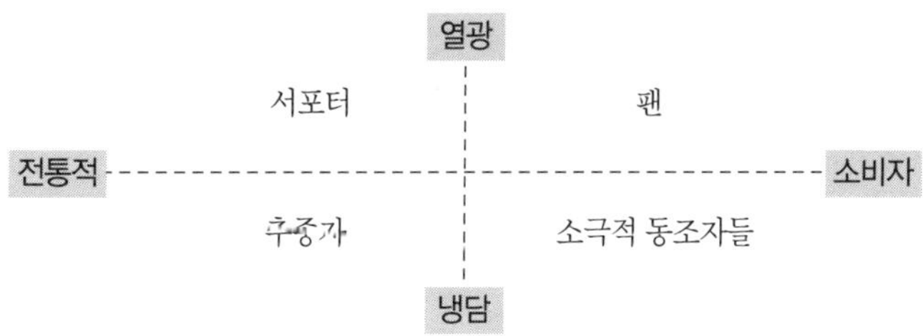

출처 : Giulianotti에서 변형(2002, 31).

'전통적'/'소비자' 구분은 어떤 특정한 클럽에 대한 개인의 투자에 초점을 맞추고 있다 : '전통적인' 관중들은 클럽과 보다 오래되고 보다 지역화되어 있으며 대중적인 문화적 동질감을 갖는다 : '소비자' 관객들은 클럽 생산품에 집중하는 보다 시장중심적인 관계를 갖는다. '뜨거운열광'/'차가운냉담' 의 구분은 어떤 클럽이 어떤 개인의 자아형성에 얼마만큼의 중심적인 역할을 담당하는지에 초점을 맞춘다. 예컨대, '뜨거운' 충성은 클럽에 대한 강력한 결속과 동질감을 나타낸다.Giulianotti, 2002, 30-1. 하지만 관객이 클럽과 갖는 사회적 관계의 본질이 이 네 가지 분류 내에서 두드러지게 상이한 반면, 틀림없이 경제적인 관계 혹은 최소한 그와 같은 경제적 관계의 결과에 있어서는 변화가 훨씬 덜하다. 어떤 관객들은 명백히 다른 관객들보다 훨씬 더 시장 중심적이지만이러한 요소는 그들이 상품에서 주식에 이르기까지 어떤 클럽과 관련된 물건을 얼마만큼 적극적으로 소비하고자 하느냐와 관련되어 있다. 어떤 범주에 속하든 모두는 그들의 관람을 가능하게 하기위해 그들 클럽과의 경제적 관계를 필요로 한다.

Tottenham의 사업구조의 한 측면은 클럽의 서포터들의 중요성과 그 공동체, 그리고 그들과 진정한 관계를 구축해야 할 필요성에 대한 보다 명백한 인식을 포함한다. Daniel Levy가 언급했듯이 "축구 클럽들은 자신들의 팬층을 너무나 당연하게 여겨왔다."2001년 8월의 인터뷰. Tottenham에서 이사들은 이와 같은 관계를 여러 가지 방법으로 구축하고자 시도하고 있다. 이와 같은 관계의 구축과정에 핵심적인 것은 대화의 촉진을 통한 커뮤니케이션의 향상이다. 한 수준에서 이는 개인적 커뮤니케이션이라고 할 수 있는데, 예를 들자면 최고경영자가 자신이 받는 모든 욕설이 포함되지 않은 메일을 읽고 답장을 보내거나, 혹은 모든 홈경기에 두 시즌 티켓을 가진 사람들을 무작위로 특별석에 초대하는 그런 것들이다. 구조적 수준에서 그것은 클럽의 웹사이트를 개발하고 언론과의 커뮤니케이션을 향상시키는 것과 같은 것들을 포함한다. 그것은 또한 기업 커뮤니케이션의 향상과 주주들에 대한 보고를 포함한다 : "기업의 활동의 견지에 있어서의 더욱 충실한 사업보고 … 그저 몇 줄의 문장으로 끝나

기보다는 일들이 어떻게 진행되고 있는지에 관한 그런 충실한 사업보고." 2001년 8월 Daniel Levy와의 인터뷰.

하지만 아마도 틀림없이 가장 본질적인 변화는 THST : Tottenham Hotspur Supporters' Trust이하 THST를 인정한 것이다. THST는 공동으로 조직된 멤버십 기구이며, 서포터들이 그들의 클럽에 지분을 갖는 것을 격려하기 위해 고안된 정부가 자금을 지원하는 주도 조직인 서포터 집행부의 도움으로 발전하였다.제2장을 볼 것. THST 웹사이트는 다음과 같이 그들의 비공식 임무를 언급하고 있다.

- 토튼햄 핫스퍼 축구 클럽(THFC : Tottenham Hotspur Football Club)이 항구적이고 지속적인 성공을 할 수 있도록 돕는다.
- Spurs의 모든 팬들을 통합하고 대표하며 그들의 집단적 힘을 행사한다.
- 클럽과 서포터 간의 커뮤니케이션과 이해를 증진시킨다.

Tottenham Hotspur Supporters' Trust at http://www.tottenhamtrust.com

THST와 함께 기꺼이 일하겠다는 의지는 클럽의 부의장인 David Buchler에 의해 공식적으로 표명되었는데, 이는 Glenn Hoddle을 감독으로 임명한 직후였다. 이때 그는 '서포터들의 트러스트를 [포용]하고 …', '서포터들과의 커뮤니케이션 루트'를 가시며, 그리고 '우리 모두가 추구하는 클럽의 미래를 구축하기 위해 진정한 팀워크 속에서 함께 [일한다]'라는 견지로 말을 했다.Wynne, 2001. Daniel Levy는 트러스트의 실질적 지원을—트러스트로 하여금 경기장의 시설들을 사용하는 것을 허락하고, 프로그램에 홍보하는 것을 허락하며, 웹사이트에 세세한 것을 올리는 것을 허락한다는 견지에서—대화와 커뮤니케이션을 촉진시키는 것에 관한 것으로서 묘사했다.2001년 8월의 인터뷰.

위에서 확실히 알 수 있는 것은 운영진들과 THST 모두 Tottenham Hotspur를 가능한 한 성공적으로 만들겠다는 그들의 궁극적인 목표를 성취하기 위한 방법으로서 커뮤니케이션과 대화에 헌신하겠음을 표면상 명확히 하고 있다는 것이다. 하지만 궁극적 목표라는 견지에서 일치하고 있음이 양측이 반드시 그와 같은 목표를 추구함에 있어 동일한 동기를 공유하고 있다는 것을 의미하지는 않는다. THST의 Joff Wild는 이 점을 지적했다.

> 완곡하게 표현하자면 Daniel Levy의 목표와 Spurs 서포터들의 목표는 똑같다. Levy는 챔피온스 리그에 속하기를 원하는데, 왜냐하면 그는 그것을 통해 Tottenham 매입을 ENIC의 주주들에게 정당화 하고 있기 때문이며, [서포터들]이 챔피온스 리그에 속하기를 원하는 것은 바로 그곳이 우리가 있고 싶은 곳이기 때문이다.
>
> 2001년 12월의 인터뷰

앞에 논의된 바와 같이 종국적으로는 이사들은 서포터들과의 관계를 발전시키길 원했다. 왜냐하면 관계의 향상이 장기적으로 사업에 이득이 될 것이기 때문이다. 하지만 서포터들은 클럽이 그들이 속해 있는 일부이며 사랑하는 중요한 것이기 때문에 향상된 관계를 원하는 한편, 동시에 클럽이 재정적으로 성공적이기 위해서 자신들을 필요로 한다는 것을 인식하고 있다 :

> ENIC는 Tottenham에 들어오지 않았으며, Levy는 ENIC에 Spurs 서포터로서 존재하고 있는 것이 아니다. 그가 거기에 있는 것은 그가 Spurs를 사랑하기 때문이 아니라 그가 ENIC의 의장이며 그가 Tottenham으로부터 돈을 벌 수 있을 것이

라고 믿고 있기 때문이다 … 우리가 할 필요가 있는 것은 … [Levy]에게 그가 서포터들과 건설적인 대화를 갖지 않는 한 ENIC의 의장으로서 Spurs에 대한 투자를 극대화할 수 없다는 것을 보여주는 것이다. 왜냐하면 서포터들은 그에게 여러 면에 있어서 그의 수익을 극대화할 수 있는 방법을 실제로 보여줄 수 있기 때문이다.

2001년 12월 Joff Wild와의 인터뷰

▪ 실제에 있어서의 지배구조와 책임

지배구조에 대한 포괄적 접근을 채택할 가장 큰 기회를 제공하는 가장 사업형에 가까운 구조를 채택해 온 것이 그와 같은 축구 클럽들이라는 것은 확실히 역설적이다. 여기에 있어 핵심적인 것은 증권거래소 상장시에 필요한 자격조건이며, 회사들은 사업행태 및 보고와 지배구조의 견지에서 어떤 특정한 투명성의 기준을 채택한다. 명백히 투명성과 지배구조에 관한 이와 같은 요구는 어떤 클럽이 사기업, 특히 한 사람의 개인에 의하여 통제되어지고 있는 그런 기업일 경우 존재하지 않을 수도 있는 이사회에 있어서의 어떤 규율을 강요한다.2001년 8월 Daniel Levy와의 인터뷰. 공개적인 상장으로부터 발생하는 투명성이 가져다 주는 이익은 몇몇 서포터들에 의하여서도 인식되어지고 있다. 예로서, THST의 Joff Wild는 "클럽들을 공개하는 것이 … 반드시 사람들이 묘사하는 것처럼 서포터들에게 있어 재앙이지는 않다 … 그것은 서포터들과 클럽 간의 관계를 제도화시킨다 … 주식회사에는 사적으로 소유된 축구 클럽에서보다 훨씬 더 한 정도의 엄밀함이 존재한다"라는 견해를 갖고 있었다.2001년 12월의 인터뷰.

트러스트가 장기적인 견지에서 이사진들과의 관계에서 추구하고 있는 것은 책임과 영향력 둘 모두이다. 즉 이사회가 그들의 의사 결정과정을 설명하도록 보장하는 능력을 갖는 것과 서포터들에게 설득을 통해 운영방식을 변화시킬 수 있는 기회를 부여하는 것에 관한 것이다.2001년

12월 Joff Wild와의 인터뷰. 하지만 트러스트 멤버들은 관계의 성공적 발전이 그들에게 목표에 있어 현실적이고 행동에 있어 합리적일 것을 요구한다는 것을 인식할 필요가 있다. 실제에 있어서 이와 같은 관계는 트러스트와 이사진들 간의 공식적 회합을 통해서 작동되어지며, 비공식적으로는 트러스트가 클럽 내에 정보를 얻기 위해 접촉할 수 있는 접촉점을 가짐으로써 작동되어진다. 하지만 커뮤니케이션이란 양 방향으로 작동하는 것이다. 예로서, 클럽은 팬들이 티켓 판매소의 운영에 관한 팬들의 견해를 얻기 위해 서베이를 실시해 줄 것을 트러스트에게 부탁하기 위해 접촉한 바 있다.

진정한 커뮤니케이션, 책임, 영향력이 얼마만큼 존재하는가는 일정한 시간을 거쳤을 때에만 명확해진다. 하지만 Tottenham Hotspur 유한공사는 시장에 상장된 회사이며, 그 이사들은 그 시장의 규칙에 의하여 판단되어질 것이다. 그 목표를 향해 이사들은 커뮤니케이션과 총괄을 격려하지만, 궁극적으로 의사결정은 그들에게 달려 있다고 Daniel Levy는 지적했다 : "우리는 [트러스트의 견해]를 주의 깊게 듣지만, 결국에는 클럽의 재정적 자산을 보호해야 할 의무가 있으며, 그것이 어쩌면 팬들이 원하는 것과 갈등을 일으킬 수도 있다."2001년 8월의 인터뷰.

몇몇 서포터들에게는 그와 같은 관찰이 불쾌할 수도 있겠지만, 잠재적으로 더욱 우려되는 것은 시장의 논리가 개인의 의사결정이나 개인적 클럽들을 넘어서는 경우이다. 축구산업에 대한 규제를 논박하면서 Daniel Levy는 클럽에 대한 규율로서 작동하는 것은 결국에는 시장의 힘이라고 주장한다.2001년 8월의 인터뷰. 다른 말로 하자면, 시장은 그들의 팬과 공동체를 돌보는 클럽들에 이익을 가져다 줄 것인데, 이는 왜냐하면 이러한 행동이 소비자들과 증가된 수입으로 연결될 것이고, 이는 다시 클럽이 다른 클럽들과 경쟁하는 것을 더욱 쉽게 만들어 주기 때문이다. 어떤 클럽이 이런 방식으로 작동하는 데 실패할 경우 그 결과는, 소유자가 성공을 가져올 능력이 없거나 혹은 재정적으로 운영을 지탱할 수 없음을 깨닫고 클럽을 팔아넘기거나, 혹은 가장 극단적인 경우에 클럽이 파산하기도 한다. 따라서 재정적 혹은 경제적 이슈들이 결과를 결정한다.

축구와 보다 광범한 경제적 맥락 모두에 있어 시장이 이런 방식으로 작동하는 것을 허락하는 것이 바람직한가 그리고 진실로 가능한가에 대한 우려가 존재한다. 한 가지 각별한 우려는 경쟁이나 공급자의 선택이 결핍되어 있는 산업에 이와 같은 시장기제가 적합한지의 여부이다.Letza and Smallman, 2001. 이론상으로는 축구 소비자들에게 있어 대체할 상품을 찾는 것과 아예 구입하지 않는 것이라는 두 가지 경제적 선택 모두가 존재한다. 하지만 실제에 있어서는 대부분의 축구 서포터들에게 그와 같은 사회적 선택은 존재하지 않는다. 따라서 명백히 본질에 있어 그것이 경제적 형태를 띠고 있지 않다면, 축구시장은 핵심 참여자서포터즈의 행동이 선택을 매우 풍부하게 만드는 그런 곳이다. 한 사람의 서포터는 한 사람의 소비자인 반면, 대부분의 서포터들은 결코 단순한 소비자는 아니다. 서포터들에게는 특별한 어려움들이 존재하는데, 만약 그들이 믿기에 자신들이 지지하는 클럽의 최선의 이익을 위해 행동하지 않는다고 여겨지는 어떤 소유주와 맞닥뜨렸을 때 그러하다. 경제적 논리에 따르자면 클럽으로부터 거리를 두고 시장이 그 문제를 해결하도록 내버려 두어야 한다고 할지라도, 그와 같은 합리적 행동은 흔히 서포터들에 의해서는 하나의 선택권으로서 거절되어지는데, 이는 서포터들이 팀과의 일체감이나 소속감 등과 같은 비재정적 고려사항들에 의하여 동기를 부여받고 있기 때문이다.

명백히 진정한 커뮤니케이션, 책임 그리고 영향력이 가능할 것인가 하는 것은 시장에 근거한 경제적 고려에 달려 있을 뿐만 아니라 또한 사회적 고려에도 의존하고 있다. 사업에 대한 한 포괄적인 접근법은 주주들에 대하여 보다 덜 배타적인 초점을 맞추고 모든 이해관계자들 간의 관계를 고려하는 것이다.RSA, 1995. 서포터들의 트러스트들이 커뮤니케이션에 밀접하게 연관된 상황에 대한 이론적 사례는 강력한데, 이는 그들이 명백히 민주적이며 클럽의 서포터들과 그 공동체를 대표할 수 있는 잠재력을 갖고 있기 때문이다. 하지만 트러스트는 실제에 있어서 그것의 합법성을 이사들 모두에게 뿐만 아니라 다른 서포터들과 공동체의 멤버들에게 드러낼 수 있는 능력을 갖추어야 할 필요가 있다.제2장의 '서포터 트러스트들' 참조.

제2장에서 논의되어진 바와 같이 서포터 집행부 발의의 장기적 본질에도 불구하고, 그리고 트러스트들이 서포터들에 의하여 그들의 여가 시간에 개발된 공동체적 발의의 형태를 띠고 있다는 사실에도 불구하고 이들 트러스트들 중 아직껏 매우 소수만이 실질적인 숫자의 멤버들을 갖고 있다는 것이 명백하다. 예로서, 2001년 여름에 당시 가장 큰 규모의 서포터즈 트러스트들 중 하나였던 THST는 대략 600명의 회원들을 갖고 있었다. 비교해 보자면, 2001/02 시즌 FA 프리미어 리그 경기들의 평균적 홈경기 참석자 수는 35,001명이었다.2000/01 시즌에는 35,421명. 이사진들의 관점에서 보았을 때, 만약 클럽과 트러스트 간의 관계가 악화된다면 어떠한 영향력 결핍이 인식되었을 경우 더 큰 문제가 될 수 있는 가능성을 갖고 있는 것이다. 다른 한편으로 클럽과 너무 밀접한 관계를 갖는 것은 트러스트로 하여금 클럽 경영진에 의하여 사로잡혀 있거나 사로잡힐 것으로 보여진다는 비난에 노출되게 만들며, 그 경우 특정한 이슈들에 대해 트러스트와 견해를 공유하지 않을 수도 있는 다른 서포터들에 의해 도전받게 된다.제2장을 볼 것.

네덜란드

2001년 7월 1,600만의 인구가 살고 있는 네덜란드는 선진국형 경제를 갖고 있으며, 높은 일인당 소득2000년에 27,800달러였음(OECD, 2002)이 상대적으로 균등한 소득분배와 결합되어 있는 국가이다. 네덜란드는 세계에서 가장 개방되어 있고 외부지향적인 경제체제들 중 하나인데, 이와 같은 사실은 네덜란드가 갖는 유럽 교통체제의 허브격인 지리적 위치와 소규모 국내 시장이라는 두 가지 사실 모두에 의하여 설명되어진다.EIU, 2001. 경제는 서비스 부문이 지배하고 있는데, 이는 2000년 GDP의 70% 이상을 차지하고 있었다.EIU, 2001.

네덜란드의 경제 모델은 독일에서 발견되어지는 사회경제 모델과 유사한데, 광범한 사회보장 조항들을 갖고 있으며, 기업 수준에서는 노동자 평의회가, 국가적 수준에서는 노조가 중요한 역할을 담당한다.EIU, 2001. 하지만 흥미롭게도 그 재정 시스템은 독일쪽 모델보다는 영미쪽 모델과 더 유사한데, 기업의 재정은 주로 주식발행을 통해 충당되어지고, 은행들은 장기적인 투자자라기보다는 중개자로서의 역할을 담당한다.EIU, 2001. 네덜란드는 EU의 창설 멤버였으며 1999년 1월 1일에 유로 통화권을 설립한 최초의 11개 유럽 국가들 중 하나였다.

네덜란드에는 협회associations와 재단foundations 그리고 협동조합cooperatives 등을 포함하는 다양한 형태의 합법적 기업주체들이 존재한다. 하지만 가장 거대한 합법적 주체는 유한회사limited companies들이다. 이들은 유한공사public limited companies—Naamloze Vennootschap이하, NV, 대략 2천 개 정도—이거나 혹은 유한회사private limited companies—Besloten Vennootschap이하, BV, 대략 15만 개 정도—이다. BV는 대개의 경우 NV보다 더 소규모이며, 그 행동에 있어 덜 개방적이다. 예로서, BV의 정관들은 반드시 주식의 양도 가능성을 제한해야만 한다. NV 자격을 갖추는 것은 대개의 경우 암스테르담 증권거래소 상장을 위한 선행조건이다de Jong, *et al.*, 2001. 최소한 100명의 종업원을 고용하고 있는 모든 회사들은 노동자 평의회ondernemingsraad를 갖고 있어야만 하며, 평의회가 종업원들을 대표하고 종업원들과 협의하는 것을 허락해야만 한다. 특히, 평의회는 적절한 정보에 접근할 수 있는 권한과 소유권의 이전과 재배치와 같은 주요 결정들에 대해 조언할 수 있는 권한을 갖는다.

대규모 회사들의 경우 변이가 존재하는데, 이는 특별한 규칙들이 적용되는 '구조 NV' structuurregeling의 형태를 취하고 있다. 네덜란드에서 대규모 회사란 최소한 100명의 종업원들을 고용하고, 최소한 1300만 유로의 납입자본을 갖고 있으며, 법률상 노동자 평의회를 갖도록 요구되어지는 것으로 규정되어진다(SER, 2001). 구조 레짐은 상임위원회raad van commissarissen를 설치하도록 되어 있다. 이 위원회는 최소한 세 명의 멤버들로 이루어져 있으며, 새로운 멤버들은 위원회 자체에 의하여 선출되어질 수 있다. 위원회는 위원회가 없을 경우 주주들에 의하여 소유되었을 많은 권한을 갖게 되는데, 이는 경영적 판단에 대한 평가와 같은 것이며, de Jong 등2001은 실제에 있어 평범한 주주들은 결국에는 거의 아무런 영향력을 갖지 못하거나 감독위원회 혹은 경영위원회를 통해 말하게 된다라고 주장한다.

앞에 언급된 바와 같이 네덜란드의 재정체계는 영미의 모델을 따르고 있으며, 주식발행이 재정의 주된 근원이 된다. 2001년 9월, 암스테르담 증권거래소는 브뤼셀과 파리의 거래소와 합병하여 유로넥스트Euronext 증권거래소를 탄생시켰다. 유로넥스트는 주식과 채권 파생상품 및 물품 등을 다루는 최초의 완전히 통합되고 국경을 초월하는 유럽시장이 되는 것을 목표로 하고 있다. 증권회사들이 공식적 시장Official Market이나

Euro.NM 암스테르담 시장에 상장되어져 있다. 대략 225개의 네덜란드 회사들과 140개의 외국 회사들, 그리고 220개의 투자기관들이 유로넥스트의 암스테르담 공식적 시장에 상장되어져 있다. 네덜란드 회사들만의 시가 총액은 2000년 9월 31일 6,710억 유로에 달한다.www.euronext.nl 증권시장의 경제직 중요성은 또한 보다 이른 시기에도 명백했다. 역사적으로 암스테르담 증권거래소는 심하게 집중되어 있었다. 합병 이전에 필립스 Philips를 포함한 열 다섯 개 회사들이 거래소 전체 시가 총액의 75%를 차지하고 있었다.de Jong, *et al.*, 2001.

■ 네덜란드 축구의 구조

네덜란드 클럽들의 구조와 운영은 네덜란드 왕립축구협회KNVB : Royal Netherlands Football Association, 이하 KNVB에 의하여 통제되어진다. 전통적으로 협회vereniging[8]로서 혹은 재단stichting[9]으로서 합법적으로 구축된 클럽들만이 KNVB의 멤버가 될 수 있으며, 그럼으로써 경기에 참여할 수 있는 라이센스를 부여받게 된다. 하지만 2002년 1월 이래로 KNVB의 정관은 유한회사들BVs과 유한공사들NVs이 KNVB의 멤버가 되는 것이 가능하도록 개정되었다.2002년 4월 KNVB와의 서신왕래. 더욱 능률적인 기업구조가 클럽들이, 예를 들자면 여전히 자신들의 라이센스를 유지하면서 자본을 증식시키는 것을 허락할 것이라는 논의가 이루어지고 있다.

수년간 세 개의 클럽들이 네덜란드 축구를 지배해 왔는데, Ajax, Feyenoord, PSV Eindhoven 등이다.제1장 참조. 이 클럽들은 또한 유럽 축구에 있어 강한 존재감을 갖고 있는데, 1970년 이래로 Ajax가 여섯번, Feyenoord가 세 번, PSV가 두 번 등 도합 11번의 유럽 우승배를 차지해 왔다.[10] 그들의 중요성은 또한 Ajax와 PSV 둘 모두 G14 클럽의 창설 멤버라는 사실에 반영되어져 있다.제1장 참조.

네덜란드의 두 개의 주요 도시인 암스테르담과 로테르담 출신의 클럽들이 지배적 위치를 차지하고 있는 것은 어쩌면 전혀 놀랄 일이 아니다. 이들 두 클럽들 사이에 존재하는 경쟁의 일부는 이들 두 도시들 간에 네덜란드를 대표하고자 하는 경쟁과 관련되어 있다. 하지만 Giulianotti가 지적하고 있듯이 국가를 대표하고자 하는 경쟁은 지리 그 이상의 것에 근거하고 있으며, 그 갈등은 또한 민족적 · 계층적 노선에서 이루어진다. 즉 상업에 종사하고 유대인이며 중산층인 보헤미아인들의 클럽과 산업에 종사하는 노동자 계급인 수퍼포트superport를 대표하는 클럽 간의 대항과 같은 것이다. 그와 같이 누군가를 대신한 경쟁은 그리스, 포르투갈, 스코틀랜드, 터키 같은 다른 유럽 국가들에서도 뚜렷이 드러난다.[11] 그러므로 그 나라의 남동쪽에 있는 조그마한 마을 출신의 사실상의 공장 팀이 존재한다는 것은, 비록 다국적 공장이지만, 처음에는 조금 이상하게 보일 수도 있다.

■ Philips Sport Vereniging (PSV)

> 기증자이자 스폰서이며, 투자자이자 채권은행으로서 필립스는 수억 길드(역주 : 네덜란드의 화폐단위)를 지난 40년간 클럽에 쏟아부어 왔다. 이런 기간을 거치면서 이제 PSV는 필립스 없이도 운영해 나갈 수 있는 지점에 도달하게 되었다. Eindhoven에는 국제적인 명성을 가진 클럽이 존재한다. 이 클럽은 필립스는 물론 다른 애호가들을 매혹시킬 수 있는 자기 나름의 몸과 마음을 갖고 있다. 그러나 이들은 서로에게 충실하다. 그것 또한 사랑이다.
>
> Oosterwijk, 2002, 150.

Eindhoven의 주된 고용주인 필립스사는 자신의 이름을 클럽에 부여했고—Philips Sport Vereniging—1913년 Eindhoven이 만들어졌다. PSV

는 사실상 필립스 노동자들을 위한 축구 클럽인 공장 팀으로 그 삶을 시작했다. 그 이래 필립스와 PSV는 밀접하지만 발전적인 관계를 가져왔다. 하지만 그것이 설립되었을 때 PSV가 네덜란드 협회로부터 경기에 참여할 수 있게 하는 라이센스를 수여받게 하기 위해서 클럽은 그 멤버들이 위원회를 선출하는 멤버십 조직인 협회association라는 법률적 구조를 채택할 것을 요구받았다. 일부는 배타적인 축구협회들이지만 다른 것들은 여러 개의 스포츠를 포함하고 있다. PSV 협회인 Eindhovense Voetbal Vereniging PSVEVV는 오늘날도 계속해서 새로운 조직구조 내에 존재하고 있다.

축구가 더욱 전문적인 것이 되어 감에 따라 두 번째의 법적 주체가 설립되었는데 바로 Stichting PSV Voetbal이다.[12] 1980년대 중반에 PSV의 현 회장인 Harry van Raaij가 정책 제안을 하였는데, 그것의 핵심은 PSV와 필립스 간에 더욱 기업적인 구조를 작동시키자는 것이었다.Oosterwijk, 2002, 131. 이것은 관계를 공식화시키고자 하는 여러 번의 그와 같은 시도들 중 최초의 것이었으며, 그것의 핵심은 고정된 후원금에 대한 대가로 PSV가 셔츠 스폰서십, 경기장 광고, 친선 및 판촉을 위한 경기들과 같은 서비스를 제공하다는 것이었다.Oosterwijk, 2002, 131. 새로운 전략의 일부는 협회EVV와 재단 간의 관계를 재구성하는 것을 포함하고 있다. 새로운 구조 하에서는 재단에 핵심적 역할이 할당되었으며, 모든 자산의 소유권을 떠맡게 되었다. 여기에는 선수들의 이적권과 필립스로부터 받는 후원금의 징수 등이 포함된다. 당시 선수들은 자신들의 급여를 지불하는 협회EVV 밖으로 임대되어졌으며, 협회는 PSV로서 경기할 수 있는 라이센스를 KNVB로부터 유지하고 있었다.2001년 12월 Harry van Raaij와의 인터뷰. 이것의 중요성은 그와 같은 통제가 실질적으로 협회로부터 혹은 보다 적절하게는 그 멤버들로부터 멤버가 없는 기업체인 재단에게로 이전되어졌다는 것이다. 그러므로 사실상 그것은 클럽 민주화의 지연효과를 제거하였다.Oosterwijk, 2002, 131.

PSV에 있어서 필립스의 중요성은 재단의 위원회에 명백히 드러났는데, 당시 위원회는 두 사람의 멤버로 구성되어 있었으며, 한 명은 협회 EVV의 회장이었고, 다른 한 명은 필립스사의 회장이었다. 1954년 이래 그 자신이 필립스의 종업원이었으며 최후에는 기업 회계 담당 이사를 지낸 현 PSV 회장인 Harry van Raaij에 따르면, 당시의 구조는 PSV가 축구 클럽협회의 형태를 띠고 있었지만 재정적 권력은 재단을 통해 간접적으로 필립스에 의존하고 있는 그런 것이었다.2001년 12월의 인터뷰. 간단히 말해서 필립스는 PSV를 위한 재정적 안전망 역할을 담당했던 것이다. 즉 만약 PSV가 시즌 말에 손실을 입으면 필립스가 그것을 보충해 주었으며, 만약 PSV가 대부를 필요로 할 때면 필립스가 그것을 제공해 주었다.PSV 운영 담당 이사인 Fons Spooren과의 2001년 12월 인터뷰.

이 절을 시작할 때 인용했던 문구가 나타내 주듯이 최근까지 PSV는 재정적으로 필립스사에 의존해 왔다.PSV와 Philips 간의 관계의 발전에 대한 보다 세밀한 논의를 위해서는 Oosterwijk, 2002를 볼 것. 하지만 최근에는 PSV와 필립스 간의 관계가 상호 간의 합의에 따른 종속관계에서 순수한 사업적 혹은 상업적 관계로 변모를 겪어왔다. 현재 필립스는 PSV의 주 스폰서로서 활동하고 있지만, 다른 모든 스폰서십 계약과 마찬가지로 이는 갱신과 재협상을 조건으로 하고 있다. 어느 정도까지 그와 같은 변화는 필립스의 입장에서도 그리고 축구산업의 입장에서도 많은 시간이 흘렀다는 인식으로부터 생겨났다. 필립스는 여전히 축구에 흥미를 갖고 있지만 명백히 축구는 필립스의 사업은 아니다.[13] PSV의 입장에서는 PSV에 영입된 새로운 전문 경영인들이 클럽을 보다 전문적이고 독자적인 방식으로 운영함으로써 이익을 볼 수 있다는 인식을 갖고 있다. PSV는 이제 스스로를 적절한 운영과 적재적소의 관리구조를 갖춘 독자생존이 가능한 조직으로 운영하려고 애쓰고 있다. 이것이 그 구조 뒤에 숨겨진 추진력이다. 둘의 관계가 순수하게 상업적인 것으로 변화함에 따른 한 가지 결과는 필립스가 기꺼이 새로운 PSV와 수지가 맞는 5년 기한의 정상적 스폰서십 계약을 맺고자 했다는 것이다.

■ 소유 및 구조

PSV와 필립스와의 관계발전의 일부로서 유한회사인 PSV NVNaamloze Vennootschap가 설립되었다. 협회와 재단의 활동과 자산 및 책임은 1999년 6월 30일 이와 같은 법인들에 대한 주식발생을 통해서 PSV NV에게 이전되었다.PSV Annual Report, 2000/01, 21. 이와 같은 구조조정의 결과 재단은 PSV NV의 우선주prioriteitsaandelen를 받았고, 협회는 황금주bijzonder aandeel를 받았다. PSV의 자본금은 〈표 3.3〉에 나타나 있다.

〈표 3.3〉 2001년 6월 30일의 PSV 자본금

발행된/투자된 자본금	
9,989 보통주, 명목가치 10유로	99,890
10 우선주, 명목가치 10유로	100
1 황금주, 명목가치 10유로	10
	100,000 유로

출처 : PSV(2001), Annual Report 2000/01, 37.

2000/01 연례보고서에 상세히 나와 있는 우선주와 황금주의 특별한 권리는 다음과 같다.

- 황금주 : 자본금은 10유로의 명목가치를 갖는 하나의 황금주를 [포함한다]. 이 주식은 Eindhoven Football Association PSV에 귀속된다. 승인의 권리는

PSV 유한공사에 의해 이루어진 많은 결정들과 관련하여 이 특별한 주식에 연계되어져 있다.

다음과 같은 사항들은 Eindhoven Football Association PSV의 승인을 필요로 한다 : PSV의 명칭 및 상호의 변경 혹은 PSV NV의 목표 및 목적에 대한 묘사의 변경 ; PSV 로고나 PSV 클럽 색깔의 변경 ; 입지의 변경 ; PSV가 주관하는 청소년 훈련의 구조나 디자인, KNVB로부터 프로 축구 라이센스를 얻기 위한 독자적인 신청

- 우선주 : 이제 PSV Football Foundation이라고 지칭되는 우선주의 소유자에게 있어 다른 무엇보다도 다음의 우선권이 수여되었다 :

  이사 및 커미셔너의 숫자의 결정 ; 경영진과 커미셔너들의 임명에 대한 구속력 있는 지명권 ; 이사 및 커미셔너들의 정직 및/혹은 해고 ; 회사의 합법적 합병이나 분할, 지위의 변경이나 해산과 같은 결정이 이루어지기 전의 동의

그 결과 현재의 구조는 재단이 실질적으로 PSV NV의 합법적 소유자가 되었으며, 도덕적 소유권은 협회와 그 멤버들에 의하여 유지되어지고 있다. PSV NV가 증권거래소에 상장된 회사가 된다는 견지에서 소유구조에 대한 더 이상의 변화는 최소한 당분간은 배제되어지고 있다. 여기에는 다양한 이유가 존재하는데, 몇몇은 증권시장의 본질과 관련된 것이고, 또 다른 몇몇은 보다 일반적으로 PSV와 네덜란드 축구 클럽들의 본질과 관련된 것들이다.

건전하고 적합한 재정적 기반 위에 조직을 운영하는 것의 중요성은 PSV 이사진들에 의하여 강조되어졌다.2001년 12월의 인터뷰. 조직의 핵심적 목표는 재정적 지속 가능성이다. 즉 일상적 혹은 반복적 지출을 반복적 수입과 조화시키는 것이다. 주 시장으로서 작동하면서 증권시장은 회사에게 접근 가능한 형태의 장기적 자금 조달원으로서 존재한다.Morrow, 1999, 63. 이 단계에서 매우 솔직하게 PSV의 이사진들은 상장하는 것을 적합하

다고 간주하지 않는다. 왜냐하면 그들은 아직 장기적 기금조성을 위한 필요조건이 무엇인지 알아내지 못했기 때문이다. 몇몇 클럽들이 단기 자산, 가장 두드러지게는 선수들에 있어 주식발행 과정에 투자하는 것을 선택한 반면, PSV 이사진들이 재정적 지속 가능성과 기금과 자산의 적합한 조화에 집중한 것은 그들에게 있어 완벽하게 합리적인 경제적 결정에 이르게 하였다. 회장인 Harry van Raaij의 말이다 : "왜 당신들은 [증권거래소]로 가지 않느냐라는 [질문을 받았을 때] 나는 우리가 그 과정을 어떻게 사용할 것인지에 대해 아는 바가 없다고 말한다."2001년 12월의 인터뷰.

두 번째 이유는 네덜란드 클럽들에서 흔히 찾을 수 있는 역사적 소유구조, 즉 협회와 재단이다. 다른 무엇보다도 이들 구조는 클럽이 지속적인 수익을 통하는 이외의 방법으로는 자금을 조달할 수 없도록 제한해 왔으며, 그 결과 비록 그것이 바람직한 방법이라고 여겨진다고 할지라도 대부분의 네덜란드 클럽들은 그저 구조적 혹은 재정적 견지에서 시장에 상장될 준비가 되어 있지 않을 뿐이다. PSV가 회사 설립의 방향으로 나아가고 있다고 간주할 수 있게 해주는 보다 기업적인 소유구조를 채택하기 위한 조치들을 취해 왔지만, 실제를 보면 초점이 소유권의 문제 그 자체보다는 예를 들자면 새로운 상임위원회의 창설 등을 통해서 클럽의 경영 및 지배구조를 지속적으로 발전시키는 데 맞춰져 있다는 것을 알 수 있다. 그 목적은 PSV가 필립스로부터 분리되어 홀로 설 수 있는 축구 기업으로서의 신뢰성을 과시하고자 하는 것이다. 따라서 다른 구조적 변화들은 시의적절한 것일 수 있지만, 이러한 것들은 클럽의 기존 사업 파트너들이나 이해당사자들과의 관계를 아마도 지분의 사유화라는 방법을 통해서 더욱 강화시키게 될 가능성이 높다.

그와 같은 신중함의 세 번째 이유는 네덜란드Ajax 및 다른 곳, 특히 영국 모두에서 상장을 추구했던 다른 클럽들의 경험 때문이다. 2차 시장에서의 두드러진 불안정한 가격동향과 같은 광범한 문제들에 더하여, Ajax가 네덜란드의 유일하게 상장된 클럽이라는 지위 때문에 직면하였던 과도한 명성에 관한 우려가 또한 표명되었다. 클럽에 관한 아무리 사소한 루머라고 할지라도 보도가 되고 집중 관심의 대상이 되는 경향이 있다.Harry van Raaij와의 2001년 12월 인터뷰.

■ 지배구조

지배구조의 측면에서 PSV는 이전에 NV구조structuurregeling, 즉 상임위원회나 커미셔너위원회raad van commissarissen 그리고 경영위원회raad van Bestuur 등을 위해 짜여진 관리와 경영체제를 채택하여 왔다.

상임위원회는 5명의 멤버를 갖는다. 상임위원회 단독 의장인 Mr J.D. Timmer는 필립스의 이전 회장이며, 그밖에 현 필립스 이사Mr A.p. M van der Peol, PSV 스폰서들 중 한 곳의 대표, 다임러 크라이슬러 네덜란드의 대표이사, Eindhoven을 근거로 한 지역 회사 출신의 대표, VDL 그룹의 대표이사와 협회의 부의장으로 구성되어 있다.상세한 설명은 PSV 웹사이트인 www.psv.nl 와 〈그림 3.2〉 참조. 게다가 상임위원회의 의장은 현재 세 명으로 이루어진 재단의 위원회 멤버 중 하나의 역할 또한 담당하고 있다그밖의 두 사람은 Harry van Raaij와 필립스의 회장.

상임위원회의 역할은 운영수준예컨대, 5천 길더(대략 2,270유로)를 넘어서는 어떠한 투자도 상임위원회의 승인을 받아야 한다 같은과 전략적 수준에서 사업에 장기적인 영향을 미칠 수 있는 이슈들에 대하여 이사진들에게 승인과 지침을 주는 것이다.2001년 12월의 Harry van Raaij와의 인터뷰. Harry van Raaij에 따르면, 위원회가 반드시 갖추어야 할 것은 통일성 혹은 통일적 본성이다. 경영위원회는 Harry van Raaij와 두 명의 다른 상근 이사들인 Fons Spooren 및 Peter Foosen으로 이루어져 있다. 이 위원회는 클럽의 매일 매일의 운영에

〈그림 3.2〉 PSV Eindhoven의 조직구조

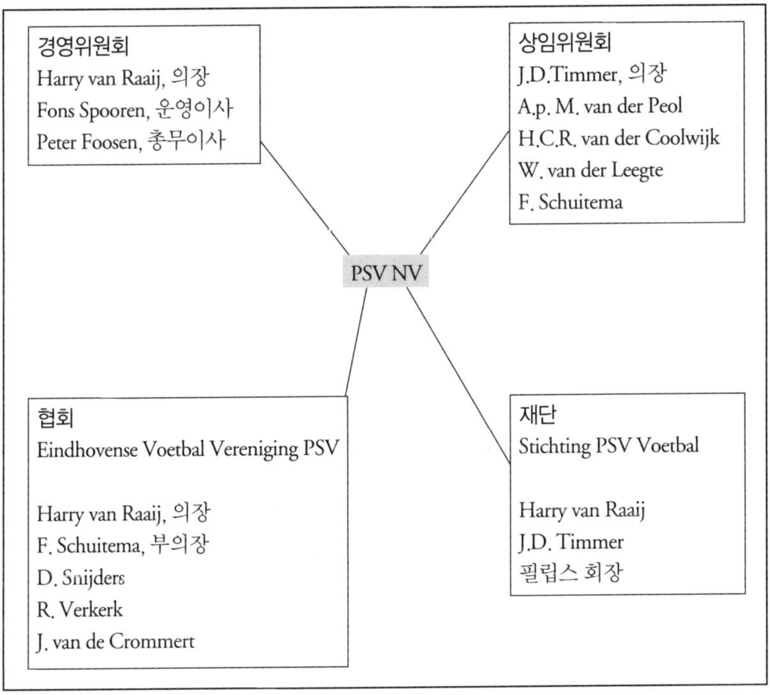

출처 : www.psv.nl, 인터뷰들

대한 권한을 가지며, 재정적 결과에 대하여 상임위원회에 책임을 진다.

〈그림 3.2〉로부터 명확히 알 수 있는 것은 PSV가 매우 뛰어난 자격을 갖추고 있고, 연줄이 좋으며, 경험 있는 인사들을 필립스와의 관계를 이용하여 보다 넓은 경제계 전반으로부터 위원회에 끌어들일 수 있는 위치에 있다는 점이다. 하지만 많은 축구 클럽들과 그 클럽들의 광범한 이해관계 집단들의 본질의 관점에서 본다면 제시된 구조는 명백히 다소 배타적이거나 폐쇄적이다. PSV를 '단일한 상임위원회' 로 묘사한 관점으로 돌아가 보면 왜 그와 같은 단일한 위원회가 경영위원회의 관점에서 바람직한 것으로 여겨지는지 쉽사리 알 수 있다. 이는 그와 같은 단일한 위원

회가 조직의 결정과정 내부에서의 불화를 불러일으킬 위험성을 감소시켜 주기 때문이라고 추정할 수 있다. 그러나 그와 같은 단일한 위원회가 진정으로 많은 축구 클럽들과 그들 이해관계자 집단의 본질을 반영하고 있는지의 여부는 논쟁의 여지가 있다. 앞서 언급된 바와 같이 축구 클럽의 이해당사자들은 어떤 단일한 목표를 갖고 움직이지도 않을 뿐만 아니라 아마 단 한번도 움직여 본 적도 없을 것이다.Stewart, 1986. 협회의 멤버들은 기업의 대표들과 함께 상임위원회에 대표를 파견하고 있다. 이들 집단의 목표와 선호도는 상이할 가능성이 있다. 현재로서는 그들이 PSV의 지배구조 내부에 대표를 파견할 수 있는 공식적인 장치는 존재하지 않는다.

좀더 광범한 이해관계자들이 대표를 파견할 수 있도록 촉구하지 못한 것은 의외지만, 어쩌면 특색없다라고 할 수 있는지 모르겠다. 네덜란드의 기업 지배구조는 이미 종업원들과 같은 이해관계자들을 활발하게 포함시키고 있다. 종업원들은 공식적으로 설립된 노동자 평의회를 통해서, 그리고 또한 상임위원회의 대표들을 선출함으로써 기업 지배구조에 참여하고 있다. 한편, 감독과 경영이 분리되어진 병렬위원회 구조의 우위를 받아들인다면, PSV 같은 클럽 내부에도 더욱 광범한 이해관계자들을 포함시키는 것을 격려하고 발전시키며, 보다 포괄적인 상임위원회를 갖는 공식적 구조가 이미 존재하고 있다고 볼 수 있다.

이와 같은 견해에도 불구하고 회사들이 그들의 서포터들을 다양한 방식으로 끌어들일 수 있다는 것을 인식하는 것이 중요하다. PSV에서 정기 회의는 서포터들과 함께 개최되어지며, 이사들은 서포터즈 집단의 공식 회의에 참석하여 설명을 제공하고 논의에 참가한다. 하지만 대개의 경우 참석률은 낮으며, 실제 멤버들의 5% 남짓한 범위만이 참석할 뿐이다. 한 가지 설명은 문화적인 것일 수 있다. 예로서, Harry van Raaij는 영국 서포터들은 그들의 클럽을 지지하기 위한 재정적 노력을 한다는 의미에 있어서 네덜란드 서포터들보다 더욱 적극적인 참여의지를 갖는다라고 주장한다.2001년 12월의 인터뷰.

■ 운영상의 문제들

PSV에 대한 여러 연구는 기업적 그리고 전문적인 바탕에서 운영되어지는 조직을 바로 드러내 보여준다. 이는 상당한 정도까지 필립스와의 관계발전에서 원인을 찾을 수 있는데, 이 관계는 종속적인 것에서 파트너십으로 변해 왔다. 그 어떤 것도 다음의 사실보다 이것을 더욱 명백히 보여주지는 못한다. 이사진들이 새로운 스폰서십을 협상하고 있던 2000년, 첫째, 그들은 다른 회사들과 협상할 준비가 되어 있었고, 둘째, 결국 그들이 필립스와 계속 함께 하기로 했음에도 불구하고 PSV는 종속적이었던 기간에 합의되어졌던 것보다 본질적으로 더 나은 5년간의 계약을 확보하는 데 성공했다.2001년 12월 Fons Spooren과의 인터뷰.

일반적으로, 네덜란드의 축구 클럽들과 다른 유럽 국가의 축구 클럽들을 구분해 주는 요소는 스폰서십과 다른 기업 수입에 대한 의존도이다.〈표 3.4〉 참조. PSV 같은 클럽에서 미디어 수입은 클럽의 전체 거래액의 8%에 불과하다. 총합해서 네덜란드 Eredivisie의 방송 수입은 전체 수익의 12%를 차지하고 있을 뿐이며, 이는 영국의 39%, 이탈리아의 54%, 스페인의 51%, 독일의 45%와 비견된다.Deloitte & Touche, 2002a, 9. 결과적으로 PSV 같은 클럽은 스폰서십과 경기 당일 기업이 주는 기부금에 더욱 의존적인 것이다.[14)]

PSV 회장에 따르면, PSV의 목표는 "유럽 축구계에서 한 역할을 담당하면서 … 유럽의 40대 혹은 50대 빅 클럽 중 하나가 [되는 것] 이다." 이와 같은 야망은 새로운 것이 아니다. 1980년대 후반, 필립스의 지원을 업고 PSV는 스스로를 네덜란드의 지역 클럽이라기보다는 유럽을 대표

〈표 3.4〉 PSV 거래 총액

	2000/2001 (단위 : 천 유로)	1999/2000 (단위 : 천 유로)
입장 수익	17,775	11,067
스폰서십	15,208	10,705
상품판매	447	388
미디어	4,172	2,035
경기 당일 기업으로부터의 수입 (Corporate matchday income)	8,247	7,450
다른 수입	4,299	2,389
	50,148	34,034

출처 : PSV Annual Report, 2000/01, 30.

하는 팀으로서 자리매김하고자 하였다. 당대 네덜란드의 최고 선수였던 Ruud Gullit, 그후 브라질 출신의 국제적 선수인 Romario와 Ronald 같은 최고 선수들과의 계약은 PSV를 다국적 클럽으로 자리매김하게 했으며, 네덜란드 리그 내부에서의 경쟁을 붕괴시킨다는 비난을 받았다.Oosterwijk, 2002, 139.

하지만 현재의 분위기에서 이와 같은 야망은 재정적 안정성과 지속 가능성이라는 견지에서 매우 많이 표출되어졌다. 물론, 유럽의 소규모 시장 가운데 하나에 속해 있는 PSV의 위치는 이와 같은 목표를 더욱 더 어렵게 만든다. 스코틀랜드, 덴마크, 포르투갈 같은 국가들의 리그에 속한 클럽들 또한 겪고 있는 PSV의 주된 문제는 비록 그 수입이 광범하게 네덜란드 국내시장에 의존하고 있다고 할지라도 선수 이적료 및 급여와 같은 견지에서 바라본 PSV의 지출비용이 단일한 유럽 시장에 의존하고 있다는 사실이다.2001년 12월 Harry van Raaij와의 인터뷰. PSV는 새로운 리그 구조가 유럽 내에서 발전되도록 만들기 위해 강력하게 로비를 펼쳐온 많은 클럽들 중의 하나이며, 이와 같은 것들이 스포츠적 관점과 재정적 관점 모두에서 필수적인 것이라고 주장하고 있다.제1장의 '구조적 변화'에 관한 부분 참조. 반 라이즈가 설명하고 있듯이, PSV와 필립스 간의 관계가 스포츠와 재정 간의 연계를 꽤나 명료하게 만들고 있다 :

> 필립스가 우리를 스폰서하고 있는 것은 자비심이나 보조금에 대한 고려에서 나온 것이 아닙니다. 그들은 자신들의 이미지와 사업관계의 운영에 관심이 있는 것이죠. 네덜란드에서 필립스에 대한 그들의 투영된 이미지가 도대체 무슨 소용이 있단 말입니까? 전혀 아무런 소용도 없죠! 필립스는 AC Milan이나 Madrid로부터 사업적 접촉을 끌어낼 수 있는 능력을 갖출 필요가 있을 뿐입니다. PSV는 회사에 대한 부가가치를 보여줘야만 합니다. 만약 PSV가 그것을 할 수 없다면 더 이상 아무런 관심거리도 되지 않는 것이죠
>
> Oosterwijk, 2002, 143.

PSV의 이사진들은 클럽이 스폰서십 같은 수입의 원천들 및 경기장대개의 경우 그것이 소유하고 있는 유럽 대륙의 클럽들에 속해 있는으로부터 어떤 추가적인 수입의 증가를 끌어내기 위해서 노력할 것이라는 것을 인식하고 있다.Philips Stadium은 채권 금융에 의해 자금이 조달 되었고 클럽과 필립스 간의 관계 재정립의 한 부분으로서 PSV에 넘겨졌다. 따라서 그 초점은 다른 수입의 원천들, 예를 들자면 경기장 외의 부동산 프로젝트의 개발, 선수 이미지의 활용 개선, 상호작용하는 매체의 개발과 같은 것들로부터 수입을 창출해내는 법을 찾는 데 맞추어져 있다.[15] 이 마지막 분야상호작용하는 매체의 개발는 네덜란드 인구의 대략 42.5%에 달하는 680만 명의 사람들이 2000년 현재 인터넷 접속이 가능한 것으로 추산되어진다는 점을 감안하면 PSV와 같은 클럽에게는 엄청난 기회를 제공할 것으로 보여진다.CIA, 2001.[16] PSV는 또한 잠정적으

로 PSV plaza라고 이름붙여진 선도적 계획을 발전시키고 있다. 본질적으로 이것은 소비자 관계 마케팅CRM : Customer Relationship Marketing, 이하 CRM의 한 형태인데, 이를 통해 PSV는 물리적 공간 및 가상의 공간 모두에서 클럽을 다른 사업들과 연계시킴으로써 서포터들로부터 자연 발생하게 되는 재정적 이득을 극대화하는 것을 가능케 하는 환경을 창출해내는 것을 목표로 하고 있다.2001년 12월 Fons Spooren과의 인터뷰.

이러한 유형의 선도적 계획이 클럽의 서포터들 모두에 의해 높이 평가되어질 것 같지는 않다. 사실 한 이사는 몇몇 서포터들이 이미 클럽이 돈에만 신경을 쓴다고 믿고 있다고 언급하였다. 하지만 서포터들로부터 가치를 창출해내겠다는 이와 같은 열망은 그것이 서포터들과의 관계에 대한 병렬적 접근의 한 부분을 이룬다는 점에 있어서 제대로 평가되어질 필요가 있다. 네덜란드의 클럽들은 영국과 같은 국가들의 클럽들보다 서포터들로부터 입장료의 형태로 직접적으로 걷어들이는 수입이 훨씬 적다.Deloitte & Toucher, 2002a, 9-11. PSV의 평균 시즌 티켓 가격은 대략 200유로 정도이며, 영국의 600-700유로와는 비견되어진다. 클럽의 경기장 입장료 가격책정 방침은 관중들이 입장료를 얼마만큼 감당할 수 있는가에 맞춰져 있다. 즉 가격은 축구를 즐기는 모든 사람들이 와서 클럽을 방문하는 것을 보장하는 것을 목표로 하는 수준에 맞춰져 있는 것이다. 클럽이 이들 똑같은 서포터들로부터 가치를 창출하기 위해서는 더욱 많은 것을 할 필요가 있다는 인식 또한 존재하지만, 그것이 서포터들을 소외시키거나 그들을 활기찬 축구의 무대 밖에서 평가하는 그런 위험을 무릅써서는 안 된다.

덴마크

530만 명의 사람들이 살고 있으며 최근 정치적 격동이 있었던 덴마크는 전통적인 사회민주적 사회 내부에 존재하는 완전히 근대적인 시장경제 체제로서 가장 잘 묘사되어질 있을 것이다. 이와 같은 묘사는 매우 높은 교육수준을 갖춘 국민들, 광범한 정부 복지수단들, 안락한 생활수준, 근대적인 소규모 기업체, 하이테크 농업, 외국과의 무역에 대한 높은 의존 등과 같은 특징들에서 보여진다. 덴마크의 경제적 성공은 현재의 구매력에 근거한 일인당 GDP 숫자에 잘 나타나 있는데, 이는 달러로 환산했을 때 2000년 현재 EU 평균인 24,400달러에 대하여 29,100달러에 달한다OECD, 2002. 다른 이웃한 북유럽 국가들처럼 덴마크는 또한 전체 경제활동과 비교해 보았을 때 높은 수준의 국가 지출을 유지해 오고 있는데, 이는 OECD 평균보다 훨씬 높은 전체 고용의 측면에서 공공 섹터가 차지하고 있는 중요성에 가장 명확히 반영되어져 있다.EIU, 2001.

덴마크에서의 민간부문 경제활동은 소규모와 중간 규모의 기업들에 의해 지배되어지고 있으며, 종업원이 50명 미만인 기업들이 전체 고용의 절반 가까이를 차지하고 있다.EIU, 2001. 덴마크 기업환경에서 소규모 및 중간 규모의 기업들이 유행하고 있는 것은 또한 코펜하겐 증권거래소의 소유권 집중에서도 명백히 나타난다. 2002년 말에 201개의 기업들이 증권거래소에 상장되어 있었고, 그 시점에서의 시가 총액은 5,640억 덴마크 크로네760억 유로였다. 코펜하겐 증권거래소는 몹시 집중되어져 있다. 2002년 말에 시가 총액의 50%를 6개의 덴마크 회사들이 차지하고 있었으며, 그 회사들의 주식가치는 각각 250억 덴마크 크로네를 넘어서고 있었고, 나머지 회사들의 대부분은 국제적인 측면에서 보았을 때 비교적 소규모였다.

정치적으로는 사회민주당이 제2차 세계대전 이후 국가를 계속 지배해 왔다. 하지만 2001년 11월의 선거에서는 자유당과 보수당뿐만 아니라 극우의 덴마크 국민당까지를 포함하는 연합정부가 탄생하였다. 이와 같은 우경화 경향은 더 넓은 공동체와 사회적 가치에 근거하고 있는 덴마크의 민주적 시스템의 토대를 감안한다면 다소 이상한 것이다.[17] 이와 같은 토대는 국민들의 참여와 지역 공동체에 대한 헌신으로 만들어진 것이며, 그 안에서 존중과 인내의 분위기 속에 서로 함께 일함으로써 그들은 민주주의의 토대를 유지하는 데 도움을 줄 수 있는 것이다.DGI, 2002.

기업 지배구조 논쟁은 덴마크에서는 늦게 시작되었다. 덴마크 상무부Ministry of Business가 Nørby 위원회에게 덴마크에서의 좋은 기업 지배구조를 위한 일단의 권고사항들이 필요한지의 여부를 고려하라는 명령을 내린 것은 2001년에 이르러서였다. 그 결과 만들어진 Nørby Report는 사실상 덴마크의 환경에 특화되어 맞추어진 기업 지배구조와 관련한 최초의 권고사항들이었다.Nørby Committee, 2001. 그 보고서를 작성한 저자들이 언급하고 있는 것처럼 덴마크가 최근 몇 십년간 이루어진 자본시장과 기업의 세계화 모두에 있어 적극적이었다는 점을 감안한다면 더욱 놀라운 일이다.2001, 1.

■ 덴마크 축구의 구조

이와 같은 민주적 토대는 덴마크의 축구를 포함한 스포츠 규정에 매우 명백히 나타나 있는데, 이는 역사적으로 그리고 현재에도 지속적으로 협회를 통해 조정되어지고 있다. 공통의 이익을 공유하기 위한 한 방법으로써 협회를 형성하는 것은 덴마크 사람들의 가장 근본적인 특징들 중 하나이며, 심지어 1849년 제정된 덴마크 헌법에도 구체화되어 있다.DGI, 2002.

덴마크에는 세 명이 모여 공통의 관심사를 공유할 때면 그들은 즉시 협회를 만든다라는 속담이 있다. 많은 덴마크인들은 하나 이상의 협회에 속해 있으며, 대략 2백만의 덴마크인들전체 인구의 40% 정도에 달하는이 협회 스포츠에 활발하게 참여하고 있는 것으로 추정되어진다Jacobsen, 2001. 하지만 Ibsen2001이 관찰하고 있듯이 협회는 거의 모든 민주국가들에서 발견되어지는 국제적인 현상이다. 덴마크에는 세 개의 국가적인 스포츠 협회가 있다—덴마크 스포츠 연합과 올림픽 위원회the Danish Sports Confederation and Olympic Committee, 덴마크 체육 및 스포츠 협회Danish Gymnastics and Sports Associations, 그리고 덴마크 기업 스포츠 연맹the Danish Federation of Company Sports : DFIF 등이다.

협회들은 민주주의와 개방성 그리고 커뮤니케이션의 원칙들에 근거하여 설립되어진다. 국가적 협회들 중 하나덴마크 체육 및 스포츠 협회의 비공식적 목표들은 덴마크 사회에서 협회가 갖는 역할과 위치를 다음과 같이 요약하고 있다 :

> 협회에 속해 스포츠 활동을 함으로써 멤버들은 다른 사람들을 존중하는 법과 그들 자신을 단체(이것이 협회 그 자체이건 혹은 일반적 의미에서의 사회이건)의 한 부분으로서 인식하는 법 등을 배운다 … 협회는 허브 혹은 초점이며, 지역 공동체의 활동의 중심으로서 존재한다. 따라서 그것은 반드시 사회적 및 민주적 가치를 획득하게 된다(DGI, 2002).

하지만 다른 사람들은 대부분의 협회들이 보다 넓은 의미의 사회적 안녕well-being보다는 협회 자신의 안녕에만 초점을 맞추고 있다고 주장한다. 결과적으로 그들은 지역 공동체를 향하고 있다기보다는 내부적으로 클럽과 그 멤버들에게 정향되어져 있고, 사회적 책임은 클럽 동료들

〈표 3.5〉 상장된 덴마크 클럽들

(크로네는 덴마크 크로네임)

	가격	12개월		시가총액	
	(크로네)	고가 (크로네)	저가 (크로네)	(백만 크로네)	(백만 유로)
Aab Aalborg	53	68	45	42.49	5.72
AGF Kontrakfodbold	16	74	16	3.63	0.49
Akademisk Boldklub	11	28.5	8.5	13.88	1.87
Brøndbyernes IF FO	57	75	53	165.30	22.27
Parken Sport & Entertainment	220	275	175	406.74	54.82
SIF Fodbold	23	63	20	6.06	0.82

출처 : Soccer Investor Weekly, Issue 111, 3 September 2002, 15.
(환율 1유로=7.42 덴마크 크로네)

〈표 3.6〉 재무 제표(발췌)–Brøndby

(단위 : 백만 덴마크 크로네)

	2000/01	1999/00	1998/99	1997/98	1996/97
매출	90.814	85.440	112.379	92.844	87.299
운영이익	(16.438)	0.437	28.069	13.759	23.271
총 자산	444.463	461.195	298.380	258.082	162.011

출처 : 코펜하겐 증권거래소 www.xcse.dk, 2002년 5월 30일 접속.

에게 한정되어져 있다.Ibsen, 2001. 그럼에도 불구하고 이와 같은 협회적 맥락과 보다 넓은 덴마크의 사회민주적인 구조 내에서 덴마크가 영국 다음으로 6개의 상장된 클럽을 갖추고 있는 세상 어떤 곳보다도 더 광범하게 집중된 상장된 축구 클럽들의 본거지라는 것을 발견하는 것은 아마도 놀랄 만한 일일 것이다.〈표 3.5〉 참조.

이들 6개 클럽들 중에서 4개 클럽은 매우 작은 시가 총액을 갖고 있으며, 이들 각각의 사례들에 있어서 증권시장에 뛰어든 주된 동기는 명백히 자본 조달을 할 필요가 있었기 때문이다.[18] 하지만 다른 2개의 클럽들인 Brøndby와 FC København이하 FCK는—이들은 Parken Sport and Entertainment이하 Parken에 속해 있는데—그들이 가장 유명한 두 개의 덴마크 축구 클럽이라는 점을 감안한다면 보다 넓은 맥락 속에 이해관계를 갖고 있다.

노동자 계급이 거주하는 코페하겐 교외에 위치해 있는 Brøndbyernes IF FO혹은 Brøndby는 짧게 말하면 지난 15년 동안 가장 성공적인 덴마크 클럽이었다. 1985년 이래로 그것은 가장 최근의 2001/02 시즌을 포함하여 9번이나 Superliga에서 우승했고, 다양한 UEFA 경기들에 정기적으로 참여해 왔으며, 1991년 UEFA 컵에서는 준결승에까지 진출하였다. 보다 덜 알려진 사실은 Brøndby가 Tottenham Hotspur에 이어 세계에서 두 번째로 증권거래소에 상장된 축구 클럽이라는 사실이다. Brøndby는 코펜하겐 증권거래소에 1987년 상장되었다. 원래의 클럽인 Brøndbyernes I.F. Fodbold는 A등급과 B등급의 지분의 보유를 통하여 투표권의 50%를 보유하고 있으며, 회사를 통제하고 있다.[19]이 장 뒷부분에 나오는 이탈리아 편을 또한 볼 것. Brøndby는 GildhoCentret를 소유하고 있지만 근본적으로는 축구 클럽으로 남아 있다. Brøndby는 또한 매우 강력한 팬 문화를 보유하고 있으며, 그 공식적 팬 클럽은 일만 명 이상의 멤버들을 갖고 있다.www.brondby-if.dk

Brøndby의 몇몇 핵심적인 재정수치들은 〈표 3.6〉에 나타나 있다.

■ FC København (FCK)

FCK는 보다 최근의 역사를 갖고 있다. 1992년에 설립되어진 FCK

는 두 개의 가장 오래된 덴마크 축구 클럽들의 합병 혹은 연합의 최초 팀 활동의 결과로 탄생했다. 그 두 클럽은 1876년에 설립되었으며 영국을 제외한 곳에서 가장 오래된 축구 클럽인 Københavns Boldklub[KB]와 1903년에 설립된 Boldklubben[B1903]이다. FCK의 등장은 합병이라기보다는 포괄적 협정의 결과 생겨났다고 묘사하는 것이 아마 더욱 정확할 것이다. 원래의 두 클럽들은 FCK의 모클럽이 되었다. FCK에 다수의 지분을 가진 데 대한 대가로 원래의 클럽들은 어떤 주어진 수준을 넘어서는 조직화된 축구에 참여할 권리를 포기하였다.

'합병' 혹은 '연합'과 같은 보다 듣기 좋은 표현이라는 용어는 축구계에 즉각적인 적대감을 불러일으키는 경향이 있다.또한 제2장의 '변화하는 공동체' 부분을 볼 것. 하지만 이 경우에 즉각적으로 명백한 한 가지는 FCK의 형성에 대한 반응은 적대적인 것과는 거리가 멀었다는 것이다. 이러한 반응이 발생한 가장 그럴 듯한 이유는 앞에 논의된 스포츠 클럽들의 협회적 구조라고 할 수 있는데, 이것이 의미하는 것은 연합이라는 것은 두 개의 기존 클럽들인 KB와 B1903의 멤버들이 그것에 찬성하는 투표를 했을 경우에만 발생할 수 있다라는 것이다. 사실상 그것은 양 클럽의 멤버들에 의해 거의 만장일치로 받아들여졌다.2001년 10월 26일 FCK 팬 클럽멤버인 Anders Larsen과의 인터뷰.[20] 이와 같은 승인의 한 가지 중요한 지표는 공식적인 FCK 팬 클럽이 합병된 클럽의 형성 이전에 설립되었다는 것이다.2001년 10월 상무이사인 Dan Hammer 및 FCK 팬 클럽의 Anders Larsen과의 인터뷰. 하지만 두 개의 원 클럽 모두 계속해서 존재하고 있으며, 그들의 멤버들에게 봉사하고 있다. 예로서, KB는 점점 커져가는 축구 부문은 물론 테니스 클럽과 크리켓 클럽을 갖고 있다. 지난 10년간 원래의 모클럽들에 의하여 소유되어진 지분은 감소하여 왔으며, KB와 B1903은 덴마크에서 가장 부유한 스포츠 클럽에 속한다. 두 개의 모클럽 모두 새로운 모회사인 Parken Sport and Entertainment

에 각각 4–5%의 지분을 보유하고 있다.〈표 3.7〉 참조.

FCK 자체의 역사는 짧을지 모르지만 사건이 없었던 것은 아니다. 경기 측면에서 FCK는 덴마크 컵에서 두 번 우승한 것은 물론 Superliga에서 1993, 2001, 2003 세 번 우승했다. 경기장 바깥에서는 상황은 더욱 극적이었다. FCK는 1997년 파산 일보 직전까지 갔었다. 5년 만에 닥쳐온 두 번째 주요한 재정위기였다. 그 당시 현 의장인 Flemming Østergaard를 포함한 한 무리의 투자자들이 클럽의 지분을 획득했다. 당시의 FCK 주식이 매우 낮게 평가되고 있었다는 것은 전혀 놀랄 일이 아니다. 대략 8개월 후 이사진들은 공모주IPO : public issue of shares를 소유하고 있었고, FCK는 코펜하겐 증권거래소에 상장되었다. IPO 이전에 FCK를 사들였던 투자자들 중 많은 수가 그들의 투자에 있어 상당한 지상이득paper gains을 실현하였다. 그 결과 다양한 클럽들이 설립된 이후 영국에서 발생했던 상황처럼Conn, 1997 참조 그와 같은 투자자들의 동기가 의심받았다.

여기서 두 가지 요소를 명심할 필요가 있다. 첫째, FCK가 일단 증권거래소에 상장된 회사가 되면, 시장의 규칙이 적용되지 않으면 안 된다. 어떤 안전을 고려할 때면 투자자는 항상 투자에 기대되어지는 대가와 그 투자의 위험성에 대하여 고려하게 된다. 즉 기대되는 수익이 성취될 전망이 어떤가에 대해 고려할 수밖에 없는 것이다. 1997년 Østergaard와 다른 사람들이 FCK 주식을 사들였을 때, 파산 일보 직전의 위험에 처해 있는 회사에 투자하는 것은 명백히 매우 위험성 높은 투자였다. 가장 단순하게 FCK의 현 상무이사인 Dan Hammer의 관찰에 따르면, 개인적 견해에서 그는 "그 당시 그 클럽에 단 일 크로네도 집어넣지 않았을 것"이라는 것이다.2001년 10월 Dan Hammer와의 인터뷰. 축구 클럽이 공기업이어야 하느냐 여부에 관한 개인적 견해와 상관없이, 투자자들에게 그들이 주식을 취득함에 있어서 무릅쓴 위험에 근거한 잠재적 보상을 인정하지 않는 것은 단지 시장 메커니즘을 무기력하게 만들 뿐이다.

두 번째로, 1997년 FCK 주식을 사들였던 현재의 대주주인 종업원 연금기금Lonmodtagerner Dyrtidsfond : the employees capital pension fund은 물론 Østergaard를 포함한 많은 투자자들은 그들의 지분 소유와 관련하여 FCK 주식을 장기간 소유할 것을 공언하였었다.여러 해에 걸친 FCK 연차보고서. 어쩌면 이와 가장 근사한 영국의 경우는 Celtic인데, 이 클럽은 1994년 캐나다에 근거를 둔 사업가인 Fergus McCann에 의해 구조되었으며, 당시 Celtic이 파산 정리 절차를 밟는 것은 시간 문제였을 뿐이다. 많은 사람들은 McCann이 Celtic에 5년간 투자를 통해 약 4천만 파운드로 추산되는 이득을 거둬들인 것은 분명히 그가 1994년에 택했던 위험—그 당시 다른 사람들은 받아들이려고 하지 않았거나 받아들일 능력이 없었던—에 대한 공정한 대가였다고 주장한다.Morrow, 2000.

■ 소유 및 구조

Manchester United와 함께 FCK의 모기업인 Parken Sport and EntertainmentParken는 상장된 축구 클럽 중 아마도 가장 전통적인 기업구조를 갖고 있을 것이다 : 낮은 정도의 소유권 집중과 전문적 혹은 재정적 투자자들에 의한 높은 비율의 주식 소유. 나머지 주식은 매우 분산되어 있으며, 대략 6,454명 이상의 주주들이 매우 적은 양의 개인 지분을 갖고 있다. 현재의 소유구조는 〈표 3.7〉에 나타나 있다.

지금까지 Parken 주식에 대하여 어떤 배당금도 지급된 바 없다. 그럼에도 불구하고 주식가격은 1997년 이래 좋은 시세를 유지해 왔으며, 최근 몇 년 동안은 유럽 축구 클럽 주식들 중에서 거의 유일한 지속적 가치주로서 존재해 왔다. LD 및 Danske Bank와 같은 투자자들은 명백히 그들이 다른 어떤 종류의 투자를 한다고 할지라도 사용할 것과 똑같은 평가

〈표 3.7〉 Parken Sport and Entertainment의 소유권

주주	지분율	주식 수
LD (Lønmodtagernes Dyrtidsfond)	18.10	334,633
Danske Bank	9.95	183,956
PSE 2123 A/s	9.12	168,611
Michael Kjaer	4.90	90,591
KBs Fodbold Fund	4.70	86,894
B 1903	4.30	79,498
Flemming Østergaard Management A/S	4.20	77,650
Others	44.83	826,967
Total	100.00	1,848,800

출처 : 코펜하겐 증권거래소 www.xcse.dk, 2002년 3월 22일 접속.

〈표 3.8〉 손익계산서(발췌)–Parken

(단위 : 백만 덴마크 크로네)

	2001/02	2000/01	1999/00	1998/99	1997/98	1996/97
매출	275.589*	180.119*	152.875*	159.933*	50.902	34.228
운영이익	74.414	20.239	20.974	22.689	2.682	0.920
연간 유지 수익	48.500	16.017	15.012	20.064	5.642	0.100

* 이는 스포츠 카페와 볼링 센터, 컨퍼런스 센터에서의 수익 7,470만 덴마크 크로네(2000/01, 6,330만 ; 1999/00, 6,150만 ; 1998/99, 6,500만)와 스타디움 렌탈 수입인 2,460만 덴마크 크로네(2000/01, 3,840만 ; 1999/00, 2,540만 ; 1998/99, 2,330만)를 포함하고 있다.
출처 : annual reports.

기준을 사용하여 Parken에 투자하였다. ; 즉, 그들은 Parken의 경영진이 어떻게 그 사업을 운영할지에 대한 확신을 갖고 있는 것이다. 그와 같은 확신은 총 매상과 이득이 성장함으로써 지금까지는 정당화되어 왔으며,〈표 3.8〉과 〈표 3.9〉 참조. 이는 안정적인 주식가격에 반영되어져 있는 사실이다〈그

〈표 3.9〉 대차대조표(발췌)-Parken

(단위 : 백만 덴마크 크로네)

	2001/02	2000/01	1999/00	1998/99	1997/98	1996/97
전체 자산	841.261	359.076	252.055	350.966	109.697	19.722
주주 지분	483.926	300.742	197.125	183.143	100.4000	12.412
투자된 액수 :						
Parken Stadium	567.000	111.316	4.180	142.297	–	–
이적료	54.900	35.483	22.855	21.812	16.679	12.441

출처 : annual reports.

림 3.3〉 참조. 한 가지 중요한 사실은 코펜하겐 증권거래소에 상장하겠다는 결정 및 뒤이어 나온 자본을 증식시키겠다는 결정이 온전히 합리적인 경제적 고려에 의하여 유발되었다는 것이다. 즉 매번 주식발행이 구체적인 프로젝트의 자금을 조달하기 위해 기금을 모으고자 하는 필요성에 의하여 유발되었던 것이다. 예로서, 1998년의 매각 제안은 Parken 스타디움을 구입하기 위한 기금을 조성하였고, 2001년의 주식발행은 Parken 스타디움의 독특한 슬라이딩 천장에 투자하는 것을 가능하게 함으로써 축구경기장을 근대적인 난방 가능한 실내 경기장으로 변신시켰던 것이다.

1997년 이래로 회사는 레저 및 오락회사로 변모되어져 왔다. 스포츠 활동은 회사의 프로팀인 FCK에 집중되어져 있으며, FCK는 덴마크 SAS Ligaen에서 경기하고 있지만, 또한 대략 백만 파운드의 총 매상을 올리는 핸드볼 팀 또한 포함하고 있다. 게다가 회사는 또한 스포츠 카페와 볼링 및 회의장을 갖춘 Parken National Stadium을 운영하고 있으며, 야외여행을 주도하는 Rock Tour Show를 운영하고 있다. 1998년 7월 홈 경기장인 Parken National Stadium을 구입한 것은 명백히 조직에 있어서는 규정의 순간이었다. 그것이 조직에 대하여 갖는 중요성은 1999년에 표출되

〈그림 3.3〉 Parken의 주식가격의 변동 추이

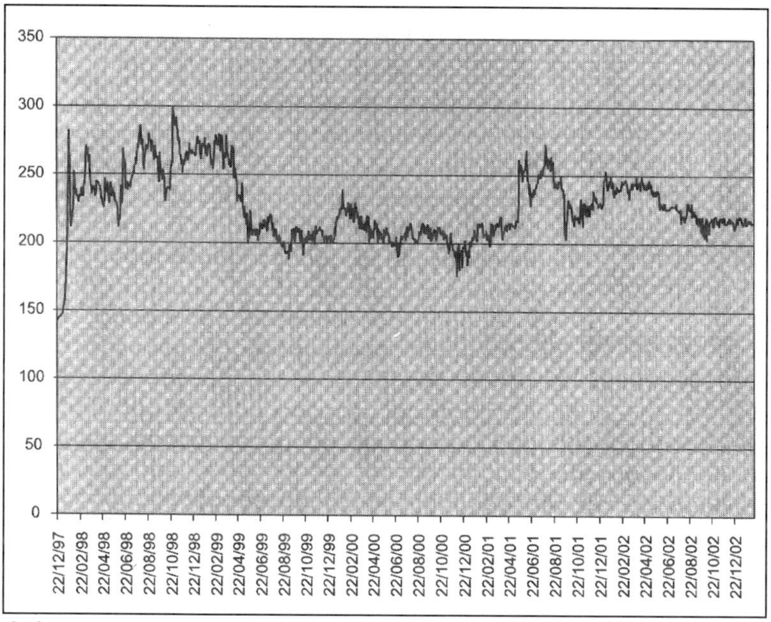

출처 : www.xcse.dk, 2003년 2월 14일 접속.

어졌는데, 이때 회사는 이름을 FCK에서 Parken Sport and Entertainment로 바꾸었고, 이는 그룹의 수입의 상당한 부분이 이제는 FCK와 직접적인 연관을 갖는 활동으로부터 나오는 것이 아니라는 사실을 반영하고 있다〈표 3.8〉 참조. 그러나 축구 클럽은 여전히 FCK로 알려져 있다.

사업적 관점에서 이 회사가 매우 잘 운영되고 있다는 것은 논쟁의 여지가 없다. 이 회사의 특색들에도 불구하고—특히 그것의 다양한 자산 베이스와 그에 따르는 수입의 흐름—Parken 운영에 바탕이 되고 있는 기본적인 원칙들은 사업운영의 측면과 그로 인한 관리의 측면 모두에서 다른 클럽들과 관련을 갖는다. FCK의 경영 목표들은—이는 다음 절에서 FCK를 분석하는 근거로 사용될 것인데—다음과 같다 :

- 최적의 조직적 실행
- 경기장에서의 성공
  - 목표 : 해마다 유럽 리그에 출전하는 자격을 갖추는 것
  - 목표 : 능률적인 선수 개발
- 모클럽과의 긴밀한 협조
- 강력한 팬 문화의 개발
- 관중 숫자의 상당한 정도의 증대
- 사업적 파트너들의 잘 짜여진 보살핌
- 주식 공개, 그리고
- '단지 축구'에서 오락 경험으로

출처 : 2002년 Dan Hammer와의 인터뷰

■ FCK의 사업

FCK를 여러 개의 다른 클럽들과 구분짓는 하나는 그것이 재정적 혹은 경제적인 목표들을 명백하게 우선시한다는 것이다. 위의 목록에 설정되어 있는 목표들에서 볼 수 있듯이 거의 모든 것들이 표면상으로 재정적인 것에 초점을 맞추고 있다. 이와 같은 구체적인 목표들은 1997년 이래 클럽에 관여해 온 이사진들의 근본적인 믿음—모든 것은 올바른 순서에 따라 수행되어질 필요가 있다—에 의하여 더욱 전반적으로 뒷받침되어진다. 즉 첫 번째 우선순위는 회사의 경제적 혹은 재정적 위치'최적의 조직적 실행'이라고 묘사된를 확보하는 것이다. 재정적인 것들이 제대로 작동하고 있을 때에만 현장에서의 성공에 관해 생각하는 것이 적절하다고 여겨졌다. 이와 같은 접근에 있어서의 핵심은 덴마크와 그외 국가들 모두에 존재하는 다른 많은 클럽들처럼 끝나지 않겠다는, 즉 이익을 창출해내지 못하는 짓은 하지 않겠다는 열망이었다. 축구라는 것이 감동과 감정에 관한 것이라는 것을 인정하면서도 클럽의 운영방식을 받쳐주고 있는 근

본적인 철학은, 결정이란 항상 '버는 것보다 더 쓰지 마라' 그리고 '너의 지출을 감시하라' 와 같은 상식적인 사업원칙들에 따라 이루어져야만 한다는 것이었다.

하지만 이와 같은 철학에도 불구하고 성공적인 축구 클럽을 운영하기 위해서는 늦건 빠르건 간에 축구로 성공을 거둘 필요가 있다는 인식 또한 존재한다. 이 영역에 있어서의 FCK의 두 가지 목표는 축구적인 차원과 재정적 차원 모두를 갖고 있다. : 첫째, 해마다 유럽 경기에 참여할 수 있는 자격을 갖추는 것, 그리고 둘째, 클럽이 능률적으로 선수를 개발시키는 것. 이 두 번째 목표의 중요하면서 명백한 재정적 현실화는 클럽이 이적 [수입]으로부터 독립적이기를 추구한다는 것이다.2001년 10월 Dan Hammer와의 인터뷰.

명백히 이와 같은 순서의 목표들은 말하자면 이탈리아와 같은 국가에서보다는 덴마크와 같은 국가에서 성취하기가 훨씬 쉽다. 덴마크에 유행하고 있는 협력적 정신과 그 사회민주적인 문화의 한 가지 결과는 축구 클럽 운영진들이 팬들의 압력에 덜 종속적이라는 것이다. 덴마크에는 결정된 것들에 대한 훨씬 더 큰 관용이 존재한다.

■ 팬 문화

많은 서포터들은 어떤 클럽이 '팬 문화를 발전' 시켜야만 하느냐 혹은 실로 그것이 가능한가에 대해 의문을 던진다. 하지만 우리가 축구 클럽을 사회적 제도, 전통적인 사업 혹은 그 둘 사이의 어떤 것으로 간주하느냐의 여부와는 상관없이, 이들 조직들이 경제적 시장제도 내에서 작동한다는 것은 반박할 여지가 없는 사실이다. 그것 때문에 팬 문화를 발전시키는 것과 같은 목표는 이사진들에 의해 사회적 및 도구적 근거에서 합리적인 반응으로 간주되어질 수 있다.

그들이 그밖의 다른 어떤 것이건 아니건 간에 서포터들은 축구조직의 핵심적 소비자이고, 따라서 이사진들이 그 관계를 발전시키고 이용하고자 추구하지 않는 것은 직무태만이라고 할 수 있을 것이다. 그와 같은 목표를 명시적으로 표명하는 사람들을 비난 하는 것보다는, 그 관계를 거만하게 당연한 것으로 받아들이고 있음을 보여주는 행동과 의사결정을 내리는 이사진들에게 초점을 맞추는 것은 더욱 가치 있는 일일 것이다. 서포터와 그 혹은 그녀가 지지하는 클럽 간의 관계의 본질이 그 관계가 결코 종결되어질 수 없다는 것을 보여준다고 할지라도제2장 참조 관계의 감소는 클럽의 사회적 기반과 사업적 기반 모두를 약화시킨다.

FCK의 최근 역사와 그것이 두 개의 모클럽인 KB와 B1903으로부터 탄생한 것은 팬 문화를 발전시키려고 노력한다는 논리가 이 클럽에 있어서는 클럽의 사회적 목표 및 역할의 견지 그리고 재정적 견지 모두에서 보다 명백하다는 것을 의미한다. FCK가 원래의 공동체를 유지하고 또한 새로운 공동체들을 발전시키는 데 있어서 모두 성공적이었음을 나타내주는 증거가 존재한다. 그 사례로서, FCK의 공식 팬클럽은 대략 12,000명의 멤버들을 갖고 있으며, 클럽 자체보다 더 오래되었다. 게다가 FCK는 Østergaard가 클럽을 차지한 이래로 6년간 관중 수를 증가시켜왔다. 1996/97 시즌에는 9,000명 미만이었던 것이 2002/03 시즌에는 평균 출석 관중 수가 20,000에 이르렀으며, 이는 덴마크 수퍼리그 팀들의 평균보다 세 배에 달하는 것이다. 어쩌면 가장 중요한 것은 클럽이 어떠한 경기장에서의 성공도 거두지 못했던 두 시즌제7시즌인 1998/99와 제8시즌인 1999/2000 동안 서포터들을 잃지 않았다는 사실이다. 이 기간 동안 평균 출석 관중 수는 대략 12,000명 정도를 유지하고 있었다.

FCK에 있어서 서포터들이 차지하는 역할에 대한 사회적 · 재정적 관점의 좋은 실례는 클럽의 서포터들을 경기장 내 어디에 위치시키는가하는 데서 잘 드러난다. 가장 화려하고 열광적이며 떠들썩한 FCK 서포터들은 팬 스탠드*Fredgaard tribunen*이나 *Nedre C*를 차지한다. 이 서포터들은 적절한 높이에서 경기장을 마주보고 있는 스타디움에서 가장 좋은 자리 중 일부를 차지한다. 이 서포터들 좌석배정의 숨겨진 이유—즉 프리미엄 좌석들을 더 높은 가격에, 아마도 법인 관중들에게 팔고자 하는—는 함축적이다. 한 가지 이유는 사회적 혹은 공동체적 기반을 둔 서포터의 충성에 대한 보상혹은 사업 용어를 빌리자면 소비자에 대한 배려이다. 이들 서포터들은 항상 스타디움의 그 지역을 차지해 왔다. 운영진들은 이들 서포터들이 클럽에 보이는 충성을 인식하고 있으며, 그들을 이동시키지 않는 것은 그와 같은 충성에 보답하는 한 가지 방법이다. 두 번째 이유는 더욱 도구적이다. 그 서포터들은 TV 카메라와 일직선상에 있으며 어쩌면, 클럽의 가장 중요한 요소인 것이다.2001년 10월 Dan Hammer와의 인터뷰. 따라서 하나의 상품으로서의 축구가 갖는 특색들을 감안할 때, 그들 서포터들은 상품 자체에 있어서 가장 중요한 요인이 되는 것이다.King, 1997, 236. 상품을 최고의 상태로 보여주기 위해 가장 화려하고 열광적이며 떠들썩한 서포터들은 틀림없이 그들이 있는 그곳에서 가장 높은 가치를 갖는 것이다. 다른 말로 하자면, 그것은 단지 충성도 높은 소비자들이나 팬들을 존중하느냐의 문제가 아니라, 또한 그들이 상품 자체의 가장 중요한 요소이기 때문인 것이다.2001년 Dan Hammer와의 인터뷰.

보다 폭넓은 자리 재배치는 '단순한 축구' 에서 '오락적 경험' 으로 움직여 나가는 목표에 있어 명확히 드러난다.[21] 명백히 이것은 팬 문화를 창출해내려는 시도와 관련된 도구적 접근과 동시에 생겨나는 것이다. 가장 훌륭한 TV존에 가장 화려한 서포터들을 위치시키는 것은 축구를 오락적 경험의 일부로서 인식하게 하고자 하는 움직임의 한 사례일 뿐이다. 이와 같은 의도는 축구/TV 연대를 통해 가장 뚜렷하게 표출되어진다.

유럽 전역의 클럽들과 리그들은 TV 회사들에 그들의 상품을 콘텐츠로 파는 데 열심이었다. 심지어 2002년Kirch와 ITV Digital 같은 몇 개의 TV회사들이 심각한 재정적 어려움에 처해서 다양한 축구 리그들과의 계약을 개정하고자 했던 이전에조차제1장을 볼 것 축구와 TV와의 관계는 양날의 검과 같은 것이었다. 클럽의 수입이 늘어났다는 것은 서포터들이 경기장에서 더 나은 선수들의 경기를 볼 수 있는 것으로 보답받았다는 것을 뜻하지만, 경기 일정이라든지 기타 문제들과 관련한 커다란 불만이 종종 존재하였다.

하지만 오락을 향한 움직임은 보다 쉽게 관찰되어질 수도 있다. 예로서, FCK의 가족석*NesaFamilie Tribunen*은 많은 다른 클럽들의 가족석과는 달리 일정한 공간 그 이상의 것이다. 그것은 총 망라된 가족오락이며, 코펜하겐의 유명한 Tivoli와 거의 유사한 것이다. 경기장에서의 축구에 더하여 스탠드 뒤편 스타디움 내부에는 어린이용 TV 출신의 스타들과의 활기찬 오락, 페이스 페인팅, 페널티 킥 경기, 팝콘 등등과 같은 것들이 존재한다. 이와 같은 시도는 엄청나게 성공적이었으며, 게임당 2,500–4,000명에 달하는 추가 관중을 불러들였다. 사업적 관점에서 보았을 때, 그것은 또한 미래의 서포터들을 묶어두는 한 방법으로서 간주되어진다. 다른 말로 하자면, 몇 년 후면, 오늘의 어린이들이 팬 스탠드*Fredgaard tribunen*이나 *Nedre C*의 자리를 차지할 것이고, 따라서 그 시도는 매우 명백히 미래를 향한 투자인 것이다.2001년 10월 Dan Hammer와의 인터뷰. 이 시도는 모두 오락에 관한 것이며, 특히 축구 클럽들이 서포터들을 얻기 위해 오늘날의 세계에서 더욱 많은 것을 해야 한다는 점을 인식하고 있는 것이다.

오락 부분은 스타디움의 다른 지역들에서도 또한 명백히 존재한다. 예로서, FCK는 '칼스버그 코너' Carlsberg Corner라고 불리우는 곳을 갖고 있다. 이곳은 팬 스탠드에 위치해 있으며, 경기 후의 여흥이 열리는 곳이다. 이 여흥에는 대개 '수훈선수' 수상 같은 것들은 물론 밴드의 라이브 공연

등이 포함되어 있다. 다른 무엇보다도 칼스버그 코너에서는 맥주 또한 할인된 가격으로 판매되어진다.

팬 문화를 발전시키는 것에 관한 논의에 있어 핵심은 그와 같은 접근에 착수하기 전에 소비자들을 알아야 한다는 것이다. 보다 정확하게는 당신이 사업을 벌이고자 할 때 그 소비자들이 어떻게 반응할 것인가를 알아야 한다는 것이 가장 중요하다. 의심할 바 없이 FCK가 그 서포터들을 수단으로 여기고 접근하고 있다는 증거가 있다. Dan Hammer에 따르면 2001년 10월의 인터뷰 FCK는 그 서포터들에게 거의 모든 다른 어떤 유럽 클럽보다도 더 많은 것을 해주고 있지만, 이는 아주 많은 정도에 있어 그것이 상업적으로 일리가 있다라는 사실에 의해 동기부여되어지고 있다는 것이다. FCK의 관점에서 보았을 때 서포터들과 더 넓은 공동체는, 만약 변화가 근본적인 사업을 더 강하게 만든다면, 그리고 만약 그들이 어떠한 변화가 가져올 결과를 고려하는 데 관련된 적이 있다면 그 변화를 받아들일 것이다.

축구 클럽들과 그들의 다양한 공동체들 간의 관계는 지속적으로 발전되고 있으며, 결과적으로 운영진들은 진행과정에 맞춰 그들의 서포터들을 알아야 할 필요가 있다. FCK가 그 서포터들을 알기 위해 열심히 노력하고 있음을 보여주는 증거들을 얻을 수 있다. 그럼에도 불구하고 오락사업의 맥락에서 서포터/클럽 관계를 관리하는 것의 어려움을 보여주는 사례들이 존재한다. 첫 번째는 1999년 조직축구 클럽이 아니라의 이름을 FCK에서 Parken Sport and EntertainmentParken로 바꾸고자 했던 운영진들에 의해 취해졌던 결정과 관련이 있다. 흥미롭게도 클럽을 증권거래소에 상장시키는 문제는 서포터들에게 주된 이슈로 간주되지 않았지만, 이름을 Parken으로 바꾸겠다는 결정은 매우 부정적으로 간주되어졌으며, Parken이라는 이름은 서포터들에 의하여 계속적으로 무시당하고 있다.2001년 10

월 Anders Larsen과의 인터뷰. 다른 서포터들은 명칭 변경을 더욱 열광적으로 바라보았는데, 특히 Brøndby의 서포터들은 FCK를 Parken이라고 지칭함으로써 상업화와 관련하여 FCK 서포터들을 조롱하는 것을 즐겼다.2001년 10월 Anders Larsen과의 인터뷰.

하지만 명백히 클럽과 그 서포터들 간의 가장 중요한 논쟁은 Parken이 2001 유로비전 송 콘테스트2001 Eurovision Song contest를 유치하는데 성공한 것에서 생겨났다. 콘테스트의 결과 FCK는 홈에서 진행할 Superliga 게임들 중 하나를 Parken 스타디움으로부터 떨어진 곳에서 치를 수밖에 없었다. 부분적으로는 선수들—결승전 경기에 관련되어 있었으며 경기가 가능한 가장 최선의 다른 장소에서 치러지기를 바랐던—로부터의 압력 때문에 FCK는 경기를 주된 라이벌인 Brøndby의 스타디움으로 옮기는 것을 선택했다. 이 결정은 서포터들의 심한 반대에 부딪쳤다. 많은 서포터들이 경기를 보이콧했으며, 한편 다른 이들은 이와 같은 결정이 내려진다면 그것은 Parken이 축구 클럽이 아니라는 결정적인 증거라고 간주했다. FCK는 클럽의 명의로 실수가 있었음과 그러한 행동이 갖는 상징성을 과소평가했음을, 그리고 그와 유사한 결정이 다시는 내려지지 않을 것임을 인정했다.2001년 10월 Dan Hammer와의 인터뷰.

▪ 지배구조와 커뮤니케이션

Parken 내부에 존재하는 지배체계는 그것에 대해 두 개의 명백한 차원을 갖고 있다 : 첫째, 회사의 맥락에서의 기업 지배구조는 명백히 자본의 효율적인 사용에 초점을 맞추고 있으며, 둘째, 축구 클럽의 맥락에서의 주주 지배구조나 경영은 특히 서포터들에 초점을 맞추고 있다. 흥미롭게도 서포터들 중 많은 수가 그들 스스로 주주임에도 불구하고[22] 이것이 회사 경영진에 의한 지배의 견지에서 특별히 연관되어 있는 것으로는 인식되지 않는다. 그보다는 기업구조가 관리되어져야만 하는 경영진과 서포터들 사이의 또 다른 층으로 실제 작동하고 있다는 견해가 표명되어지고 있다.2001년 10월 Dan Hammer와의 인터뷰. 하지만 회사가 그 이해당사자들그리고 특히 서포터들의 이익을 고려해야 할 필요가 있지만, 이와 같은 관계는 축구 클럽의 수준에서 가장 잘 관리되어진다는 강력한 견해가 존재한다.

FCK에서 서포터 주주 관계는 본질적으로 공식적인 FCK 팬클럽을 통해 관리되어진다. 경영진과 팬클럽 사이에 정기적인 회합이 존재하지만, 클럽 경영진과 팬클럽 사이의 커뮤니케이션은 대개의 경우 비공식적인 것이며, 전화나 이메일은 물론 직접적인 접촉의 형태로 발생한다. 클럽이 내려야 할 결정이 있을 때면 클럽은 보통 그 문제를 논의하기 위해 팬클럽과 접촉한다. 마찬가지로 FCK는 팬클럽을 위한 문을 열어둔다.2001년 10월 Anders Larsen과의 인터뷰.

클럽이 발전시키고자 하는 것은 협력과 신뢰의 원칙에 기초한 커뮤니케이션 문화이며, 이 원칙들은 당연히 보다 넓은 의미의 덴마크 사회는 물론 덴마크 스포츠 연합에 그 토대를 두고 있다. 예로서, 전략적 수준에서 클럽이 코펜하겐 증권거래소에 상장하겠다는 결정을 내렸을 때, 이사진과 팬클럽 사이에 협의를 위한 회합이 개최되었었다.2001년 10월 Anders Larsen과의 인터뷰. 더욱 일상적 토대 위에서 클럽 의장인 Østergaard는 정기적으로 경기전에 스타디움 주변을 걸으면서 서포터들과 대화를 나눈다. 몇몇 서포터들은 이를 냉소적인 PR전략으로 바라보기도 하지만 다른 사람들은 그것을 주주 관리의 실천으로 간주한다. 의심할 바 없이 여기서는 Østergaard 그 자신의 성격적 강함이 중요하다. 팬클럽 창립 10주년 기념일 만찬에서 Østergaard와 다른 경영진들은 참석했을 뿐만 아니라, 의장은 서포터들에게 그의 연설을 이용하여 이제 축구가 사업이 되었다는 것을 상기시킬 수 있음을 매우 기뻐했다! 하지만 이와 같은 처리는 둘 다 손해다. Østergaard는 FCK 서포터들이 UEFA 컵에서 세르비아 대표인 Obelic과의 경기에 참여하기 위해 국경을 넘어 버스 한 대에 나눠 타고 이동한 것에 너무나 감명받아서 그는 그들 모두를 다음 홈 경기에 초청하여 극진히 환대하였다.[23] 대부분의 다른 주요 유럽 구단들에서 이 두 가지 사건들 중 하나가 발생한다는 것은 상상하기 어렵다! 그렇지만 이와 같은 커뮤니케이션 채널들의 존재에도 불구하고 FCKParken가 사업체로서 운영되고 있으며, 궁극적으로는 결정이 경영진에 의하여 내려진다는 사실을 강조하는 것이 중요하다.

이탈리아

2001년 7월 현재 5,770만의 인구가 살고 있는 이탈리아는 다양한 산업의 경제를 보유하고 있다. GDP는 다른 OECD 국가들인 프랑스 및 영국에 필적하지만[24] 이탈리아 내부에서는 경제가 남북을 근거로 뚜렷이 나뉘어져 있다. 사기업들이 발전되고 번성한 산업화된 북부를 지배하고 있는 반면에 이탈리아 남부는 덜 발전되어 있으며, 주로 농업에 종사하고 있고, 남부의 실업은 20%대에 머무르고 있다. 불법 이민, 조직화된 범죄, 부패, 높은 실업률, 낮은 소득 등이 지속적인 문제로 존재하고 있으며, 남부 이탈리아의 기술수준은 보다 부유한 북부와 대조된다.CIA, 2001.

흥미롭게도 이탈리아에서의 기업통제와 지배구조는 다른 곳에서 발전된 모델들, 예를 들자면 영미 모델, 독일 같은 곳에서 우세한 은행과의 관계에 근거한 모델을 따르지 않아 왔다. 이탈리아에서의 기업 지배구조 체계에 대한 연구는 상장회사 및 비상장회사 모두의 경우에 매우 높은 직접적 소유의 집중이 존재한다는 것을 드러내 보여준다. 금융기관이 보유하고 있는 양이 제한되어 있는 한편, 가족집단 그리고 특히 상장된 회사에서 피라미드 형태의 그룹 구조 속에서 비금융기관 혹은 지주회사의 지분을 통한 소유권의 역할 행사가 두드러지게 나타난다.Bianchi, *et al.*, 2001, 154. OECD 통계에 따르면 단일한 지배 지분이 이탈리아 증권 시장의 시가 총액 중 60% 가까이를 차지하고 있으며, 이는 영국의 5%와 대조되는 것이다.Price Waterhouse, 1997. 이와 같은 구조는 한 사람 혹은 몇몇의 개인들이 제한된 양의 자기 자본을 가지고 광범한 자산과 활동을 통제하는 것을 가능케 해주고 있다. 이는 그들이 투표권을 회사 내에서 피라미드 꼭대기에 집중시키는 한편, 소규모 주주들의 투표권을 많은 수의 기업들에 분산시킴으로써, 즉 소유와 통제를 분산시킴으로써 가능해진다. Fiat, Agnelli 가문이 소유하고 있는와 Pirelli 처럼 몇몇의 잘 알려진 이탈리아 기업들은—이들은 이탈리아 경제에서 중요한 역할을 담당—여전히 가문에 의해 통제되어지고 있으며, 이 통제는 상대적으로 작은 지분에도 불구하고 유지되어지고 있고, 이는 지주회사를 통해서, 그리고 산업적 재정적 파트너들과의 교차지분 소유를 통해서 가능해진다EIU, 2001. Agnelli 가문과 Pirelli 가문 모두 축구와의 연계를 갖고 있는데, Agnelli는 Juventus 구단의 소유주이며 Pirelli는 Inter Milan의 소규모 주주이다.

역사적으로 공공시장은 이탈리아 경제에서 주요한 역할을 담당하지 않았다. 하지만 〈표 3.10〉에서 볼 수 있듯이 이탈리아 증권거래소의 경제적 중요성은 최근 몇 년간 부분적으로는 사유화 프로그램을 통해서 증대해 왔으며, 사유화 프로그램은 상장된 회사들의 소유권에 있어 국가의 중요성을 줄이는 역할을 해왔다.

그럼에도 불구하고 이탈리아 경제의 가장 강한 부분으로 남아 있는 것은 가족이 소유한 소규모 및 중간 규모의 회사들이다.EIU, 2001. Bianchi

〈표 3.10〉 Borsa Italiana의 중요성

연도	상장회사 수	시가 총액	
		백만 유로	% GDP
1981*	177	23,562	9.8
1991	272	99,081	13.3
1996	248	202,732	20.6
2001	294	592,319	48.5

* 밀라노 증권거래소에 상장된 회사들을 위한 데이터

출처 : Borsa Italiana (www.borsaitaliana.it)

등은Bianchi, *et al.*, 2001 1992년 연구를 진행하였는데, 이 연구에서는 제조업체들의 샘플을 이용하여 비상장회사들을 다양한 '통제' 집단으로 분류함으로써 소유와 통제의 분리를 조사하였다. 연구의 목적은 그 당시 이탈리아의 비상장기업들에 유행하고 있는 기업 지배구조 모델들을 밝혀 내는 것이었다. 그들이 발견한 것은 가장 일반적인 모델로서 위계적인 집단통제이다. 이것이 제조업체 전체 고용의 52%를 차지하고 있고, 더 큰 기업들에서는 보다 빈번하다는 것이었다. 두 번째로 가장 중요한 모델은 가족통제 모델이다. 여기에서는 통제를 담당하고 있는 개인들 사이에, 혹은 그들과 통제를 행사하지 않는 주주들 간에 연계가 존재하고 있었다.Bianchi, *et al.*, 2001, 179. 이와 같은 통제의 유형들은 *salotto buono*—문자 그대로 옮기자면 좋은 응접실이라는 뜻—에 의해 더욱 강화되어지는데, *salotto buono*란 비밀리에 주요한 결정들에 관해 논하는 배타적인 산업가와 은행가 집단이 담당하는 역할을 말한다.Edmondson, 2001. 사실 Becht와 Mayer 등Becht and Mayer, 2001, 12는 *salotto buono*에 대한 대중적인 불평은 '그 멤버들이 통제를 행사하는 방식이 아니라, 그들이 서로를 통제에 대한 도전으로부터 보호하고 있다는 사실'이라고 주장했다. 하지만 지난 몇

년 동안 보다 개방된 형태의 의사결정을 지향하는 움직임을 보여주는 증거들이 등장했다.[25] 그럼에도 불구하고 이와 같은 회사들 중 많은 수가 확장을 위한 자금을 조달하기 위해 주식을 공개하는 방식을 취하는 것을 꺼려하는 것은 그들의 성장을 가로막고 있으며, 그들이 전망 좋은 이탈리아 시장에 진입하고자 하는 국외의 약탈자들에게 노출된 상태로 놓여 있게 한다.Pagano, *et al.*, 1995, Shleifer and Vishnny, 1997에서 재인용.

▪ 이탈리아 축구의 구조

유럽 어떤 곳에서도 명백히 축구가 이탈리아에서만큼 중요하게 여겨지는 곳은 없다. 대략 2,400만의 이탈리아인들이 축구에 흥미를 가지고 있고, 그들 중 1,700만이 정기적으로 축구를 TV 시청하는 것으로 추산되어져 왔다.Deloitte & Touche/Lega Calcio, 1999, 3. 1999/2000 시즌에 세리에 Serie A와 B 경기에 참여한 관중 수는 대략 1,240만 명이었다.Deloitte & Touche, 2001, 22. 대략 580만의 사람들이 세 개의 일간 스포츠 신문을 읽으며또한 제 5장을 볼 것, TV 스포츠를 시청하는 전체 숫자의 61%가 축구와 관련된 것이었다.Deloitte & Touche, 1999, 3. 심지어 의회 내에서조차 축구가 어떠한 형태로든 논의되어지는 것이 보통일 정도이다.[26] 경기장으로 돌아가 보면, 이탈리아 경기의 힘은 유럽 경기에서 그 클럽들이 거두는 성공에 또한 반영되어져 있다.[27]

당연히, 축구 클럽들은 더 넓은 기업환경에서 우세한 소유권과 기업관리 모델을 흔히 반영하고 있다. 몇몇의 이탈리아 클럽들은 여전히 개인이나 가문에 의하여 직접적으로 통제되어지고 있거나 기업집단을 통해서 간접적으로 통제되어지고 있다. 하지만 더 넓은 경제영역에 속하는 회사들과는 대조적으로 소유와 통제가 분리되어 있다는 증거가 거의 존재하지 않는다. 이와 같은 가족적 형태의 기업구조의 중요성은 더욱 광범한 축구에 대한 이탈리아인의 열정에 의해 강화되어지는데, 많은 경우 부유한 개인이나 가문이 그들이 지지하는 클럽을 소유하고 있다.

직접적인 가족통제의 두드러진 실례는 Inter Milan인데, 이는 Moratti 가문에 의하여 소유되어지고 있다.다음 절을 볼 것. 기업/가족 소유구조의 첫째 가는 사례들은 Juventus인데, 이는 지주회사인 Istituto Finanzia-rio IndustrialeIFI를 통해 Agnelli 가문에 의하여 통제되어지고 있으며, 대주주인 Fininvest는 이탈리아 수상인 Silvio Berlusconi에 의하여 소유 및 통제되어지는 회사이다. 또 다른 흥미있는 사례는 Parma인데, 이는 Parmalat Finanziaria 회사를 통해 Tanzi 가문에 의해 통제되어지고 있다.[28] 하지만 Tanzi 가문의 보유 뒤에 있는 논리는 명백히 축구에 대한 뿌리 깊은 열정만큼이나 넓은 의미에서의 사업적 이득을 위한 도구적 접근이며, 축구와 다른 스포츠들이 Parmalat Finanziaria를 판촉하기 위한 매개물로서 사용되어지고 있는 것이다.

최근 몇 년 동안 몇몇 이탈리아 클럽들은 기금을 조성하기 위해 증권거래소를 사용하기 시작해 왔다. 하지만 이러한 경우들에 있어서조차 지배가문이나 집단이 클럽 혹은 좀더 정확하게는 회사에 대한 통제를 포기하는 경우는 흔한 것이 아니다. 주식 중 일부를 공개적으로 매매한 최초의 이탈리아 클럽은 SS Lazio였는데, Lazio는 1999년 이탈리아 주식시장에 상장되었다. 그 소유주인 Sergio Cragnotti는 음식물 처리 회사인 Cirio del Monte의 대표인데, 1992년 그 클럽을 사들였다. 그의 재정적 투자는 클럽으로 하여금 최고 수준의 선수들을 로마로 끌어들이는 것을 가능케 하였고, 덕분에 몇 번의 우승을 차지할 수 있었다. 하지만 10배가 넘는 신청이 몰렸던 1999년의 주식 공모 이후에조차도 클럽의 51%는 Cirio Finanziari35%와 Cirio Holding16%이 보유하고 있는 지분을 통해 여전히 Cragnotti와 그의 가족에 의해 통제되어지고 있다.Soccer Investor, 2002h. 게다가 그 회사의 가족적 구조는 Sergio Cragnotti가 그의 가족구성원 몇몇과 함께 계속해서 그 회사를 위해 일하고 있다는 사실에 의하여 강화되어진다.

로마의 이웃인 AS Roma 주식은 2000년 이탈리아 주식시장에 상장되었는데, 주식발행에 3.5배의 신청이 몰렸다. 하지만 주식발행 이후 주식의 65.6%는 Roma 2000에 의하여 계속 소유되어지고 있는데, 이 회사는 클럽의 회장인 Francesco Sensi에 의하여 관리되고 있다. 클럽은 계속해서 Sensi에 의하여 운영되고 있는데, 최고 경영자인 Rosella Sensi를 비롯한 그의 가문의 다른 멤버들 또한 고용되어져 있다. 다른 측면에서 Roma가 계속해서 Sensi 가문의 회사로서 운영되어지고 있다는 증거 또한 존재한다. 예로서, Francesco Sensi가 2001년 회계연도 말 이전에 2000년 세리에 A의 우승에 대한 대가로 선수들에게 지급하기로 되어 있는 보너스를 위한 기금을 조성하고 클럽의 재정적 안정성을 유지하기 위해 6,260만 유로를 받고 클럽을 임대하였다는 보도가 있었다.Soccer Investor, 2001c.

가장 최근에는2001년 12월, Juventus가 자기 자본의 37%를 이탈리아 주식시장에 상장함으로써 1,640만 유로를 조달했다. 그 주식들은 STAR market에 상장되어져 있는데, 소매 투자자들59.5% 및 기관 투자자들40.5%에 의하여 획득되었으며, 1.2배의 신청이 몰렸었다. 하지만 남아 있는 주식들은 여전히 Agnelli 가문의 지주회사인 Instituto Finanziario IndustrialeIFI에 의하여 보유되어지고 있으며, IFI는 또한 자동차 메이커인 Fiat를 소유하고 있다. 기업 공개 이후 Juventus의 지분구조는 〈그림 3.4〉에 나타나 있다.

하지만 상장 이전에조차 Juventus가 다른 이탈리아 클럽들보다는 더욱 기업적인 구조 위에서 작동되어지고 있었다는 점을 언급할 가치가 있다. 이는 Juventus가 지속적인 이익 보고를 낼 수 있는 능력을 갖고 있

〈그림 3.4〉 Juventus의 주주 구조

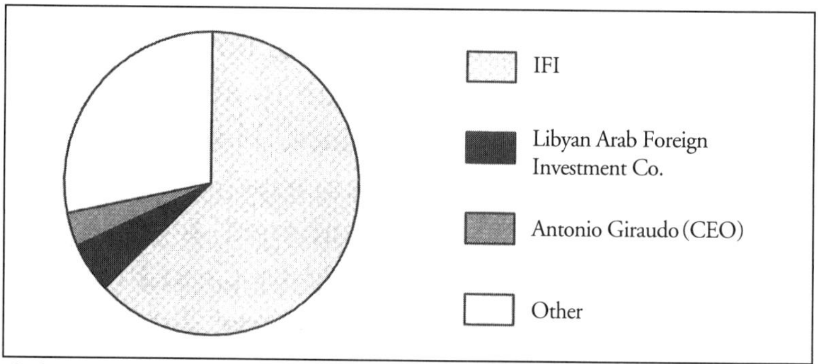

출처 : Banca, IMI, 2000.

었다는 점에 의해 가장 명백히 증명되어진다. 예로서, Juventus는 2002년과 이전 매 5년간 이익보고를 냈다.Gerlis, 2002b. 대부분의 이탈리아 클럽들과는 달리 Juventus는 정확한 회계의 본보기이며, 매우 존경받는 경영진에 의하여 운영되어지고 있다.Glendinning, 2002. 이와 관련하여 Juventus가 STAR market에의 상장을 추구하였다는 것 또한 흥미롭다. 이 시장은 특히 8억 유로 미만의 시가 총액을 갖고 있는 회사들을 목표로 하고 있었지만, 투명성과 기업관리 및 유동성의 견지에서 보다 높은 자격조건을 만족시킬 것을 요구한다.www.boursaitaliana.it

■ Internazionale Milano

어떻게 측정하든 FC Internazionale MilanoInter는 세계 거대 축구 클럽들 중 하나이다. 1908년 Milan FC나중에 AC Milan이 됨에 불만을 품은 이탈자 집단들에 의하여 창설되어진 Inter는 현재 밀라노의 San Siro 지역에 있는 Giuseppe Meazza 스타디움의 85,443석을 자신의 주 라이벌인 AC Milan과 공유하고 있다. 비록 마지막 우승은 1989년이었지만, Inter는 세리에 A에서 13번이나 우승했으며, 유러피안 컵을 두 번이나 차지했고1964, 1965

UEFA 컵을 세 번 차지했다.1991, 1994, 1998, Cresswell and Evans, 2000, 357. Inter는 종종 이탈리아에서 가장 많은 지지를 받는 팀이다. 예로서, 1999/2000 시즌에, Inter는 113만 명의 서포터들을 세리에 A 홈 경기에 끌어들였는데, 백만 명이 넘는 서포터들을 끌어들인 유일한 클럽이었다.Deloitte & Touche, 2001, 18.

Inter는 65%의 지분을 가진 Moratti 가문에 의하여 소유 및 통제되어지고 있다. 그 모습 자체가 대부분의 사업체들이 가족 소유로 남아 있는 더 넓은 이탈리아의 경제적 · 사회적 구조를 반영하고 있는 것이다. Inter는 다른 한 명의 실질적인 주주를 갖고 있는데, 타이어 제조업체인 Pirelli가 13%의 지분을 갖고 있지만 본질적으로 이는 많은 부분이 Moratti의 가문의 회사이다.

비록 Inter가 가문에 의하여 소유 및 통제되어지고 있지만, 의장 및 회장인 Massimo Moratti를 제외한 다른 어떤 가족구성원들도 Inter에 상근직으로 근무하고 있지는 않다. 비록 몇몇 가족구성원들이 Inter 그룹 내에서 몇몇 다른 회사들의 이사를 맡고 있긴 하지만 말이다. Massimo Moratti는 Inter와의 관계로 가장 잘 알려져 있기는 하지만 그는 또한 석유 산업에서 저명한 사업가이며, 가족 회사인 사르디니아역주 : 이탈리아 서쪽의 지중해에 있는 이탈리아 령의 섬 정련소인 Saras의 CEO이다. Moratti 가문은 그들의 Inter 지분을 1995년 사들였으며, 그 이래 Massimo Moratti는 회장을 맡고 있다. 그의 참여는 가문이 이전부터 클럽과 갖고 있던 관계를 복원시켰는데, Massimo의 아버지인 Angelo Moratti는 1950년대와 1960년대에 클럽의 회장을 역임했었다. Angelo Moratti는 클럽에 많은 투자를 하였으며, 전설적 인물인 Helenio Herrera를 클럽에 데려온 장본인이었다.Cresswell and Evans, 2000, 359. 그의 사임은 클럽이 경기장에서 가장 큰 성공을 거두었던 두 번의 시기 중 한 시기와 함께 하는데, 또 다른 한 번의 시기는 Guiseppe

Meazza가 주 공격수였던 1930년대였다.

Massimo Moratti는 1995년 그의 지분을 요식업 백만장자인 Ernest Pellegrino로부터 단돈 2,500만달러2,300만 유로에 사들였다. 그 이후 Moratti는 클럽에 엄청난 투자를 했으며, Christian Vieri와 Ronaldo2002년 10월 Real Madrid로 이적와 같은 스타들을 사들이고 급여를 지불했다. Inter에서 발견되는 전형적인 이탈리아식 가족 통제구조의 한 가지 장점은, 역사적으로 자원이 필요했을 때 그들은 조직 내에서, 즉 가문 내에서 조달할 수 있었다는 것이다. 하지만 Inter에 대한 그의 대폭적인 투자에도 불구하고 Moratti는 많은 지상이득paper gain 위에 앉아 있는바, 클럽의 현재 가치는 아마도 4억에서 5억 유로 대에 머무르고 있을 것이다. 이와 같은 지상 이득에도 불구하고 대부분의 관찰자들에게 Inter에 대한 Moratti의 관여 및 뒤이은 의사결정은 사업이나 이윤에 관한 것이 아니라 클럽에 대한 그의 열정과 열광, 성공적인 Inter Milan을 보겠다는 그의 욕망에 기인한 것으로 여겨진다. 클럽의 사업 관련 문제들을 운영하는 FC International Milano SpA의 자회사인 Inter-Active의 CEO Jeff Slack이 관찰하였듯이 "Massimo Moratti가 얼마나 많은 돈을 바로 여기에 쏟아 부었는지 모두가 알고 있다… 그는 자신의 감정을 노골적으로 드러냈다… [그것은] 전적으로 그의 열정이었으며, 그 누구도 다가와 이것은 사업이다라고 말할 수 없을 것이다."2002년 2월의 인터뷰. 중역실에 존재하고 있는 이와 같은 태도의 한 결과는 Inter와 같은 클럽에서는 서포터들과 이사진 간에 갈등이 일어날 가능성이 더 적다는 것이다. Moratti는 어느 점으로 보나 그 자신이 한 사람의 서포터이며, 그를 다른 서포터들과 구분짓는 것은 단지 그가 자신의 서포터로서의 꿈이나 열망의 결과에 긍정적인 영향을 미칠 만큼 충분히 부유하다는 점뿐이다. 그와 같은 목표의 합치는 따라서 서포터들과 이사진들 간의 관계의 본질을 향상시켜줄 것으로 기대되어질 수 있다.

하지만 이 장의 뒤에서 고려되어질 바와 같이 그것은 또한 문제를 파생시킬 수도 있다.

■ 이탈리아 축구의 재정

〈표 3.11〉에서 보여지듯이, 최근 몇 년간 이탈리아 클럽들의 재정 상태는 두드러지게 악화되어 왔다. 세리에 A 클럽들 모두가 지난 네 시즌 모두 경영상의 손실을 보고 하였다. 이와 같은 손실의 핵심적 요인은 2000년과 2001년 사이 전체 수익은 비교적 고정되어 있었던 반면에, 임금과 급여는 대략 32% 정도 올랐다는 점이다.Soccer Investor, 2002g. 현재 수익은 TV에 극도로 의존하고 있으며, 대략 2001년 세리에 A 클럽들의 수입의 55% 정도가 중계권으로부터 창출되고 있으며, 그 다음으로 큰 수입원은 입장료 수입으로 16%에 그치고 있다.

〈표 3.11〉 이탈리아 세리에 A 클럽들의 재정

(단위 : 백만 유로)

	2001	2000	1999	1998
수입	1150.5	1058.9	713.5	649.8
운영이익/(손실)	(710.4)	(406.4)	(335.2)	(222.2)
선수 트레이드와 과세 후의 이익	(133.4)	34.7	(11.2)	(37.6)

출처 : Soccer Investor (2002g, 12)

이탈리아 클럽들의 현 재정적 문제를 설명해 주는 몇 가지 요인들이 있는데, 이 중 일부는 축구에 국한된 문제이고 다른 몇 가지는 문화적인 것이다. 축구의 사업적 측면이 발전함에 따라 대부분의 클럽들은 예로서, 자신들의 사업을 매매함으로써 생기게 될 잠재적 이득과 일종의 소비자 관계 마케팅의 필요성을 인식하는 데 느렸다. 이것이 상품화에 관해서 보다 더 잘 드러난 곳은 없다. 클럽들이 상품화 기회를 이용하는 데 느렸던 것은 부분적으로는 문화적인 것이었는데, 예로서, 많은 사람들은 패션을 의식하는 국가인 이탈리아 같은 곳에서는, 말하자면 영국 같은 곳에서보다는 복제품 축구 탑역주 : 짧은 상의과 같은 물건들을 팔 수 있는 시장이 항상 훨씬 제한되어 있을 수밖에 없다고 주장한다. 하지만 어쩌면 더욱 심각한 것은 해결되지 않은 국가적 문제인 경제에 있어서의 범죄의 영역이다. 최근의 조사에 따르면 이탈리아 경제의 5분의 1이 마피아의 소유이며, 사업 규모가 천억 파운드1,450억 유로에 달한다는 것이다. 이는 이탈리아 국내 총 생산의 15%에 달하는 금액이다.Lloyd, 2002. 이탈리아 클럽들에게 있어 모조행위는 그들의 상품화 활동의 견지에서 커다란 문제이다. 현재 최소한 하나의 주요 클럽이 모조품 제조업자들의 주 조직과 협정을 맺고 있으며, 그 협정 하에서 모조품 제조업자들은 제조업자의 로고를 찍을 수 없다는 점만 제외하면 모든 면에 있어서 똑같은 반半 공식적인 복제 셔츠를 파는 것을 허락받고 있으며, 그 결과 사실상 병행시장의 창출을 가져왔다.Antonio Merchesi와의 인터뷰, Deloitte & Touche, 2002년 2월.

또 다른 공헌요소는 대부분의 이탈리아 클럽들이 자신의 스타디움을 소유하고 있지 않으며, 스타디움은 흔히 지방당국에 의하여 소유되어지고 있다는 것이다. 축구의 자금조달과 경영에 지방당국이 참여하는 이와 같은 오랜 전통은 프랑스와 같은 다른 유럽 국가들에서도 흔한 일인데, 이들 국가들에서는 시당국들이 스포츠를 장려하고 발전시킬 법적인 의무를 가져 왔다.Dobson and Goddard, 2001, 102. 그 결과 클럽들은 스타디움을 수입창출 자산으로 활용할 수 있는 능력을 제한당하고 있으며, 스타디움 수입은 주로 경기 당일의 입장권 수익에 제한되어져 있다. 하지만 몇몇 클럽들은 현재 이 문제를 해결하기 시작하고 있다. Juventus의 기업공개 IPO 뒤에 있는 논리의 일부는 Delle Alpi 스타디움을 획득하고 발전시킬 수 있는 기금을 창출하겠다는 것이었다.Soccer Investor, 2001b, 12. 한편 두 개의 밀라노 클럽들은 Giuseppe Meazza 스타디움의 소유주인 밀라노 시의회와 함께 430만 유로의 재개발작업을 함께 하고 있으며, 이것의 주목표는 환대와 오락으로부터 두 클럽 모두의 수익을 창출해내는 것을 촉진시키고자 하는 것이다. 하지만 두 클럽 모두 재개발을 위한 기금조달을 위해 티켓 가격을 올리지는 않을 것이라고 주장해 왔다.Soccer Investor, 2002f, 9.

이탈리아 클럽들의 재정상태는 또한 상호관계—Lega Calcio에 의하여 채택된 공유된 자원의 분배 체계—에 의하여 영향 받는다. 이것은 세리에 A의 가장 부유한 클럽들18개 클럽에서 다른 프로 클럽들에 이르기까지 축구단의 수입과 방송 수익을 재배분하는 것을 포함하는데, 몇몇 해설자들은 재분배의 수준이 다른 최고 수준의 유럽 축구 국가들보다 이탈리아에서 훨씬 더 높다고 주장한다.2002년 2월 Antonio Merchesi와의 인터뷰. 그러한 주장의 정확성과는 별개로 그 주장은 명확한데, 대부분의 주요 유럽 축구 리그에서는 방송 수입의 대부분을 최고 수준 클럽들이 갖고 있기 때문이다.[29] 예로서, 1999/2000 시즌에는 방송 수입이 〈그림 3.5〉에 보여지고 있는 것과 같이 분배되었다.

〈그림 3.5〉 TV와 라디오 중계권의 배분, 1999/2000 시즌

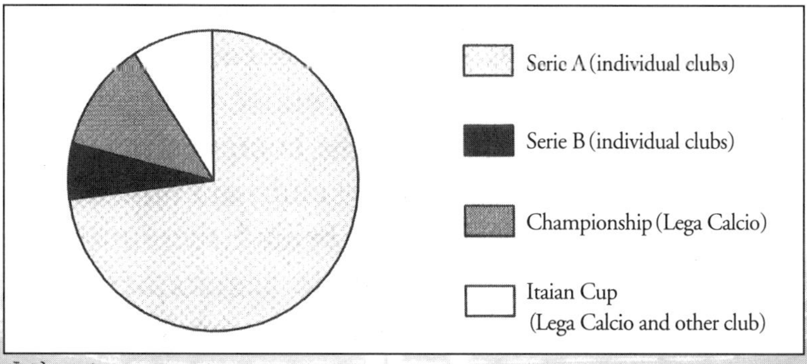

출처 : Deloitte & Touche 2001, p. 25.

최고 수준의 이탈리아 클럽들의 급여수준은 매우 높다. 6억 6천만 유로에 달하는 직원 급여 경비는 2000년 세리에 A의 수입 중 63%를 차지하고 있으며Deloitte & Touche, 2001, 2000/01 시즌에는 대략 30%의 선수들이 총액기준으로 1년 동안 백만 유로 이상을 벌어들였다.Soccer Investor, 2002d. 이와 같은 급여수준에 상승 압박을 가하는 한 요소는 이탈리아에서의 고용을 위한 사회적 비용이다. 이탈리아 선수들의 임금은 현재 가장 높은 수준인 46%의 세금이 부과되는데, 이는 스페인의 48%보다는 낮지만 40%인 영국의 최고 수준보다는 더 높다.Banca IMI, 2002, 8.[30] 하지만 똑같이 중요한 것은 종업원들의 국가 보험 혹은 사회보장 분담금 같은 다른 사회적 분담금의 비율이다.

컨설턴트인 Andersen은 이탈리아에서의 세금 및 사회보장 비용의 실제 비율을 45%로 추산하고 있으며, 이는 스페인46%과 필적하고 독일50%이나 프랑스57%보다는 낮지만 그 비율이 39%에 불구한 영국보다는 훨씬 더 높은 수준이다.Soccer Investor, 2001a. 이와 같이 상이한 비율이 미치는 효과는 그것이 이탈리아 클럽들로 하여금 선수들이 어떤 주어진 수준의 순수 급여를 받게 하기 위해서 그들의 경쟁국인 영국보다 더 많은 비용을 지출하게 하는 것이다.

이득을 줄이는 역할을 하는 또 다른 중요한 세금요인은 이탈리아 회사들이 또한 IRAP역주 : 자영업자들에게 부과되는 법인소득세 성격의 생산활동 지방세라고 알려진 지방세를 납부하도록 요구받는다는 것이다. 그것은 축구 클럽들에게 특히 중요한데, 이는 왜냐하면 그것이 현재 순수 산출가치—즉 다른 무엇보다도 선수들의 급여와 선수 교환으로 인한 수익 이전의 총 이득—의 4.25% 비율로 부과되어지고 있기 때문이다. 예로서, 2001년 Juventus의 IRAP는 370만 유로였다. 하지만 이탈리아 정부가 최근 세금개혁안을 제시했다는 것이 언급되어져야만 한다. 이 세금개혁안은 IRAP를 결정하는 데 있어서 선수들의 급여와 선수 이전 비용에서 얻은 이득을 제할 수 있다는 것을 포함하고 있다.Banca IMI, 2002, 8.

■ 소유구조-재정적 다툼의 원인?

하지만 명백히 이탈리아 클럽들의 현 재정상태, 특히 증가하는 종업원/선수비용에 대한 가장 중요한 설명요인은 가족 소유 중심의 기업구조와 국민들의 축구에 대한 열정의 결합이라고 할 수 있다.

예로서, Inter와 같은 조직에서 소유구조는 소유와 통제 및 나머지 중요 인물들의 기능이 내화되어지는 결과를 가져왔다.Moerland, 1995. 이는 의사결정과 책임 모두에 영향을 미친다. 첫째, 소유구조는 책임에 대한 수요에 영향을 미칠 것으로 기대되어지며, 소유와 통제의 중복이 외부감사의 필요성을 감소시키는 결과를 가져온다. 즉 경영진이 동시에 주주인 자극적 연합의 결과가 조화로운 감사에 대한 수요를 줄일 것으로 예측되어지는 것이다.Peasnell, *et al.*, 2001. 대조적으로 소유권이 광범하게 분산되어 있는 조직, 즉 이사진들이 공통점이 없는 소유자 집단을 대표하여 행동하는 그와 같은 조직에서는 그들 소유주들이 주주들이건 멤버들이건 간에 감사와 같은 관리기제에 더 크게 의존하게 마련이다.예로서, Jensen and Meckling, 1976 ; O'Sullivan, 2000 참조.

둘째, 운영결정을 내림에 있어 지배 소유주Inter의 경우 Massimo Moratti가 그의 개인적 효용을 극대화할 것으로 추정된다는 것이다.Moerland, 1995. 결과적으로 이와 같은 유형의 소유구조에서 의사결정과 그에 따른 조직에서의 책임에 관한 한가지 해석은 꽤나 명백하게 소유주가 그 혹은 그녀의 기금을 스스로가 판단하기에 적당하다고 여겨지는 곳에 자유롭게 쓸 수 있다는 것이다.

하지만 그와 같은 해석이, 보다 광범한 주주 책임의 문제들은 차치하고서라도, 어떤 개인 기업 내부에서 개인 소유주의 효용을 극대화한다는 맥락에 있어서 상당히 합리적이긴 하지만 검토되어져야 할 필요가 있는 보다 넓은 함축적 의미를 갖는다. 이러한 것들 중 첫째는 효용을 어떻게 정의 혹은 이해할 것인가로부터 생겨난다. 지적된 바와 같이 이탈리아인들은 축구에 대하여 열정적이다. 따라서 만약 이와 같은 문화적 환경이 Massimo Moratti 같은 서포터—소유주가 자신의 효용을 어떻게 정의할 것인가에 반영되어지지 않는다는 것은 놀라운 일일 것이다. 그의 효용이 경기장에서의 성공의 견지에서 정의된다는 것은 꽤나 있을 법한 일이다. 즉 효용의 극대화는 말하자면 Scudetto역주 : Scudetto는 지난 시즌 세리아 A 리그 우승팀에게 주어지는 패치를 얻어 우승하는 것과 동일시될 수 있는 것이다. 장기적으로 보았을 때, 급여에 얼마를 사용하는지와 리그 성적 간에 명백한 관계가 존재하며Szymanski and Kuypers, 1999, 157–93[31)] 앞에 논의된 책임감이나 외부 감사에 대한 수요의 감소가 소유구조에서 유래한다는 것을 보여주는 증거들을 종합해 볼 때 재정적 규율은 우선시되어지지 않으며, 따라서 지배 소유자의 행위들은 급여와 임금을 올려놓는 경향이 있다는 것이 예측되어질 수 있다.

둘째, 잘 증명되어진 바와 같이 축구는 어떤 독특한 경제적 성격들을 갖고 있다. 이와 같은 독특성은 참여자의 상호 의존성에 집중되어져 있는바, 즉 프로 스포츠 조직들은 다른 사업조직들과 다르다는 것이다. 왜냐하면 스포츠의 본질이 뜻하는 것은 그와 같은 조직들이 판매 가능한 상품을 제공하기 위해 함께 기능해야만 한다는 것이기 때문이다. 게다가 프로 스포츠 리그의 핵심은 진정한 경쟁이라고 주장되어진다. 즉 어떤 리그의 참여자들은 그들이 비교적 공정한 기반에서 서로 경쟁하는 것을 가능케 하도록 뒷받침해 주는 충분한 재정과 자원을 가질 필요가 있다는 것이다.제1장 참조. 임금을 올리는 것이 소유주의 효용경기장에서의 성공으로 규정되어지는을 극대화시킨다는 맥락에서 개인 회사의 관점에 따르면 논리적인 것으로 간주되어질 수 있지만, 이와 같은 특별한 경제적 · 경쟁적 특성들을 감안한다면, 이와 같은 방식으로 행동하고자 하는 하나 혹은 몇 개의 조직들의 경향은 리그나 전체로서의 산업에 잠재적 영향을 미치게 된다.

한 가지 어려움은 그것이 다른 클럽들로 하여금 상향되어진 급여 수준과 경쟁하도록 노력하게 만든다는 것이다. 궁극적으로 그것이 가져오는 위험은 이들 클럽들이 분수를 넘어서는 지출을 행함으로써 그들의 재정적 지위가 유지될 수 없어진다는 것이다. 2002년 많은 이탈리아 클럽들의 재정적 위치는 가장 유명한 것은 Fiorentina, 이와 같은 현상이 이미 이탈리아에서 발생하였다는 몇몇 증거를 제공한다.[32] 대신 지배 소유주를 갖고 있는 클럽들의 효용 동기는 공정한 경쟁을 위해 요구되어지는 스포츠 균형상태를 위협함으로써 산업의 작동을 왜곡시킬 수도 있다. 다른 말로 하자면, 임금을 높이는 행위를 하는 클럽들에 속하지 않는 클럽들은 급여의 측면에서 경쟁할 수 없거나 경쟁을 추구하지 않는 것이다. 이것은 최고 수준의 선수들을 끌어들인다는 측면에 있어서 지배 소유주를 가진 클럽들에 독점에 가까운 상황을 가져다 주는 결과를 가져온다. 물론, 이와 같은 형태의 논쟁은 새로운 것이 아니다. 영국에서는 Blackburn Rovers의 후원자인 Jack Walker가 팀에 성공을 가져다 주기 위해 이적 비용과 선수 임금을 올린 책임이 있다는 이유로 고발되었다.Horrie, 2002a, 114-15. 한편 유사한 논쟁이 Rangers의 David Murray의 역할과 관련하여 스코틀랜드에서도 이루어진 바 있다.

이와 같은 맥락에서 한 가지 흥미 있는 이슈는 회사의 상장이 클럽들의 행태를 변경시키느냐의 여부이다. Lazio와 Roma 같은 클럽들이 늘어난 재정적 책임과 정밀한 검사에 종속되어져 있지만, 재정적 규율의 견지에서, 현재까지 증거는 회사의 상장이 클럽들의 행태에 거의 아무런 혹은 그 어떠한 차이도 가져오지 않았다는 것을 보여주며, 두 개의 클럽들 모두 2001년 6월 30일을 마지막 날로 하는 연간 보고에서 상당한 재정적 손실을 보고하고 있는바, 이는 주로 급여 관련 비용으로 인한 것이다.〈표 3.12〉 참조. 그후 보고에 따르면 두 클럽 모두 2002/03 시즌부터 계속해서 그들의 급여비용을 상당한 정도로 줄이는 것을 목표로 하고 있으며, Lazio의 경우 29.1% Roma의 경우 11.5%를 목표로 하고 있다.Soccer Investor, 2002c.

〈표 3.12〉 상장된 이탈리아 클럽들의 재정운영

	AS Roma 2001	SS Lazio 2001
운영 손실	5,680만 유로	9,960만 유로
노동비용/매출	66.6%	82.9%

출처 : Soccer Investor (2001c) ; Banca IMI (2002).

두 클럽들의 소유권은 여전히 가족집단이나 개인들의 통제 하에 남아 있는데, 대부분의 경우 새롭게 형성된 자금은 주로 서포터 투자자들로부터 나온 것이다. 다시 한 번 각 클럽의 대주주—Lazio의 Cragnotti와 Roma의 Sensi—가 또한 그 클럽의 서포터라는 사실은 책임이나 혹은 소액의 서포터—주주들로부터의 외부적 감사에 대한 수요를 줄이도록 작동하는 경향이 있다. 결과적으로, 통제집단들은 계속해서 클럽들을 자신들이 바람직하다고 생각하는 바대로 비교적 간섭받지 않고 운영할 수 있는데, 이는 대규모 서포터—주주의 소유에 따른 변덕을 지지하는 분산된 소규모 서포터—주주들 덕분이다. 왜냐하면 대규모 서포터—주주는 경기장에서의 성공을 우선시하고 있는 것으로 여겨지기 때문이다.2002년 2월 Antonio Merchesi와의 인터뷰. 이런 의미에서 상장하는 클럽들은 행동을 바꾸지 않았다고 주장할 수 있는데, 이는 상장이 단지 지배 주주와 똑같은 목표를 공유하는 많은 소규모 주주들을 끌어들였을 뿐이기 때문이다. 물론 이와 같은 행동은 가족이 관리하는 클럽들이나 이탈리아 클럽들에 국한된 것은 아니다. 예로서, Barcelona, 그리고 특히 Real Madrid 같은 멤버십 조직들은 일상적으로 신중하거나 지속적인 것으로 간주되어질 것 같지 않은 조건을 제시함으로써 선수들의 급여를 치솟게 하고 이적료 인플레이션을 유발한 책임이 있다. 이와 같은 행동에 대한 설명은 기업문화, 법체계, 재정체계 및 책임과 같은 이슈들에서 발견되어질 수 있다. 또 다른 중요한 요소는 Real Madrid와 Barcelona 같은 클럽들에서의 정치와 개성의 유력한 결합이다. 예로서, 현 Real Madrid 회장인 Florentino Lopez의 선거 캠페인은 포르투갈 스타 플레이어인 Luis Figo를 Barcelona에서 데려오기 위한 기한을 두지 않는 재정적 공약을 포함하고 있다. 이 공약은 구입비용 3,700만 파운드5,400만 유로와 연봉 350만 파운드510만 유로의 비용을 들여서 이루어졌다Harverson, 2000. 보다 최근에는 Joan Laporta가 2003년 6월 Barcelona의 회장으로 선출될 수 있게 했던 주요한 요소가 Manchester United와 협상해서 David Beckham을 Camp Nou로 데려오겠다는 약속이었다. 그러나 Laporta가 성공적으로 회장직에 당선되었지만 Beckham은 대신 Barcelona의 최대 라이벌인 Real Madrid 행을 택했다. Roma와 Lazio의 상황과 비슷하게 이와 같은 사례는 분산된 멤버십이 그 지지를, 자신의 개인적인 효용기능을 극대화하는 데 가장 지속적으로 보이는 약속이나 행동을 보여주는 입후보자나 소유주에게 빌려줄 것이 기대되어짐을 보여준다.

▪ 책임-재정적인 것에서 공공의 것으로?

이탈리아에서의 축구는 매우 내부적으로 초점이 맞추어져 있다. 부분적으로 이는 이탈리아의 축구문화와 역사의 반영이며Cresswell and Evans, 2000, 339-45, 일부는 폐쇄된 가족 소유구조로부터 발생한다. 축구 클럽의 소유주들은 스스로를 분리되어진 존재로 간주한다 ; 그들의 태도는 '우리끼리 하자' 라는 것이다.2002년 2월 Antonio Merchesi와의 인터뷰. 하지만 이탈리아 기업의 삶에 있어서의 *salotto buono*의 역사적 우세를 감안한다면 이는 어쩌면 전혀 놀라운 일이 아니다. 그럼에도 불구하고 이와 같은 소유와 태도의 결합은 클럽 운영방식의 견지에서 투명성의 결핍을 가져왔다. 다른 무엇보다도 그것은 클럽 소유주와 서포터들과 같은 다른 이해집단들 간의 관계에, 특히 지배구조와 재정적 책임의 견지에서 의미하는 바 크다.

하지만 책임이란 단지 행동에 대한 어떤 종류의 재정적 근거를 제공하는 것에 관한 것이 아니다. 그것은 사람들이 자신들의 행동에 대하여 설명하고 책임을 지도록 요구되어지는 관계를 수반한다 : '행위에 대한 이유의 제시와 요구.' Roberts and Scapens, 1985, 447. Sinclair는 책임을, 많이 탐구되어지지만 그럼에도 불구하고 정의하기 어렵다는 의미에서 카멜레온과 같은 특성을 가진 것으로 묘사하고 있다.1995, 219. 이와 같은 카멜레온적인 특질을 무시하고자 하는 대신에 그녀는 책임이란 그것이 경험되어진 다양한 방식들이 그것을 확장할 수 있음을 인정함으로써 보다 많은 것을 의미할 수 있게 된다고 말한다.Sinclair, 1995, 219-20.

명백히 이탈리아 축구계에서 작동하고 있는 것은 일종의 공공의 책임인바, 이것은 대중과 이해관계가 있는 공동체 집단들과 개인들에 대한 비공식적이지만 직접적인 책임이다.Thynne and Goldring, 1981. 이는 경영 및 공공의 이익을 정렬시키는 한 방식으로서 작동할 수 있다. 관련된 사람들선수들, 매니저들, 이사들은 사실상 매 경기가 치러질 때다 공적으로 책임을 지도록 되어 있다. 하지만 즉각적인 스포츠 컨테스트를 넘어서조차 축구에 대한 미디어의 관심은 더욱 나아간 공공의 책임을 제공한다. 이탈리아는 하루 다섯 시간 정도를 축구 논평에 할애하는 TV 프로그램뿐만 아니라 세 개의 일간 스포츠 신문들을 갖고 있다. 이탈리아에서 축구와 관련된 모두는 강한 대중적 압박과 정밀한 조사 하에 놓여 있으며, 특히 신문과 미디어 보도에서 그렇다. Inter의 Massimo Moratti와 같은 유명한 인물은 매일같이 신문에 등장하며, 따라서 '매일같이 팬들에 대하여 책임을 지고 있는' 것이다.2002년 2월 Jeff Slack과의 인터뷰.

하지만 지금껏 서포터들이 증가된 재정적 책임을 추구한다거나 클럽과의 진정한 연관을 추구한다는 것을 보여주는 증거는 거의 존재하지 않는다. 그들의 재정적 흥미는 팀에 영향을 미치는 범위 내에서만 불러일으켜질 뿐이다. 대조적으로 다른 몇몇 유럽 국가들에서는 서포터들이 스스로를 '클럽이 아니라 팀의 도덕적 소유주'로서 간주한다는 주장이 제기되어져 왔다.2002년 2월 Antonio Merchesi와의 인터뷰.[33] 법적 소유의 맥락에서 이탈리아 서포터들은 클럽으로부터 멀리 떨어져 있는데, 이는 부분적으로 대부분의 소유주들이 극도로 부유하고 또한 소유주들 스스로가 너무나도 명백한 서포터들이기 때문이다. 그럼에도 불구하고 이와 같이 멀리 떨어져 있는 상태가 추종을 나타내는 것으로 여겨져서는 안 된다. 서포터들이 선수들, 매니저들이나 이사들에 만족하지 못하는 곳에서는 그들의 커뮤니케이션이 직접적이다. 예로서, 2000/01 시즌에 다른 밀라노의 클럽AC Milan에서 팀이 계속해서 세 번 혹은 네 번의 게임 동안 형편없는 경기를 펼치자 경기장의 Curva Nord 구역에 있는 가장 충성스러운 서포터들 사이에 선호되어졌던 노래는 명백히 'Berlusconi, Berlusconi, 돈을 토해내라'였다.2002년 2월 Antonio Merchesi와의 인터뷰.

주_

1_ 하지만 조직의 목표에 관한 논란은 축구 클럽들에만 한정되어져 온 것은 아니다. 영국의 Company Law Review Consultation 서류에서 고찰된 이슈들 중의 하나는 '범위' 이슈로서 묘사되어지고 있다—'회사들은 누구의 이익범위 내에서 운영되어져야만 하는가' (Company Law Review Steering Group, 2000)

2_ TV 수입의 증가는 이와 같은 증가를 나타내 주는 한 지표이다. 구(舊) English First Division과 ITV 사이에 1988년 체결된 4년 계약분은 1,100만 파운드였다. 이 금액은 1992년 FA Premier League와 BSkyB 사이에 5년 계약이 체결되었을 때 4,280만 파운드로 증가했고, 더 나아가 1997년부터 효력을 발생하는 4년 계약에서는 1억 6,750만 파운드로 증가하였다(Morrow, 1999, 5). 또한 〈표 1.10〉을 볼 것.

3_ 행정부서는 증명 주주들에게 주주총회에 참석하여 발언할 수 있고 추가적인 회의의 소집을 요청할 수 있는 권한을 주는 예탁주식을 발행한다. 그들은 투표권을 갖고 있지 않다. 주식에 부여된 투표권은 행정부서들에 의해서만 행사되어질 수 있다. 게다가 종종 이들 회사의 위원회들은 스스로를 임명한다. 따라서 이와 같은 유형의 체계는 기업 경영진에게 스스로를 보호할 수 있는 능력을 부여한다(Brecht and Mayer, 2001, 32).

4_ 국제회계표준위원회(The International Accounting StandardsBoard)는 공공의 이익을 위하여 단 하나의 양질의 알기 쉽고 실행 가능한 국제적인 회계표준을 개발하는 데 전념하고 있으며, 이 회계표준은 일반적 목적의 재무제표에 있어 투명하고 비교 가능한 정보를 요구한다(IASB, 2001).

5_ 예로서, 영국에서는 The Cadbury Report(1992), The Combined Code(1998), The Company Law Review Steering Group(2000) ; 프랑스에서는 The Vienot Report(1999) ; 덴마크에서는 The Nørby Committee(2001).

6_ 흔히 발견되는 다른 조직형태들은 파트너십과 상호 조직화된 조직들(mutually structured organizations)이다. 전자는 특히 소규모 기업체들과 전문적 서비스를 제공하는 업체들 사이에 흔하며, 후자는 금융 서비스와 같은 분야들에서 일상적이다.

7_ 흥미롭게도 ENIC의 주식에 대한 입찰은 2003년 3월 10일 사모주식체인 Kondar 주식회사에 의해 이루어졌다. 이 회사의 유일한 이사는 Tottenham의 의장인 Daniel Levy이다. ENIC의 가치를 4,030만 파운드로 보았던 그 거래는 ENIC의 이사진이 자신들의 축구 투자를 보호하고 기금을 조성하기 위해 더 많은 현금을 투자할 필요가 있다는 것

을 인식하고 있었으며, 또한 주주들에게 공정한 가격으로 현금화할 수 있는 기회를 제공하지 않고는 그와 같은 투자가 부적절한 것이 될 수 있음을 인식하고 있었다는 것을 보여준다(예로서, 'Cash bid to take ENIC private', *The Financial Times*, Companies and Finance, 11 March 2003, 23을 볼 것)

8_ 네덜란드 민법 규약 2.26에서는 협회란 멤버를 갖춘 기업체이며 그 멤버들의 욕구를 충족시키는 것을 목표로 한다라고 정의되어 있다.

9_ 네덜란드 민법 규약 2.258에서는 재단이란 멤버가 없는 기업체이며 그 정관에 명시된 특별한 목적을 성취하는 것을 목표로 하며 그와 같은 목표에 할당된 기금을 갖춘 자라고 정의되어 있다.

10_ 이것들 중 첫 번째는 Feyenoord가 Celtic은 1970년 유러피언 컵에서 2-1로 이긴 것이었다. 마지막은 Feyenoord가 2002 UEFA 컵에서 Borussia Dortmund를 상대로 승리한 것이었다.

11_ 예로서, Giulianotti(1999, 10-14)를 볼 것.

12_ 이와 같은 구조는 오늘날도 네덜란드의 클럽들 사이에 흔하게 남아 있으며, 그 중 가장 두드러진 것은 Feyenoord이다. 하지만 추세가 이와 같은 구조를 변경시키기 시작했으며, 이것이 현대 축구 비즈니스에 있어 클럽의 경쟁력을 제한하고 있고 조직 밖의 사람들은 누구도 이를 이해하지 못하고 있다고 주장된다.

13_ 현재 필립스는 여전히 PSV의 주 스폰서로 남아 있지만 또한 다른 스포츠 이벤트와도 연관을 갖고있다. 예로서, 필립스는 2002년 서울 월드컵의 공식 파트너(글로벌 스폰서)였고, 유럽 대학축구연맹의 주 스폰서이기도 하다(press releases, www,philips,com)

14_ 많은 유럽 클럽들에서 흔히 그렇듯이 PSV는 위계적인 사업 파트너십 구조를 갖고 있다. 꼭대기에는 최고 스폰서인 Philips가 있고, 그 뒤를 11개의 공식 비즈니스 파트너들(여기에는 Bavaria NV, Canal Plus, Daimler Chrysler Nederland 등이 포함된다)과 KPMG와 같은 7개의 공식 스폰서들, 7개의 공식 공급업체들과 '사업 참여능력을 갖춘' 45개의 조직들과 PSV 비즈니스 클럽의 288명의 멤버들이 잇는다(PSV Business Yearbook 2001-2002).

15_ 2001년 11월의 PSV와 PAOK Thessaloni의 UEFA 컵 경기는 인터넷으로 중계된 최초의 네덜란드 경기였으며, 16,000명의 사람들이 이를 봤다(2001년 12월 Fons Spooren과의 인터뷰)

16_ 네덜란드 리그에서 PSV의 주 경쟁사 중의 하나인 Feynoord는 자신의 서포터들 1,200명에 대한 광범한 조사를 실시하였는데, 거기에서 서포터들은 그들의 직업, 인터넷과 휴대전화 같은 물건의 사용법 등에 관해 질문받았다. 수집된 데이터는 그들로 하여금 서포터들에 대한 자신들의 통제수단을 향상시키는 것을 가능케 했다. 예를 들자면, 잠재적 광고주들에게 그들이 목표로 삼아야 할 청중들이 어떠한 성향을 띠고 있는가를 말할 수 있는 능력을 갖추게 되는 것과 같은 것들이다(Lambton, 2001).

17_ 무엇보다, 새로운 정부는 공공 지출(특히 시민사회, 인권, 해외원조 같은 분야에서)을 줄이기 위해 예산을 삭감하였다(Smith, 2002).

18_ 예로서, SIF Fodbold Support는 1989년 여름 선수시장의 활발한 운영을 위한 기금을 모

으기 위해 설립되었다(Company information, Copenhagen Stock Exchange www.scse.dk).

19_ Company information, Copenhagen Stock Exchange www.scse.dk, 2002년 3월 30일 접속.

20_ 클럽 멤버들에 의하여 이루어진 결정의 중요성에도 불구하고 멤버들의 만장일치는 덴마크의 협회 문화의 맥락에서 보았을 때는 전혀 놀랍지 않다. 사실, Ibsen(2001)에 따르면, '결정은 협의의 형태를 띠고, 불평등이나 불화의 징후를 보이는 의사결정 과정(예로서, 투표)을 피하기 위한 노력이 행해질 것으로 기대되어진다'.

21_ 엔터테인먼트 사업체로서 클럽을 운영하겠다는 결정이 명시적으로 이루어졌으며, Østergaard는 클럽을 'FC Entertainment'로서 운영하겠다고 공개적으로 선언하였다(Brandt and Jyllands-Posten, 2002).

22_ FCK가 1997년 코펜하겐 증권거래소에 상장된 것은 6,500명 이상의 주주들을 갖게 되는 결과를 가져왔다(Brandt and Jyllands-Posten, 2002). 2001년 현재, Parken의 주식 중 대략 25% 정도가 여전히 소규모의 서포터 투자자들에 의하여 소유되어지고 있다(2001년 12월 Dan Hammer와의 인터뷰).

23_ 그와 같은 제스처는 또한 FCK의 선수들이 그 경기 이후 서포터들에게 사의를 표하지 않고 대신 탈의실로 직행했던 사실에 대한 보상이었다(2001년 12월 Anders Larsen과의 인터뷰).

24_ 2000년의 일인당 GDP(현재의 구매력을 기준으로 했을 때) : 이탈리아 $25,100 ; 영국 $24,500 ; 프랑스 $24,400 ; EU 평균 $24,400(OECD, 2002).

25_ 당시 Fiat와 Juventus의 소유주였던 이탈리아 재벌 Montedison의 Gianni Agnelli가 반대를 표명했던 합병시도는 몇몇에 의해서는 *salotto buono*의 종말로 여겨졌다. 이는 왜냐하면 몬테디슨이 이전에 이탈리아 산업체들의 대부분에 대해 실질적이고 도전받지 않는 통제를 행사하고 있던 밀라노의 머천트 뱅크(역주 : 환어음의 인수와 증권발행 업무 등을 하는 금융기관)인 Mediobanca에 의해 통제되어지고 있었기 때문이다(Edmondson, 2001). 아그넬리는 2003년 1월 사망하였다.

26_ 이탈리아 사회에서 축구가 갖는 역할의 또 다른 실례는 이탈리아 국영 방송인 RAI가 FIFA의 부적절한 심판행위로 인해 이탈리아 팀이 월드컵으로부터 배제됨으로써 RAI가 떠맡아야 했던 손해에 대한 배상을 FIFA에 요구하기 위해 법적인 조치를 취할 것을 고려하고 있다는 보도에 잘 드러나 있다(Gerlis, 2002a).

27_ 이탈리아 클럽들은 European Champions' Cup에서 10번 우승했으며, Cup Winners Cup에서는 6번, UEFA Cup에서는 9번 우승했다.

28_ Parmalat Finanziaria는 1989년 Parma의 주식 45%를 획득하였다. Parma Calcio의 회장이자 CEO인 Stefano Tanzi는 Parmalat Finanziaria의 의장인 Calisto Tanzi의 아들이다. 다른 두 명의 가족구성원인 Francesca Tanzi와 Paolo Tanzi 또한 Parma Calcio의 이사들이다. 설립자인 Tanzi가문은 Parmalat Finanziaria의 51%를 소유하고 있다(www.parma.it).

29_ 하지만 8개의 소규모 세리에 A 클럽들이 2002년 여름 TV 협상을 확보하는 데 실패했으며, 그 결과 이탈리아의 주요 클럽들(Inter, Juventus, Lazio, Milan, Parma, Roma)이 단체협약을 보조하기 위해 TV 수입 중 4백만 파운드(580만 유로)를 내놓기로 했다는 사실 또한 언급되어져야만 한다.

30_ 하지만 이탈리아 정부가 개인에 대한 세금체계를 완전히 재검토하겠다는 의지를 표명했음이 언급되어져야만 한다. 이로 인해 2006년에는 최고 수준의 소득세인 33%가 적용될 것이 예측되어지고 있다. 그와 같은 변화는 순노동비용을 감소시켜서 Juventus와 같은 클럽의 경우 1년에 1,000만 유로 정도가 될 것으로 추산된다(Banca IMI, 2002, p. 8).

31_ 대조적으로, Szymanski and Kuypers, 1999, 29는 "위상의 변화와 수익의 변화 사이의 강력한 관계의 부재는 축구 비즈니스에 있어 가장 중요한 규칙성들 중의 하나이다. 그것은 재정적인 성공을 경기장에서의 성공과 연관짓는 단순한 공식은 존재하지 않음을 의미한다"고 언급했다.

32_ 하지만 지속 가능성은 또한 선수들의 급여를 향상시키는 세력으로 작동하고 있는 클럽들 중 하나로 여겨질 수 있는 Inter와 같은 클럽에서조차 이슈가 된다. 예로서, 당시 Inter의 최고 선수들이었던 Reboca, Ronaldo, Vieri 등이 클럽이 재정적으로 어려운 기간 동안 클럽을 돕기 위해 5%의 삭감을 제안했다는 보도가 있었다(Scotland on Sunday, 14 July 2002, Sport, 10).

33_ 하지만 이는 명백히 몇몇의 광범한 경험적 연구로부터 이득을 얻을 수 있는 영역이다.

4. 비즈니스와 사회와의 접점

사례연구를 통한 이해

3장에서는 특정 국가의 기업재정 및 관리체계와 함께 유럽 축구 클럽의 소유권, 통제, 관리구조의 단면들을 그 나라의 축구 문화라는 배경 속에서 분석했다. 이 장에서는 사례연구를 통해 얻어진 쟁점과 차이점을 밝히고 분석할 것이다. 또한 이 분야의 기존 문헌을 검토하고 이러한 발견이 한 국가 내 여러 축구 클럽들의 소유권과 관리구조를 이해하는 데 있어서 어느 정도의 적실성을 갖는지 구체화할 것이다. 특정 클럽이나 회사, 혹은 국가를 넘어설 경우 어느 범위까지 그 예가 적절하고도 실제적일 수 있을까? 그러나 3장의 구체적 사례는 4개 국가의 4개 클럽만을—Tottenham Hotspur잉글랜드, FC KøbenhavnFCK, 덴마크, PSV Eindhoven네덜란드, Inter Milan이탈리아—대상으로 다루었음을 강조하고자 한다.[1] 따라서 이러한 발견을 해석하는 데 있어서 주의가 필요하다.

구조적 논리

이 연구의 가장 중요한 발견은 소유구조 및 비즈니스 행위와 실제에 미치는 특정 문화의 지속적 중요성일 것이다. 이탈리아의 경우 보다 포괄적인 기업문화에서는 실질적인 변화가 일어나고 있지만 회사에서는 여전히 전통적인 가족 소유구조와 피라미드식 교차 소유cross-holding구조가 중요하게 남아 있다. 이러한 구조는 축구 클럽의 내부—심지어는 증권거래소에 상장된 조직에서도—흔하게 발견된다. 소유권과 통제의 중첩에서 오는 결과 중의 하나는 조직 내부의 투명성 부족을 가져오는 외부 감시의 감소이다. 그렇다고 해서 이탈리아 클럽 내부에 신뢰성이 부족하다고 말하려는 것은 아니다. 오히려 축구를 둘러싼 수많은 공적 · 정치적 이해관계가 후원자들의—서포터들과 축구 대중이라고도 할 수 있는—이해관계를 집중 반영하는 정치체제 및 미디어를 통해 다른 형태의 신뢰성을 이끌어낸다는 것이다.[2] 결과적으로 재정적 신뢰성에 대비되는 더욱 공적인 형태의 엄밀성 혹은 신뢰성이 더욱 강조되는 것이다.

반면 영국에서는 축구 클럽들 간에 존재하는 유한책임회사 구조의 역사적 중요성이 주식시장의 중요성과 같은 더욱 포괄적인 경제적 · 재정적 쟁점과 맞물려 주주 중심의 기업과 관리구조를 이끌어 왔다. 이 시각에서 보면 Tottenham Hotspur의 예를 제외하고 증권거래소가 기금조성의 수단으로서 영국 클럽과 함께 인기를 얻기 시작한 것이 1990년대 초반이라는 것은 놀라운 사실이다. 1990년 테일러 보고서에 따른 축구경기장 안전 요구사항을 지키기 위한 자본 모금의 필요성이 주된 동기였지만 다른 이유들도 있었다. 경기단의 강화, 상업적 운영의 증진, 청소년 프로그램을 위한 투자, 훈련시설의 확충, 서포터의 소유권 분배 확대, 기존 주주들에게 향상된 유동자산 제공, 차용 감소, 추가적인 실질 자본 제공 등이 이에 해당한다.Morrow, 1999, 63–64. 분명 회사가 축구경기장이나 훈련시설과 같은 장기 자산에 투자하기 위하여 시장경제 체제에서 증권거래소를 수단으로 이용하는 것은 합리적이다.[3] 그러나 여러 영국 클럽들의 공적 상장의 주된 촉매제는 실제로 축구경기장 재건설 투자가 아니며 자신의 주식을 유동 자산화 하여 축구의 경제적 붐을 통해 개인적인 이익을 챙기려는 이사와 주주들의 욕심이라는 주장이 제기되어 왔다.Conn, 1997, 168-80. 따라서 신규증권을 모집하거나 공채를 발행하는 것이 몇 명 개인에게만 혜택으로 돌아갈 뿐 클럽 전체를 위한 것이란 주장은 논쟁의 여지가 있다.

더군다나 공채발행을 위한 기본 논리의 경제적 타당성과는 상관없이 한번 상장된 이상 클럽은 거칠 것 없는 시장의 힘에 필연적으로 노출된다.[4] 다시 말해, 공채발행이란 그 클럽이 앞으로 언제든지 팔릴 수 있다는 뜻이다.Szymanski and Kuypers, 1999, 74. 가장 명확한 예가 바로 회사와 투자금을 둘러싸고 경매 가능성에 대한 루머가 끊임없이 나돌았던 Manchester United의 경우이다.[5] 게다가 이해당사자 간의 갈등이 증가될 가능성 역시 존재한다. 특히 축구의 성공이라는 효용을 중요시하는 서포터들과—어쩌면 이사들 역시—재정적으로 동기부여가 된 투자자들 사이의 갈등이 가장 유력하다. 이러한 갈등은 지금껏 잘 드러났고예를 들면, Morrow, 1999 참조, 상장된 Leeds United에서 역시 상장된 Manchester United로 Rio Ferdinand가 이적했을 때의 반응과 의견을 담은 기사가 또 다른 분명한 예로서 나타나고 있다.〈예시 4.1〉 참조.

하지만 문화적 쟁점의 중요성은 아마도 덴마크에서 가장 두드러진다고 볼 수 있다. FCK 같은 클럽은 현대 축구 비즈니스의 척도, 즉 성공한 사업가에 의해 운영되고 증권거래소에 상장되었으며 다양한 사업방식을 선보이고 있는 새로운 클럽쯤으로 여겨질 것이다. 그러나 더 자세히 살펴보면 FCK는 덴마크 전체 문화와 사회의 반영체임이 드러난다. 이는 사회민주주의라는 국가의 역사적 전통이 지속적으로 클럽 운영에 영향을 끼치며 그 방식을 특징지어 주고 있다는 점에서 분명하게 드러난다.[6] 즉 협력, 개방, 포괄성과 같은 원리를 통해 검증되고 있는 것이다. 그럼에도 불구하고 네덜란드 클럽은 잉글랜드, 이탈리아 혹은 스페인의 클럽과

〈예시 4.1〉 이해당사자 갈등

'Manchester United 위원회가 새로운 획득물에 대해 공격을 감행했다.'

The Financial Times, 23 July 2002, p. 21 (발췌)

- 경기장에서 별다른 승리를 얻지 못했던 시즌 이후 Manchester United는 Leeds United 출신 Rio Ferdinand의 3천3백3십만 파운드 이적 거래를 성사시킴으로써 서포터들에게 환호할 이유를 제공했다.
- 그러나 Manchester United의 서포터들이 또 한 명의 세계적 플레이어가 Old Traford에 도착한 것을 열렬히 환영했던 반면 투자자들은 전혀 행복해하지 않았다.
- 연이어 영국 이적 기록을 깰 것이라는 Manchester United 위원회의 결정에 대해 시에서 의심을 표현하자 클럽 주식이 100p에 가까운 8.5% 떨어졌다.
- '나는 평가절하되고 있는 자산에 이런 종류의 돈이 사용되는 다른 산업은 생각해볼 수도 없다' 고 주식거래자가 말했다.
- 분석가들은 Ferdinand의 이적거래가 정당화될 수 있는지 의심스러워했다. '축구 클럽은 반드시 선수들을 사와야 하지만 지난 수년간 주가가 떨어지는 것을 보아온 Manchester United 주주들은 아마도 선수 교환에 돈이 덜 사용되고 배당금의 확실성을 통해 보다 많은 이익이 돌아오는 것을 선호할 것이다.'

'Ridsdale은 제안을 고려할 준비를 했다'

Morning Star, 18 July 2002, p. 12 (발췌)

- [Leeds 회장, Peter Ridsdale이 말하기를] '우리는 공기업이고 나는 그 고용인이기 때문에 주주들을 위해 우리의 자산 가치를 극대화할 책임이 있다.'
- 그 23살은 [Ferdinand] 이미 Leeds에 대해 과거형으로 이야기하고 있으며, Leeds 유한공사의 고위층에 따르면 클럽의 자회사에 다수 주주를 소유하고 있는 거대 투자자인 Schroders가 이러한 판매 방식을 용납하지 않을 것 이라고 확인했다.

비교할 때 비교적 압력이 덜한 스포츠 사회 공간에서 운영되고 있음이 강조되어야 한다. 즉 위의 나라들과는 달리 운영자에 대한 서포터들의 기대와 압력의 정도가 확실히 낮기 때문이다. 하지만 네덜란드의 경우 PSV

의 뚜렷하게 구분되는 독특한 역사를 비추어 볼 때 보다 큰 나라에서의 문화적 영향력에 대한 결론을 내리기는 쉽지 않다.

집중-소유권, 통제, 권력

과거 연구에서 영국 클럽은 일정한 소유권과 통제의 카테고리에 의해 분류되었다.〈표 3.1〉 참조. 집중된 소유권은 소수의 개인이나 재단이 회사에서 높은 비율의 다수주식을 소유하고 있을 때 나타난다. 집중된 통제는 50% 이하의 소유만으로 효과적인 통제가 실시될 때 존재한다. 그러한 보유는 교차 소유의 결과 혹은 주주들로 하여금 통일된 실질 행동을 어렵게 만드는 주주 기반의 파편성 자체에서 기인할 수 있다. 동일한 카테고리를 이용하여 〈표 4.1〉은 더욱 미세한 부분까지 고려하는 클럽 분류법을 제공하고 있다. 이전의 연구에서 사용되었던 사례 역시 비교차원에서 포함했다.

관리와 소유권을 둘러싼 문제점은 소주주들이 경영전략에 영향력을 행사하기 위해 자신의 소유권을 적극적으로 활용하지 않는다는 것이다.Vives, 2000.[7] 이러한 사실은 회사를 감독하는 데 있어서의 어려움, 투표권을 행사하고 활용하는 데 드는 거래비용, 소유권의 파편화 등의 쟁점을 통해 설명되어 왔다.예를 들면, Shleifer and Vishny, 1997 ; Stratling, 2001 ; Webb, *et al.*, 2001. 그러나 이러한 문제점은 이사들에 의해 해결되지 못했고 주주의 권리는 효과적으로 발휘되지 못했다.Monks and Minow, 2001, 95. 결과적으로 주주들이 만족하지 않을 때 남겨진 유일한 선택은 소극적인 감시와 통제, 즉 투자 회수이다.Vives, 2000.[8]

〈표 4.1〉 소유권 유형에 따른 축구 클럽의 분류

	유럽 클럽(2001)	영국 클럽(1997)
집중된 소유권	Inter Milan (Moratti 가족, 65%) PSV Eindhoven	Arsenal (이사 통제, 87.5%) Rangers (지배적 소유주, 61.0%)
분산된 소유권과 집중된 통제	Tottenham Hotspur (ENIC, 29.8%)	Aberdeen (이사 통제, 29.5%) Aston Villa (지배적 소유주, 33.4%)
분산된 소유권	FC Copenhagen	Manchester United

하지만 주식자본이 개방되고 소유권이 확대되어 가는 축구 클럽에서 실제로 축구 클럽 주주에 의한 판매의 증거는 매우 희박하다. 축구 클럽 주식의 거래는 이론상으로 활발한 2차 시장을 제공하여야 하는 상장된 클럽사이에서도 지극히 고정적인 것으로 남아 있다.Morrow, 2000.[9] 적은 양의 거래는 다양한 이유로 생겨날 수 있지만 대부분 단순히 구매자와 판매자의 부족에서 기인한다. 공급차원에서 집중된 소유권이나 통제는 주식 거래의 가능성을 효과적으로 줄인다. 수요차원에서는 투자자의 본질이 열쇠이다 : 상장된 클럽에서도 적극적 투자정책의 지지자들이 소유하는 양은 극히 적다. 그러나 가장 의미 있는 쟁점은 아마도 개인 투자자의 투자논리일 것이다. 많은 개인 주주들은 클럽의 서포터이기도 하다. 또한 오랜 기간 주식을 소유해 온 가족 연계가 존재하기도 한다. 클럽이 처음으로 회사가 되고 주식을 발행할 때 사람들은 부자가 되기 위해서보다는 시민적 자부심이나 지역 공동체 내의 일원이 되고 싶은 열망에 종종 주식을 구입했다.예를 들면 영국에 관하여 Birley, 1995, 39 참조. 최근에 들어서는 클럽이 증권거래소에서 공공 어음이나 공채를 발행함에 따라 서포터의

투자는 재정적 논리보다는 주로 감정에 의한 것임이 일반적으로—만약 실증적으로 증명되지 않는다면—받아들여지고 있다. 이러한 쟁점에 관심을 갖는 몇 안되는 연구자들 중에서 De Ruyter와 Wetzels2000는 상호성의 사회적 규범—클럽을 도와야 한다는 책임감과 의무의 감정—과 클럽에 대한 개인적 소속감 등의 요소가 서포터들로 하여금 축구 클럽의 주식을 구매하게 하여 재정적 도움을 제공하는 동기가 된다고 주장한다.[10) 명확한 투자동기와 상관이 없어서 논의가 쉽지 않은 부분이 바로 많은 서포터—주주들이 그들의 주식을 시장화할 수 있는 자산으로 여기기를 꺼려하며, 따라서 탈출이나 세일의 규율적인 권리를 행사하려 하지 않는다는 것이다.Morrow, 2000.

물론, 수요와 공급의 쟁점이 반드시 독립적이지는 않다. 위의 주장에 따르면 투자자는 본질상 축구 클럽에서 상대적으로 작은 크기의 주식에 집중하며 효과적인 통제를 불러올 수 있다. 회사에 개입하는 거대 주주의 장단점에 대해 논하고 있는 문헌은 방대하다. 집중된 소유권의 역할은 지배적 소유자나 가족의 손 안으로 권력을 모으는 것이다. Carlin과 Mayer2000가 주장하듯이 집중된 소유권은 안전성과 목적의 확실성을 제공함에 따라 장기적이고 헌신적인 투자자들을 필요로 하는 활동을 이롭게 하며, 따라서 다른 종류의 소유권과 통제는 다른 종류의 활동들과 그 짝을 이룬다. 더 나아가 집중된 소유자들은, 분산된 주주들보다 다른 이해당사자를 향한 더욱 높은 정도의 헌신을 보여줄 수 있으며, 분산된 주주들과는 달리 큰 부분을 차지한 사람들은 익명으로 과거의 헌신을 철회할 수 없다고 주장되어진다. Carlin과 Mayer2000는 또한 다른 이해당사자들에 의한 큰 규모의 투자활동은—예를 들면 인간 자본 구성이나 소비자 시장에 대한 지식과 관련한—다양하게 분산된 주주보다는 거대 주주로부터 이익을 얻는다는 흥미로운 제안을 하고 있다.

축구 클럽에 대한 이러한 주장과 관련하여 여러 관찰이 가능하다. 첫째, 클럽에 대한 서포터들의 공헌은 반박의 여지가 없다. 3장에서 언급되었듯이Tottenham Hotspur의 비즈니스 편 서로 다른 종류의 관객이 존재할 수는 있으나 모든 관객은 클럽에 공헌하며, 그 공헌은 재정적이며 감정적이기도 하다. Giulianotti가 말했듯이 "고전적인 서포터는 장기적으로 개인적 · 감정적 투자를 해왔다. 이는 클럽의 주식을 구매하는 등의 시장 중심의 투자로 보충될 수 있을지도 모른다. 그러한 지출에 대한 설득력 있는 논리는 클럽을 향한 확고한 개인적 연대감을 보이고 금전적 지지를 제공하기 위한 자각된 헌신에 의해 여전히 지탱되고 있다.2002, 33." 이 개념은 서포터들에 대한 추호의 의심을 남기지 않고 있으며, 이들의 지지는 돌이킬 수 없는 클럽의 투자와 얽혀 있다.제2장 참조. 재정적 관점에서도 클럽가치의 많은 부분은 서포터의 투자에 의해 이루어진다. 둘째, 시간적 차원에서 보았을 때 그들의 투자는 현재진행형이며 되돌릴 수 없다. 따라서 비록 서포터들이 단기적 사항들을 소유주들에게 원한다 할지라도 이는 장기적 투자이다. 셋째, 축구 서포터들은 알려져 있지 않은 분산된 소유주들보다 한 명의 지배적인 소유주를 선호한다. Carlin과 Mayer2000가 주장하는 위대한 헌신의 개념뿐 만아니라 지배적인 소유권은 축구 클럽으로 하여금 주위로 군집하거나 혹은 비방할 수 있는 대표자를 가질 수 있게 하며, 따라서 신비로운 '회색 슈트의 남자'와 명백한 대조를 이루도록 한다.[11)]

프로 축구와 같은 분야에서 집중된 소유권을 옹호하는 또 다른 주장은 지배적인 소유주가 효용 극대자로서의 역할을 해낼 것이라는 가설에 기반하고 있다. Demsetz와 Lehn1985에 따르면 프로 스포츠나 대중매체와 같은 특정 종류의 사업체에서는 소유주로 하여금 그들의 효용 선호에 의해 주요 결정을 내리도록 하는 집중된 소유구조가 훨씬 설득력이 있다. 다시 말해 거대 주주들은 그들 자신의 이해관계를 대표할 수 있다. Inter Milan의 예에 비추어 보면 Massimo Moratti의 집중된 소유권은 그로 하여금 그의 효용의 극대치, 예를 들면 Scudetto를 이기려고 시도하는 결정을 가능케 했다는 것이다. 그러나 집중된 소유권 역시 문제점을 내포하고 있으며, 특히 통제의 개인적 혜택을 창출할 수 있다.Carlin and Mayer, 1998. 그 구조가 거대 주주에 의한 사업체 내 다른 투자자들과 이해당사자들을 상대로 한 잠재적인 몰수를 가능케 한다는 것이다.La Porta, *et al.*, 1999 ; Shleifer and Vishny, 1997. 관련문헌에서 이는 주로 현금 유입의 차원으로 다루어진다. 이는 어떤 축구 클럽에서는 일부 소수 주주들에게도, 또한 은행이나 다른 대출자와 같은 재정적 이해당사자들에게도 해당될 수 있는 이야기이지만 몰수 가능성 역시 효용의 차원에서 연관성이 있다. 다시 말해 지배적인 주주가 자신의 효용을 극대화하기 위해 클럽을 운영하는 곳에서 문제점은 바로 소주주나 다른 이해당사자들의 효용 기능이 지배적 주주의 그것과 합치되지 않을 때 일어날 것이다.

따라서 집중된 소유권의 구조적 혜택은 지배적 소유주의 행동이나 개인적 특성과 같이 뚜렷하고 분명한 요소가 아닌 지극히 일시적인 무언가에 의존하고 있다. 또한 소극적 감시와 통제의 제거—투자회수—와 소주주들이 관리와 감시에 적극적으로 개입하려 하지 않는 경향과 함께 맞물려 결국 다른 주주들을—또한 이해당사자들—무기력하게 하고 지배적 통제자의 채찍에 노출되도록 만든다. 극단적인 경우는 회사법과 소수 이해관계 보호의 제한 하에서 다른 주주들이나 이해당사자들의 효용 기능이나 바람과는 상관없이 지배적인 소유주에 의한 침해로써 나타날 수도 있다.

이러한 관찰과 축구산업의 공적인 성향 모두에 비추어 볼 때 집중된 소유권과 통제가 종종 지배적인 개인의 특성과 동반된다는 것은 그다지 놀랍지 않다. 이탈리아 클럽이 가장 뚜렷한 예라고 할 수 있는 개인회사에서 공통으로 발견되는 이러한 지배적인 개인의 특성은 영국을 포함한 다른 나라에도 널리 퍼져 있다. Inter Milan의 Masimo Moratti가 완벽한 예이다. 여러 면에서 Moratti는 Inter의 의인화 그 자체였고 서포터들이 그의 주위로 모이거나 그를 헐뜯고 비방할 수 있었다. 그러나 아무도 그의 Inter에 대한 헌신을 의심하지는 않았다. 그의 가문은 과거에 클럽을 지탱할 만한 자원을 소유하고 있음을 과시했고, 따라서 서포터들과 다른 이해당사자들은 그 지배적 축구 소유주의 부조로부터 혜택을 받아왔다. 그러나 축구의 역사는 그러한 지배적 소유주의 역할에 대한 온화한 해석을 내리기에는 조금 어려운 예와 함께 뒤죽박죽되고 만다.

흥미롭게도 개인적 특성의 중요성은 시장 상장과 같은 소유구조의 변화와 함께 줄어든 것은 아니다. 소유권의 집중 혹은 분산 정도에 따라 상장된 클럽의 통제는 지배적인 소유주나 소유주들의 손에 집중된 채 남아 있을 수 있다. 예를 들면 이탈리아에서 그들의 시장 상장에도 불구하고 Juventus, Lazio, Roma의 통제는 굳건하게 Agnelli 가문, Sergio Cragnotti, Francesco Sensi의 손에 각각 남아 있다. 집중된 통제의 쟁점은 지배적인 소유주들이—그들의 가문도—회사에 의해 계속적으로 고용되고 있는 Lazio, Roma에서 더욱 두드러진다. 이러한 점에서 Tottenham Hotspur는 흥미롭다. 비록 ENIC는 소수 지분29.8%을 소유하고 있지만 회사의 대외적 얼굴인 최고 경영자 Daniel Levy와 함께 명백한 지배적 주주이다. 처음 보기에 이 구조는 Alan Sugar 경이 지배적인 개인 주주였던 시기와 확실한 대비를 나타내는 듯하다. 표면상으로는 ENIC와 같은 조직의 목표와 동기는 더욱 비즈니스 중심적이고, 따라서 Sugar처럼 뚜렷한 서포터—소유자인 사람보다 잠정적으로 서포터들과 갈등관계에 놓이기가 쉽다.[12] 하지만 현실은 꽤 다르다. 자세히 들여다 보면 Tottenham을 향한 Sugar의 접근은 일부 서포터들에게 인기가 없었고, 이는 특히 그의 재정적 집중이 아니라 오히려 더욱 심오한 차원에서 그가 클럽의 개념, 유산, 방식을 이해하지 못했기 때문이라고 주장 된다.Joff Wild와의 인터뷰, Tottenham Hotspur 서포터 협회, 2001년 12월. 반대로 ENIC는 비즈니스 중심적이기는 하지만 서포터들과 대화를 나누고자 하는 의지를 통해서 조직이 축구를 위해 어떠한 혜택을 줄 수 있는지에 관하여 서포터들로 하여금 확신에 차게 만들었다. 팬으로 여겨지고 있던 Sugar가 서포터들의 심한 불만에도 불구하고 전 Arsenal 경영인 George Graham을 경영책임자로 임명한 반면 과거 Tottenham의 전설 Glenn Hoddle을 클럽으로 다시 불러온 것이 바로 ENIC이었다는 것이 매우 흥미롭다.

Masimo Moratti와 같은 사람이 지배적인 인물이자 동시에 지배적 주주이지만 사실상의 통제는 반드시 주식 소유권이나 투표 통제에 의존하지 않아도 될지 모른다. 클럽의 소유구조와는 상관없이 주요 개인과 인물의 힘 그 자체가 통제의 영향력에서 그 기반을 이룰 수 있기 때문이다. 구조나 비즈니스 행위에 있어서 인물의 중요성을 단적으로 보여주는 예가 바로 FCK의 회장 Flemming Østergaard이다. 5% 미만의 주식 보유에도 불구하고 Østergaard는 FCK의 명백한 지배적 인물이다. 주식 중개인으로서의 그의 배경은 그의 인물적 특성과 연결되면서 그로 하여금 재정자, 서포터 그룹들과 연합을 구성할 수 있도록 한 동시에 관리적 자율성을 확보하는 체제를 발전시킬 수 있도록 했다. 또한 이러한 통제나 관리는 뒤이은 성공에 의해 더욱 굳건해졌다. 그의 경영 능력에서 나타난 재정적 성공과 믿음은 그가 주주들의 후원을 확보하고 있음을 의미한다. 그의 인물적 특성과 결합된 축구에서의 성공 역시 그가 서포터들의 후원을 얻고 있음을 뜻한다. 한편 Østergaard가 그의 이탈리아식 매너와 친근함 그리고 클럽의 서포터들에 대한 배려로 인해 Don Ø로 불리는 사실에 비추어 덴마크에서도 이탈리아의 영향력이 흥미롭게 존재함을 알 수 있다.Dan Hammer와의 인터뷰, 2001년 11월.[13)]

시장원리와 비즈니스 정신

세 클럽 FCK, PSV, Tottenham Hotspur의 공통점은 그들의 행동과 의사결정에 대한 안내자로서 시장원리를 고수한다는 것이다. 이러한 결론은 이 클럽들이 활동하고 있는 국가와 사회가 시장원리에 의해 지배되고 있음을 비추어 볼 때 그다지 놀랍지는 않다. 1990년대 엘리트 클럽에게 가능했던 임금상승과 함께 축구의 새로운 정치경제가 등장했고, 클럽 내부에서 행동과 의사결정의 안내자로서 시장원리가 부상한 것은 당시의 징후였다. 더군다나 우리가 이미 관찰했듯이 FCK와 Tottenham Hotspur는 실제로 증권거래소 상장회사이다. 그러나 이러한 클럽의 주된 목적이 이윤과 주식가치의 극대화이거나 이 회사들이 시장에 철저히 근거하여 운영된다고 말하려는 것은 아니다. 오히려 축구의 성공은 단속적인 현장활동 사이의 공생관계, 즉 적절한 비즈니스 구조 내부에서만 유지될 수 있다. 흥미롭게도 가족 소유구조를 갖고 있는 Inter와 같은 클럽뿐만 아니라 여타 이탈리아 클럽들에서 조차도 시장원리 채택과 재정적 규율의 우선순위를 위한 요구가 최근에 와서야 받아들여진 것으로 보인다.예를 들면 Glendinning, 2002 참조.

개념적 수준에서 보면 사회단체 조직을 위한 시장 작동원리의 적절함은 여전히 경쟁적인 영역으로 남아 있다.제2장 참조. 궁극적으로 사례연구에 대한 관심은 근본적인 쟁점—축구 클럽은 무엇과 누구를 위한 것인가—을 일깨워 준다. 사례연구 대상인 세 클럽과 그 이외의 많은 클럽들이 현재 비즈니스와 더욱 유사해진 방식으로 운영된다고는 하지만, 모든 인터뷰 대상자들이 밝히고 있듯이 이 산업의 본질은 근본적으로 비즈니스나 경제활동의 영역과는 다르다. 특히 서포터들의 열성적이고 한결같은 충성심은 관리와 신뢰성 쟁점을 위한 결과적 함의와 더불어 클럽들이 효과적으로 독점적이 되어간다는 것을 보여준다. 그 가능성은 서포터들보다 우선하여 자리 잡은 다른 이해당사자들의 요구와 바람으로 종종 등장한다.

사유화된 회사가 공공 재원의 제공을 맡아왔다는 점에서 축구 서포터와 효용 소비자 사이에 유사성이 발견될 수 있다. 예를 들면 영국의 민영화된 수자원 산업 내의 관리와 관련하여 Letza와 Smallman2001이 쓴 논문에 따르면 요크셔 워터Yorkshire Water가 1995년 여름 가뭄시기 동안 주식의 가치를 올려야 하는 의무를 계속적으로 수행했던 반면 다른 이해당사자들의 요구를 충족시키는 데는 실패했다. 물론 수자원 산업을 통한 유추는 여기까지만 가능하다. 첫째, 축구가 사회 재원으로 여겨질 수는 있겠으나 분명히 물이나 전력과 같은 공공 재원은 아니다. 둘째, 3장에서 논의되었듯이 생산품 대체나 비구매는 축구 서포터를 위한 사회적 옵션으로 대체되기 어렵고 효용 소비자를 위한 생산품 대체나 비구매의 경제적 옵션은 아예 존재하지 않을 수도 있다. 셋째, 축구 서포터들은 비구매의 광범위한 옵션을 갖고 있다. 즉 비구매의 권리가 경기참석보다는 생산품에 대해서 행사될 수 있다. 이러한 차이점에도 불구하고 클럽과 서포터들을 둘러싼 관계의 본질이 관리와 신뢰성의 파생적인 결과와 함께 독점적인 성격을 갖고 있음은 명백하다. 하지만 축구 클럽 비즈니스는 다른 이해당사자들의 요구를 최우선화할 수 있는 기회를 갖고 있다. 모든 이해당사자들에 대해서 왜 더욱 포괄적인 접근을 채택해야 하는지에 대한 합리적인 경제적 · 사회적 이유가 분명하게 존재하는 것이다. 그들의 시장원리의 채택에도 불구하고 사례연구의 증거에 따르면 클럽은 포괄성의 필요를 충분히 자각하고 있다.

포괄성

이 장의 몇몇 예들이 보여주고 있듯이 유럽의 축구 클럽은 지속적으로 두드러진 조직적 형태를 유지해 왔다. 이는 필연적으로 상이한 구조 및 기업관리와 신뢰성에 대한 접근으로 이끌었다. 그러나 보다 규모가 큰 기업경제에서 일어난 엔론Enron과 월드컴Worldcom 같은 사건은 기업관리란 단지 구조와 통제에 관한 것만은 아님을 보여주고 있다. ICAS, 2002. 신뢰성은 사회적으로 구성되어 있으며, 따라서 사람들과 그들의 행동이 구조만큼이나 중요할 수 있다.

이는 특히 비즈니스 단체이자 동시에 사회조직이라고 여겨지는 축구 클럽에서 더욱 두드러진다. 적어도 2개 이상의 사례연구에서 발견된 증거에 따르면 이사측의 새로운 의지가 중요하다. 즉 클럽이 서포터와 그 공동체처럼 클럽 내의 이해관계를 소유한 그룹들을 개입시키는 방식으로 운영하고자 하며, 그러한 이해당사자와의 관계를 향상시키고자 노력한다는 것이다.

비즈니스 행위와 관리에 대한 보다 포괄적인 접근의 동기는 클럽마다 다르며, 더욱 근본적으로 클럽의 이해당사자들마다 다르다. 예를 들면 기민한 이사들은 비록 그들의 클럽이 이해당사자 조직이라는 개념은 받아들이지 않는다 하더라도 향상된 소비자 관계란 비즈니스를 위해 이로운 것임을 깨달을 것이다. 비슷한 맥락에서 서포터와 공동체 그룹들은 이사들이 신뢰감 향상을 위해 의사소통과 대화를 촉진시키고자 하는 마인드를 이용할 수도 있다. 그러나 달라진 동기가 비즈니스에 대한 포괄적인 접근을 채택하고 향상된 신뢰성을 획득하는 데서 오는 혜택을 감소시킬 필요는 없다—이해당사자들이 클럽의 역할과 목적에 대해 동일한 시각을 공유할 의무는 없는 것이다.

축구가 다른 경제활동과 어느 정도 구분된다고 알려졌지만 다름 아닌 OECD가 포괄적 접근을 정확하게 주장하는 것은 매우 흥미롭다.

> 법인은 경쟁력 있고 이윤을 창출하는 회사를 건설하는 데 있어서 이해당사자들의 공헌이 가치 있는 자원을 이루고 있음을 깨달아야 한다. 즉 법인의 장기적 이익을 위해 이해당사자들의 부를 창출하는 협력을 키워나가야 하는 것이다. 법인의 이익이란 이해당사자들의 이익과 그들의 공헌을 자각함으로써 얻어질 수 있음을 깨달아야 한다.
>
> OECD, 1999, p. 35.

클럽이 얼마만큼 포괄적으로 운영되는지 그 범위를 판단하는 것은 매우 주관적이며, 시간에 따라서도 일정하지 않다. 물론 이 책을 위해 실시된 인터뷰와 사례연구를 통해 대충의 그림은 얻을 수 있다. 예를 들면 3장에서 토의된 각각의 클럽들은 의사결정에서 서포터들의 개입을 분명하게 했고, 의사소통과 신뢰성을 위한 작동기제의 예를 보여주었다. 이는 PSV와 FCK의 서포터 그룹 정기모임, Tottenham의 서포터 협회 교섭, Inter의 웹을 통한 의사소통 등을 포함하고 있다.[14] 그러나 대부분의 경우 인터뷰 대상자가 이미지 관리를 할수 있다는 위험과 함께 이러한 인터뷰들은 이사들이나 사용주들에게 초점이 맞추어졌다. 더 나아가 이해당사자 그룹들은 이러한 구상의 타당성을—포괄성은 강제로 부과될 수 없다는—받아들여야 한다.

포괄성에 근거하여 영국 클럽이 운영되고 있다는 증거의 자료는 축구관리연구센터FGRC : the Football Governance Research Centre에 의해 매년 행해지는 연례 설문조사이다.Binns, *et al.*, 2002 ; Hami, *et al.*, 2001a. 이 설문조사를 바탕으로하여 작성된 보고서는 영국 축구 클럽 내에서 실제로 행해지는 기업관리의 종합적인 시각을 제공해 준다. 또한 회사법규Companies Acts와 회사관리 관련 규정the Combined Code on Corporate Governance의 준수부터 시작하여 의사소통과 이해당사자의 개입을 둘러싼 쟁점에 이르기까지 다양한 주제를 다루고 있다.[15] 보고서는 클럽의 다양한 모습의 관리 실행을—좋기도 하고 나쁘기도 한—밝히고 있다. 예를 들면 2001년도 보고서는 "어떤 축구 클럽에서는 뛰어난 관리 실행덕분에 서포터 그룹을 합의적 관리 모델 내로 받아들였고, 이는 클럽의 전반적인 혜택으로 작동한다"고 밝히고 있다.Hamil, *et al.*, 2001a, 2. 그러나 전체적으로 그 입장에 대한 저자들의 분석은 반드시 긍정적이지는 않다.

> 클럽의 공식 임원은 정보를 공개하고 팬 클럽 및 이해당사자들과의 대화를 유지하면서 경영의 어려움을 해소하려는 반면 서포터들은 이러한 시도에 대해 그다지 긍정적이지 않다.
>
> Hamil, *et al.*, 2001a, p. 2.

> 모든 증거에 따르면, 축구에서 기업관리의 일반적 수준이란 내외적 통제 작동기제의 부족으로 인해 형편없이 낮다는 것이다.
>
> Binns, *et al.*, 2002. p. 1.

비즈니스의 포괄적 접근은 서로 다른 이해당사자와 그 대표자들 사이에서 커져가는 개인적 관계에 의존하고 있다. 보다 공식적인 관리구조의 부재는 최상의 업무처리와 포괄성에 대한 이사의 해석이 다른 이해당사자의 해석과 갈등하면서 악화된 위험을 만들어낸다. 이러한 우려는 Binns와 공저자들2002, 26에 의해 영국 클럽을 통해 제기되었다. 그들은 클럽과 팬들의 관계를 중심부에서의 불평등, 즉 이사들과 다른 이해당사자들 사이에 존재하는 힘의 불균형으로 묘사하고 있다. 서포터들은 그들의 목소리를 귀담아 듣도록 이사들에게 힘을 행사할 수 없기 때문이다. 이것이 영국의 정확한 소개이지만 합의에 의한 접근이 비즈니스와 사회 모두에서 발견되는 다른 나라의 클럽과 회사에 동일한 분석틀을 적용하지는 않는다.

■ 구조적 해결책

클럽으로 하여금 더욱 포괄적인 기업관리를 개발하도록 도와주는 해결책에 관심이 모아지고 있다. 그러한 접근 방법중 하나는 구조적인 것이다. 예를 들면 클럽은 더욱 포괄적인 소유구조를 채택할 수 있다. 한 가지 가능성은 Tottenham Hotspur에 관해 논하면서 제기되었던 서포터 협회의 형태일수 있다. 이러한 조직은 최근 몇 시즌 동안 영국에서 꽤 두드러지게 나타났다.제2장 참조.

서포터의 관점에서 보면 협회는 서포터들로 하여금 클럽 내부의 행동과 신뢰성에 영향력을 발휘하기 위해 함께 일하고 노력할 수 있도록 하는 집단적 구조를 제공한다. 그 합은 개별적인 개개인보다 훨씬 가치가 있다. 클럽의 관점에서 보면 협회의 존재란 아마도 접촉의 유일한 통로로서 특별 모임과 다른 의사소통의 구상을 조직할 수 있도록하여 신뢰성을 수월하게 관리하도록 해준다. 따라서 Tottenham의 사례와 같이 포괄성의 원리에 근거하여 협회를 인식하는 클럽을 기대할 수 있다.

FGRC의 설문조사에 따르면 영국에서 향상된 기업관리를 위해 서포터 협회를 강하게 선호하는 것으로 나타났다. 그러나 설문조사의 결과 분석을 해석하는 데 있어서 주의를 요한다. 첫째, 설문조사에 응한 서포터들의 샘플 분포가 서포터 조직의 멤버들로 편중되었고 실제로 34.7% 정도가2002 당시 서포터 협회의 멤버였다. 더욱 근본적으로 보고서의 작성자FGRC가 영국 내 서포터 협회를 향상시키는 운동과 은밀하게 연루되었기 때문에 보고서의 객관성에 대한 우려가 존재한다.[16)]

문화적 연관성을 지니는 또 다른 구조는 중역 이사회에 이해당사자 대표의 역할이 추가되는 이중 이사회 구조이다. 이는 관리과정이 이사와 경영위원회 모두를 필요로 하는 네덜란드와 독일과 같은 나라에서 특별한 연관성을 갖는다. 흥미롭게도 영국의 민영화된 수자원 사업 연구에서 Letza와 Smallman2001은 공공 재원의 관리에서 모든 이해당사자의 이익과 효과적인 기업관리의 보호를 위해 이중 이사회 구조를 작동시킬 것을 주장한다.

이중 이사회 구조와 함께 기업관리 활동 사이에서도 분명한 차이가 나타난다. Tricker1984에 따르면, 방향—전략의 구성—과 경영 행위는 경영 위원회에 의해 다뤄지는 관리의 기능이며 중역 이사회는 감독—감시와 관리 수행 관찰—과 신뢰성—신뢰성을 위해 정당한 요구를 하는 이들에 대한 책임감 인식—과 같은 관리의 기능에 관심을 둔다. 이러한 관점에서 보면 경영 위원회는 서포터를 고려하기 때문에 경영 위원회 내부에 서포터 대표 도입이라는 하나의 사례가 만들어질 수 있다.

영국 축구 클럽처럼 단일 위원회 구조의 경우 서포터 대표를 위한 사례는 논란의 여지가 있다. 서포터스 디렉트Supporters Direct는 위원회내부에 서포터 대표제 도입을 일관되게 주장해왔고, 기존의 19개 클럽들에 이어 2002년 10월 상장 클럽인 Aberdeen과 Charlton Athletic이 추가적으로 서포터 이사를 확보하였다.Binns, *et al.*, 2002, 28. 그렇지만 이는 선출된 개인에게 과도한 강조점을 두는 것이며, 서포터 협회를 지탱하는 집단성의 근본 원리와 어느 정도 충돌을 빚는 것이다. 선출된 대표가 회사법과 증권거래소 규율의 제약 하에서 특히 비밀정보가 토론될 때 어느 범위까지 서포터 협회나 다른 서포터 그룹들과의 의미 있는 의사소통을 할 수 있는지에 대한 우려가 존재하기 때문이다. 또한 서포터/이사가 포획되는 위험, 서포터/이사가 서포터 그룹으로부터 소외되는 위험, 서포터/이사가 전체 서포터 그룹을 대표하지 못하는 위험 그리고 서포터/이사가 주변부화 되는 위험 역시 존재한다.[17)]

■ 공개 관행 장려하기

포괄성을 옹호하고 기업관리를 향상시키기 위한 방편으로서 구조적 대안은 공개 향상, 즉 클럽이 관리와 신뢰성에 대한 그들의 접근을 밝히고 의사소통할 수 있도록 초점을 맞추는 것이다. 공개에 기반한 접근은 다른 클럽이 그들의 행동을 향상시키도록 동기부여를 할 것이라는 기대 하에 관리와 신뢰성의 관행을 장려하는 것이다. 회사 연례보고서의 설명식 보고에 관한 영국 재정 보고에서 이러한 목적의 유사성을 발견할 수 있다. 1993년 설명식 보고의 관행을 독려하고자 회계기준위원회ASB : the Accounting Standards Board는 운영 및 재정에 관한 심의OFR : the Operating and Financial Review를 발행했다. 하지만 이는 의무적 회계 기준이나 법률에 관한 의무사항은 아니며[18)] 다만 설득력을 발휘하고자 의도된 것이었다. 1993년 OFR 성명서가 발행된 이래 ASB는 연례보고서의 설명식 보고에서 질적 · 양적으로 눈에 띄는 향상이 있었음을 밝혔다.ASB, 2002.

2002년 보고서에 따르면 FGRC는 훌륭한 업무처리와 법률적 의무 모두를 따르는 축구 클럽과 서포터 그룹을 위한 훌륭한 관리의 코드를 만들자고 주장했다.Binns, *et al.*, 2002, 42. 잉글랜드에서는 이미 FA 프리미어리그 연례 실행 보고서FAPCACR를 통해 등장한 관행의 접근에 대한 몇몇의 예가 존재한다.FAPS, 2002. 소비자 계약 임무는 FA 프리미어 리그 클럽들이 상업적 이해관계와 소비자의 필요의 사이에서 더 나은 균형을 맞추기 위한 틀을 제공하기 위해 구상되었다. 이는 연례 보고와 감시의 체계를 통해 공공 신뢰성을 제공하고 관행과 자기 규제를 독려하는 것을 목표로 삼고 있다. 공동체 투자나제2장 참조 인종차별주의 문제를 다루기 위해 취해진 조치 등과 관련하여 FA 프리미어 리그와 회원 클럽에 대해 보고할 뿐만 아니라 이해당사자들과의 상담과 관련한 쟁점도 신경쓰고 있다. 예를 들면 Tottenham Hotspur 연례 실행 보고서에서 발췌한 〈예시 4.2〉는 2001/02 시즌의 의사소통 구상을 보여주고 있다.

실행 보고서에 관한 주요 요소는 더 큰 가치를 위해서 반드시 적용과 실행에 초점을 맞추어야 한다는 것이다. 또한 원리와 구상뿐만 아니라 결과 역시 다루어야 한다. 이러한 점에서 Tottenham Hotspur를 위해 구성된 보고서는 좋은 업무처리의 예이다.

유럽 전체의 향상된 공개와 관행을 독려하기 위해 유사하게 이용될 수 있는 또 다른 구상은 UEFA 클럽 라이센싱 체계UEFA, 2002a이다. 2004/05 시즌부터 소개된 라이센싱 체계는 적절한 재정적 도구 수립, 경제적 능력 향상, 현재의 의무기준 준수, 행정적 · 법적 기반 설립 등을 포함하여 유럽 축구의 질적 수준을 높이기 위한 다양한 목적을 가지고 있다. 또한 서포터 기반을 인식하고 그들을 개입시키기 위해 채택한 접근과 구상을 클럽에게 요구할 수 있도록 쉽게 수정될 수 있기도 하다. 각 나라의 고유한 특징을 반영하면서 동시에 UEFA 자료를 해석하게 하는 라이센싱 체계를 통해 이해당사자 개입과 신뢰성의 원리가 재정적 · 사회적 · 문화적 차원에서 그 클럽과 나라에 맞게 반영될 것이다.

〈예시 4.2〉 연례 실행 보고서-Tottenham Hotspur

Tottenham Hotspur 축구 클럽
연례 실행 보고서 2001/02

이 보고서는 2001/02 계약과 1988년의 축구특별위원회(the Football Task Force)의 제안과 관련한 우리의 작업을 반영하고 있다. 더욱 자세한 내용은 우리의 웹 사이트를 통해서나 클럽에게 요구하여 얻을 수 있다.

상담과 정보

- 이번 시즌 우리의 주된 관심은 서포터와 우리의 관계 증진이었다. 우리는 서포터 그룹들과의 만남, 포괄적인 경영에 대한 리뷰, 설문조사, 투표 등을 통해 미래의 정책을 구상하는데 팬들을 포함시켰다.

서포터들과의 만남

- 우리는 Tottenham Hotspur 서포터 협회와 다음과 같이 만났다 :

  2002년 1월 31일

  2002년 4월 3일

  2002년 5월 1일

  2002년 7월 15일

  우리의 FA 프리미어 리그 서포터 패널이 2002년 3월 2일 열렸다. 주제는 상업화, 스폰서, 연회, 클럽 내 의사소통 등에 관한 것이었다.

매표소 리뷰

- Tottenham Hotspur 서포터 협회는 우리의 매표 현황에 대한 리뷰를 실시했다. 우리는 Deloitte Consulting으로 하여금 포괄적이고 독립적인 매표소 리뷰를 실시하도록 했다. 두 가지의 보고서에 따라서 우리는 일단의 중요한 변화를 꾀하고자 했다. 성수기 동안 콜센터를 운영할 하청시스템을 개발하고 폭주하는 전화 량을 감안하여 온라인 예약 시스템을 구축했다. 또한 현재 티켓 본부로 하여금 서포터들에게 우리의 정책을 알리도록 하고 있다.

연회 피드백

- 우리는 웹사이트 투표를 통해 팬들로 하여금 제안을 내도록 했다. 그 결과 우리의 연회 서비스 관리인이 다음과 같은 일을 수행하고 있다.
- 스태프 훈련과 조직
- 현장에 더욱 숙련된 관리인 배치
- 주식 증가

- 서비스 장소 주변에 천막 건설 (팬들이 물품을 보관할 수 있도록)
- 품질 향상을 위해 제조품 변경

장애인 서포터들 투표

- 이번 시즌 우리는 장애인 서포터들에게 전반적인 시설에 대한 평가와 더불어 장애인 서포터 협회 조직에 대한 의견을 묻는 편지를 보냈다. 답변의 주된 내용은 경기 당일 주차장소 확보(현재 우리가 다음 시즌을 위해 노력중인)에 대한 요구와 장애인 서포터 협회를 구성하기를 원한다는 것이었다.

웹사이트 디자인 투표

- 팬들에게 우리의 웹사이트를 향상시키기 위한 방안을 묻는 투표를 실시하여 100가지가 넘는 유용한 답변들을 받았다. 주된 의견은 웹사이트의 다운로드 시간과 사이트의 업데이트 빈도에 관한 것이었다. 이 두 가지 문제점을 해결하기 위해 보다 빠른 속도로 다운로드가 가능하며 우리의 정보를 보다 명확하게 제공해 줄 수 있는 웹사이트를 7월 25일자로 새롭게 선보일 것이다.

출처 : FAPL (2002, p. 317)

장지향 옮김

주_

1_ 독일 축구 클럽 내부의 변화하는 조직적 구조 역시 흥미롭다. Deutsche Fussball Bund (DFB)는 오직 DFB에 의해 면허를 부여받은 팀들만이 리그에서 경기를 할 수 있으며, 그러한 면허는 전통적으로 조직된 클럽들에게만 부여된다고 밝힌 적이 있다(Dykes, 2000, 131). 그러나 1998년 10월, 멤버 클럽들의 압력 하에 DFB는 공식적으로 상장된 회사라면 리그 챔피언십에 참여할 수 있도록 규칙을 바꿨다. DFB에 의해 통과된 해결책은 클럽들로 하여금 자신의 직업적 활동을 공공책임회사(Aktiengesselschaft [AG]), 유한책임회사(Gesellschaft mit beschrankter [GmbH]) 혹은 공유한 자본이 오리지널 클럽(Komplementar)에게 주식회사의 보통주 통제(50% 이상)를 갖도록 하는 유한 파트너십(Kommanditgesellschaft auf Aktien [KgaA]) 등으로 바꿀 수 있도록 했다. 독일 축구 클럽이 변화하는 조지저 구조에 관한 최근의 예는 2000/01 시즌의 클럽들을 다음과 같이 분류한 Wilkesman and Blutner (2002)에 의해 제공되었다 : 1) 독일 민법에 의해 공인된 단체로 정의된 고전적 멤버십 클럽 구조(예컨대 FC Bayern Munchen) ; 2) 역시 공인된 단체로 정의되어 있으며 상임위원회를 소유한 공공책임회사(예컨대 FC Schalke 04) ; 3) 주식회사(예컨대 BVB Dortmund GmbH & Co. KgaA).

2_ 정치체계와 미디어의 상호작용을 통해 생겨나는 이해당사자 권력과 신뢰성의 개념은 Hellwig (2000, 122–5)로부터 가져왔다.

3_ 예를 들면 유벤투스 주도의 공공제안(IPO : Juventus Initial Public Offering)을 둘러싼 논리는 Delle Alpi 스타디움을 확보하고 개발하기위한 자금을 모으는 과정과 관련이 있다(3장–이탈리아 참조).

4_ 서포터 디렉트 구상의 등장은 소유권과 관리의 영역에서 구속받지 않는 클럽 시장에 대한 통제의 대답으로 볼 수 있다(예를 들면 Hamil et al., 2001b 참조) (역시 2장 참조). 독립적인 서포터 협회가 축구 클럽의 운영방식에 관한 여타 견해들과 겨루기 위해 오랫동안 존재해왔다는 사실은 주지할 만하다(Brown, 1998).

5_ 최근의 한 언론 보고서는 아일랜드계 억만장자인 JP McManus, John Magnier와 연계된 회사에 주목했다. 이는 10.37%의 지분과 함께 Manchester United사의 주요 주주가 되었다(예를 들면 'Ferguson의 동맹 클럽에서 그들의 이해를 증가', *Sunday Herald*, 스포츠, 2003년 3월 9일 p. 9 혹은 'Manchester United가 Edwards와 2천 2백만 파운드를 나누다', *The Independent*, 비즈니스, 2003년 5월 29일 p. 19 참조). 다른 보고서들은 미국

수퍼 볼 챔피언십에서 군림하는 Tampa Bay Buccaneers와 Celtic 회사의 주요 주주인 네덜란드 TV 회사 Endemol Dermot와 Desmond의 소유주인 Malcolm Glazer가 지분을 구입한 것에 주목했다(예를 들면 '미국 재벌의 이해가 Manchester United의 경매경쟁에 불을 붙였다', *The Independent,* 비즈니스, 2003년 3월 3일, p. 17). 더욱 놀랍게도 Manchester United사는 최근 서포터들이 소유하고 있는 상호회사 조직으로의 변환 제안과 연관되어 있었다(예를 들면 'Manchester United를 팬들에게 넘길 비밀스런 움직임', *The Sunday Times,* 비즈니스, 2002년 12월 22일, p. 1 참조).

6_ 그러나 3장(덴마크)에서 논의했듯이 최근의 우파를 향한 정치적 행보는 아마도 이러한 전통을 바꾸어갈 것이다.

7_ 예를 들면 기업 미팅에서의 대리 투표 분석에 따르면 오직 4.04%만이 경영에 반대하고 있었다(Webb, *et al.,* 2001).

8_ Shleifer와 Vishny(1997)에 따르면 주주들은 그들의 투자가 줄어들고 몰수로부터 경영의 보호가 필요하게 됨에 따라 사실상 경영에 가장 덜 영향을 미치는 이해당사자들이다.

9_ 2차 거래 자료는 주간지 Soccer Investor로부터 제공받았다.

10_ 자신을 서포터, 특히 준거집단(예를 들면 팬클럽이나 스타디움에서 자신을 분류하고 명명하는 그룹)의 멤버로 밝힐 수 있다는 것의 중요성은 이미 De Ruyter와 Wetzels(2000)에 의해 논의되었다. 그들의 질문에 대하여 많은 답변자들이 실제적인 증거가 뚜렷할 때에만 클럽의 주식을 살 의향이 있다고 밝혔다(403).

11_ BSkyB가 Manchester United 경매에 참여했을 무렵 많은 서포터의 불만의 초점은 당시 회장이었던 Martin Edwards였다. 그러나 Edwards는 14%의 주식만을 소유하고 있었고 클럽의 소유권은 분산되어 있었다. 주주들에게 경매를 추천했던 그의 결정이 그를 향한 적개심을 일부 설명해 주기는 하지만 그것은 또한 Manchester United사의 대표 얼굴로서의 그의 공적인 프로필과 일체화를 반영하고 있었으며, 서포터들의 '누군가'에 대한 요구—예를 들면 분산된 소유구조와 같은 '무언가'가 아닌—에 부합되는 것이었다.

12_ Cameron(1994)은 Sugar가 1960년대 유명했던 FA 컵과 리그의 선수이름들을 기억하지 못하고 있음을 지적하며 소년시절 그의 Tottenham Hotspur 지지가 확실하지 않다고 언급한다.

13_ 이 장의 앞부분에서 이미 밝혔듯이 인물의 중요성은 축구에서 전혀 새로운 것이 아니다. 예를 들면 영국에서 많은 비즈니스맨들이 공동체에서 그들의 프로필을 향상시키고 지위를 격상시키기 위한 방법으로써 축구 클럽과 깊이 연루되기도 한다(Birley, 1985, 39 ; Crampsey, 1986, 21).

14_ 다른 구상들도 몇몇의 리그와 협회에 의해 활발하게 독려되며 클럽의 소비자 협회에 의해 강조된다. 그 예들로는 Supporter Liaison Forums, Fan Forums, Supporter Open Days 등이 있다.

15_ 예를 들면 클럽들은 AGM에서 지분 명부와 현안 정책의 이용 권리를 제공받는지에 대해 질문을 받는 반면, 서포터들은 클럽이 그들과 의사소통을 하는 데 있어서 얼마나 효율적이며 클럽의 소비자 협회가 이를 얼마나 공개화 하는지 등에 대한 질문을 받는다

(Binns et al., 2002).

16_ Birbeck의 런던대학교내 FGRC가 발행한 보고서는 서포터 디렉트에 의해 위임을 받은 것이다 … 서포터 디렉트[2003년까지 Birbeck의 런던대학교에 자리잡고 있던]는 주주협회의 창립 등을 통하여 클럽을 운영하는데 보다 큰 역할 행사를 원하는 서포터들에게 여러 가지 도움을 주기위하여 2000년 출범했다. 보고서의 추천과 제안 가운데 … "서포터 그룹들은 … 주식을 확보하고 그 권리를 이용함으로써 클럽내 자신들의 이해를 자각하기 위해 노력하고 있다 … .특히 산업공제조합의 형태로 세워진 서포터 협회는 이러한 목표를 달성하기 위한 한 방법이다" (p. 2) (Hamil, *et al.*, 2001a, 2).

17_ 비록 Aberdeen 서포터 협회의 창립 멤버가 위원회에서 협회를 대표하지 않는다 하더라고 Aberdeen에서 서포터 대표가 클럽의 모든 서포터들을 대표하도록 선출되었다는 것은 주지할 만하다.

18_ 그러나 회사법심의(Company Law Review)에 관한 정부 백서(DTI, 2002)에 따르면 대규모의 공기업과 거대규모의 사기업이 OFR을 준비하도록 법으로 강제해야 한다고 제안하고 있다.

5. 축구사업의 수행

지난 10여년 간 축구의 재정적 발전과 이를 통해 대두된 건전한 개정 관리에 대한 필요성으로 인해 축구 클럽의 주주들과 이사회는 클럽의 재정문제와 재정 책임성에 대한 요구에 관심을 가지게 되었다. 축구 클럽에 대한 기대는 단순히 스포츠적인 것에만 국한되지 않는다. 미래의 발전을 위한 가장 중요한 사항은 2004/5년 시즌[1]부터 유럽축구연맹의 클럽 허가제도에 대한 각국 축구협회의 시행 여부가 될 것이다. 1999년 유럽축구연맹에 의해 최초로 실시된 이 제도는 경기, 하부구조, 인적 · 행정적, 법적 및 재정적 분야의 다섯 가지를 축구 클럽에 대한 허가기준으로 설정하고 있다. 재정적 기준에는 다음의 목적이 포함된다. :

- 축구 클럽의 경제 · 재정적 역량의 증대, 각 클럽의 투명성 및 신용향상, 채권자 보호 강화
- 축구 클럽의 적절한 수준의 관리와 전문성 확보

UEFA, 2002a, 7.

이러한 재정적 기준은 허가제도에서 가장 까다로운 부분으로 여겨질 수 있다는 인식하에 단계적으로 도입되고 있다. 이 장에서는 재정 정

보의 이용가능성과 교환 그리고 관련된 책임 이슈에 초점이 맞추어져 있다. 이를 통해 우선 축구 클럽에 관한 재정정보의 출처를 확인하고, 다음으로 이러한 정보의 해석에 관한 몇몇 특수한 지침을 제공하는 것이 본 장의 목적이다.

연례보고서와 연차결산보고서

축구 클럽의 재정정보에 관심을 갖는 사람들에게 가장 논리적인 시작점은 연례보고서와 연차결산보고서일 것같다. 영국에서 모든 주요한 축구 클럽은 유한책임회사로서 조직되고 따라서 투자가들을 위한 연례보고서와 연차결산보고서를 준비하도록 요구되기 때문에 이러한 보고서와 연차결산보고서는 정확한 편이다. 만약 여러분이 특정 축구 클럽의 주주가 아니라면 연례보고서와 연차결산보고서 문건을 얻는 세 가지 가능한 방법이 있다. 첫째, 여러 클럽들이 이제 그들의 웹사이트 상에서 이용할 수 있는 연례보고서와 연차결산보고서를 제공하고 있다.다음 절 참조. 만약 아니라면 문건을 회사 담당자에게 요청해도 된다. 대다수 클럽들은 긍정적으로 재빨리 그 요청에 응한다. 하지만 일부 다른 클럽들은 그렇지 못하다. 만일 이를 통해 정보를 얻지 못한다면, 유료로 특정 유한회사의 연례보고서 및 회계결산보고서를 이용할 수 있다. 이때, 잉글랜드와 웨일즈의 회사 정보는 카디프에 있는 상공회의소로부터 정보입수가 가능하며, 스코틀랜드의 회사는 에든버러에 있는 상공회의소에서 정보가 입수 가능하다. 게다가 상공회의소는 또한 웹사이트를 통해 온라인 상에서 이용할 수 있는 보고서를 갖추고 있다.www.companieshouse.gov.uk 연차결산보고서들은 사적 유한회사의 경우 관련된 회기의 종료 후 10개월 이내에 그리고 공적 유한회사의 경우 7개월 이내에 회사기록원에 자료를 제출해야 한다.

상담일을 맡고 있는 〈Deloitte & Touche Sport〉사는 그들의 축구재정 연례보고서Annual Reports of Football Finance에서 폭넓은 통계적 작업 및 분석과 함께 영국과 이태리 클럽들의 연례보고서에 관한 상세한 개요를 제공하고 있다.예를 들어, Deloitte & Touche, 2002a 참조. 〈PricewaterhouseCoopers〉PWC 소속의 회계사들은 스코틀랜드 클럽에 대해서도 유사한 보고서를 작성한다. PWC 보고서는 공개적으로 이용할 수 있는 정보 제공을 하는 것을 원칙으로 하고는 있지만 사실상 공개적으로 이용할 수 없다는 점을 역설이다. 주식시장에 상장된 축구 클럽 결과의 분석 보고는 『축구투자가』Soccer Investor와 같은 전문출판물 및 주요 전국일간지 등의 언론에서 또한 볼 수 있다.이 장의 뒤에 나와 있는 '보도기관'에 관한 절 참조.

다른 나라들에서 연례보고서와 연차결산보고서의 이용가능성은 불확실하다. 법적 구조와 규정상의 요구조건이 다르기 때문에 주주가 아닌 사람들이 그 문건들을 얻는 것은 어려울 수 있다. 유벤투스와 보루시아 도르트문트와 같은 상장된 클럽들에 관한 문건들은 이용이 가능하다. 덴마크의 브롱비Brødby와 같은 클럽은 또한 웹사이트 상에 그 연례보고서를 이용가능하게 하는 반면에 다른 클럽들은 정보요청 시에 긍정적으로 응답할 것이다. 그러나, 대다수 유럽 클럽들에 관한 재정 정보는 쉽게 얻기 어려우며 일부는 분명히 전혀 구하기 어렵다고 말하는 것이 올바르다. 유럽축구연맹의 클럽 허가제도 첫번째 이행 단계에 따르면 2004/05 시즌부터 클럽들은 연례 회계감사보고서뿐만 아니라 감사되지 않은 중간 회계보고서를 관련 허가기관에 제출하는 것이 요구될 것이다.예를 들어, 영국축구협회, 스코틀랜드축구협회, 네덜란드축구협회. 게다가 축구 클럽들은 그들의 피고용인들로 인한 미지불의 이적료와 같은 미해결된 부채가 없다는 점을 증명해야 할 것이다.UEFA 2002a 10.5.1 85. 이 단계에서 기준을 충족시키는 것이 클럽허가제도 신청자들로 하여금 클럽의 허가교범의 목적을 준수하라는 것이 아님을 알리는 것이지만, 사실상 '유럽축구연맹은 이를 통해 유럽축구연맹 회원 구단들의 재정적 투명성과 질의 개선을 유도' 하리라고 믿고 있다.UEFA 2002a 86. 이러한 보고서에 대한 대중적 접근성과 관련하여 유럽축구연맹의 문서에서는 아무런 언급이 존재하지 않는다. 그러나 투명성에 대한 유럽축구연맹의 바람은 모든 관심 있는 투자자들에게 향상된 의사소통과 책임성을 보여줄 수 있을 것으로 기대된다.

영국의 유한책임회사의 경우 연례보고서와 연차결산보고서는 주요 재무제표대차대조표, 손익계산서 및 현금유출입 보고서, 연차결산보고서 관련 부속문서, 회계감사보고서, 그리고 경영 및 재정 보고서Operating and Financial Review ; OFR와 회장 보고서Chairman's Statement 및 기업의 소유경영구조Corporate Governance 보고서와 같은 각종 설명서가 포함된다.

1990년 이래 영국의 회계기준은 회계기준위원회Accounting Standards Board ; ASB에 의해 설정되어왔고, 이는 회사들이 지켜야 할 기준의 수적 증가 및 이에 따른 복잡성의 증가를 초래해왔다. 대다수 주요한 회사들Sainsbury plc, Scottish plc 및 Stagecoach plc 등 상장회사들은 경영 및 재정 보고서와 함께 재무제표 요약문을 그들의 주주들에게 단지 배포함으로써 정보 과잉의 위험에 대응해왔다. 축구 클럽에서 주주 의사소통의 수단으로서 경영 및 재정 보고서의 중요성은 이 장의 뒤에 있는 '이야기식 의사소통' 이라는 절에서 논의되어진다. 또한 4장의 '폭로-최선의 실행을 장려하는 것' 이라는 절 참조. 주주들에게 제공되는 문서에는 요청할 경우 재무제표의 완전본을 열람할 수 있다는 설명이 담겨있는 요약 내용이 포함되어 있다. 지금까지 많은 축구 클럽의 주주들이 재정 혹은 투자전문가가 아님에도 불구하고, 비록 홈페이지에 요약본 및 연례보고서의 중요 부분을 게재한 소수의 축구 클럽이 있기는 하지만, 주주들에게 단지 재무제표의 요약본만을 제공하겠다는 결정을 내린 축구 클럽은 없다.〈표 5.1〉 참조.

〈표 5.1〉 재정 정보의 전자정보 이용

구단	정보제공
잉글랜드 클럽	
Arsenal	–
Aston Villa	사업과 레저 섹션에 2000년 연례보고서와 연차결산보고서 및 2002년 중간보고서 제공. 2001년 연례보고서 이용불가
Bradford City	–
Charlton Athletic	–
Chelsea	2002년 첼시 빌리지 연례보고서 및 연차결산보고서
Conventry City	–
Derby County	–
Everton	2002년 연차결산보고서
Ipswich Town	–
Leeds United	2001년 연례보고서와 연차결산보고서 이용가능
Leicester City	재무정보 이용불가능. 투자자 관련 페이지에 연례보고서와 연차결산보고서(2001년 연례보고서, 중간보고서와 예비결산), 재무캘린터, 구단과 중역들의 소개 및 전망 등이 이전에 제공
Liverpool	2001년 연례보고서와 연차결산보고서
Manchester City	–
Manchester United	투자자 관련 페이지 재무자료(5년 요약본, 결산 및 프리젠데이션과 보고서) 연례보고서(2002, 2001)는 각 섹션(재무제표, 기업경영 섹션 등)에서 다운로드 가능 주가 자료 재무 소식과 행사 변경 서비스 주주사이트(자본 구조 및 배당금관련 정보 제공)
Middlesbrough	–

Newcastle United	2002, 2001년 회계연도의 예비결산보고서 2002, 2001년 중간 결산 요약본 공공유한한회 연차총회(AGM)의 질문과 답변 2000년 8월 12일 이사진 변경과 중역 주식보유 변경
Southampton	타 주식 사이트로 링크
Sunderland	2002년 연례보고서, 구단주 성명서, 2002년 7월까지 12개월간의 영업 및 재무 보고서 월별제공. 거래 업데이트와 중간 결산보고서 및 투자가이드와 주식정보 제공
Tottenham Hotspur	2002, 2001, 2000년 연례보고서 2000년 연례보고서와 2001, 2000년 중간 결산보고서에 대한 프리젠테이션 연례보고서 양장본 구입에 대한 메일 연락처 토튼햄 핫스퍼 주가 구입 가이드 최신 주가와 증권시장 정보 링크
West Ham United	–
스코틀랜드 클럽	
Aberdeen	–
Celtic	2002년 연례보고서 요약과 전체 제공 1999–2001년 연례보고서와 중간결산보고서 2001년 연차총회(AGM) 개막전 동영상과 2000년 연차총회 보고서 및 동영상 10일간의 주가
Dundee	–
Dundee United	–
Dunfermline Athletic	–
Heart of Midlothian	2002년 중간연례결산. 2001, 2002년 연례보고서 및 연차결산보고서 2001년부터의 연차총회(AGM)에서의 질문과 답변
Hibernian	–
Kilmarnock	–
Motherwell	–
Rangers	전현직 구단주의 논평과 결산 보고. 연례보고서의 발췌 링크(손익계산 및 대차대조표)

St Johnstone	–
St Mirren	–

출처 : 2002년 10월 29일 자료 접속.

Mahony와 Howard2001는 향후 10년간 많은 스포츠 단체들이 인터넷의 커다란 잠재력을 활용하고자 할 것이라는 점을 시사하고 있다. 회사 웹사이트는 주요한 축구 클럽들이 그들의 지역사회와 의사소통하는 중요한 방식이 되어왔다. 최고 수준으로 활용되는 웹사이트가 알려지고 있다. 예를 들면, www.ManUtd.com은 전세계적인 팬들로부터 매달 850만 쪽 분량의 댓글이 이어지고 있다.Worldcom, 2002. 보다 넓어진 공동체 세상에서 인터넷은 정보를 전파하는 보완적인 방식으로서 점차 활용되어지고 있고, 스포츠 단체들이 관심 있는 사용자들에게 그들의 웹사이트 상에 인쇄가능한 연차결산보고서의 출력본을 제공하는 것이 일반화 되어있다.Beattie & Pratt, 2001; Richardson & Scholz, 2000. 규정의 변화로 인해 이러한 발전이 용이해지고 있다. 예를 들어, 1985년 회사법전자 의사소통 훈령 2000의 도입은 영국 회사들로 하여금 자사 주주들의 동의를 통해 연례보고서, 연차결산보고서, 총회 공지 등과 같은 중요한 문서를 온라인 상에서 전달하는 것을 허용하고 있다. 그 법령은 또한 주주들이 대리인을 지명하고 자동적으로 투표방식을 규정할 수 있는 법적인 틀을 제공한다. Strätling, 2000. 그러나 이러한 변화에도 불구하고, 지금까지 단지 몇몇 혁신적인 마인드를 가진 회사들만이 새로운 기법을 통해 부가적으로 가치 있는 정보 패키지를 제공하고 있다. 이 정보 패키지는 사용자들에게 각종 형태의 정보를 습득할 수 있게 해 주며, 사회적 혹은 환경적 문제와 같은 사용자들이 필요로 하는 정보에 접속할 수 있게 해 준다.Richardson & Scholz, 2000.

재정 정보의 온라인 의사소통을 위한 기반으로서 인터넷이 축구 클럽에 의해 현재 활용되어지는 정도를 잉글랜드와 스코틀랜드의 상위리그 클럽들의 웹사이트를 살펴봄으로써 확인되었다.〈표 5.1〉 참조.

〈표 5.1〉로부터 볼 수 있는 바와 같이, 영국축구협회 프리미어리그 20개 클럽 중 9개와 스코틀랜드 프리미어리그 12개 클럽 중 2개가 온라인을 통해 그들의 가장 최근 연례보고서를 제공하고 있다. 주주들과 특히 주주가 아닌 지지자들과 의사소통을 한다는 맥락에서, 이러한 방식으로 연례보고서를 제공하는 것은 클럽의 재정 행위와 입장에 관한 정보에 대한 용이한 접근성을 실질적으로 확대시킨다. 게다가 많은 클럽들특히, Manchester United, Newcastle United, Sunderland, Tottenham Hotspur, Celtic and Heart of Midlothian이 그들의 웹사이트 상에 연례보고서 이외에 부가적인 재정 정보를 제공하고 있다.

그들의 연례보고서 전문을 온라인 상에 공개하는 영국 축구 클럽 11개 중 9개는 상장회사이며, Everton과 Liverpool은 예외이다. 게다가 부가적인 재정 정보를 제공하는 것으로서 확인된 6개 클럽은 모두 상장회사이다. 3장에서 논의된 바와 같이, 상장된 축구 클럽들의 경우 주식 소유의 분산을 통해 다원화된 소유구조를 가지는 경향이 있다. 따라서 일원화된 소유구조를 가진 축구 클럽들과는 대조적으로, 이러한 클럽에서는 법적 요구조건 뿐만 아니라, 연례보고서도 주주들과의 의사소통 수단으로 중요한 역할을 한다. 더욱이 상장회사들은 다수의 관심 있는 투자가들로부터 기업의 책임 및 사회적 책무와 같은 쟁점들에 보다 많은 감시와 관심이 존재하는 보다 공적인 사업 영역에 남아있다. 결과적으로 연례보고서는 폭넓은 투자가 집단들에게 책임성을 드러내고 그들과 의사소통하는 기법으로서 기업주들에 의해 간주되는지 모른다. 이러한 상황에서 단체가 주주와의 관계를 관리하고 발전시키는 방식으로서 재정 정보에 대한 보다 폭넓고 용이한 접근을 제공하는 합리적인 관리 결정이 고려될는지 모른다.제4장 참조.

해석을 설명하는 것?

회계는 거래의 언어로서 흔히 묘사된다. 하나의 언어로서 그것은 함축적인 의사소통 기능을 가진다.Gallhofer, *et al.*, 2000. 회계의 산물 혹은 결과물인 재무제표는 특정 단체의 재정 상태와 성과를 관심 집단들에게 알려주는 수단인 것이다. 그러나, 비록 재정보고가 수많은 회계기준과 회사법에 의해 운용되고 있기는 하지만 규정적 요구조건은 국가들마다 다르다. 독일과 같은 국가들은 규정에 기반한 재정보고 체제를 가지고 있는 반면, 영국과 같은 다른 국가들에서는 재정보고가 전문적 판단과 의견에 보다 크게 의존하고 있지 결코 객관적 혹은 중립적 활동에 근거를 두지는 않는다.[2] 더욱이 회계기준의 규격화 시도에도 불구하고 상이한 회계제도와 규정이 각 국가들에서 지속적으로 적용되고 있다.[3] 예를 들어, 유럽축구연맹의 51개 회원국들에 대한 〈Anderson SCORE〉에 의한 연구는 유럽축구연맹 회원국 수만큼 상이한 회계원리가 존재한다는 것을 밝히고 있다.Faasch and Ebel, 2002. 이러한 관점에서 볼 때 비록 각국 축구 클럽 간의 재정적 비교를 어렵고 비효율적으로 만들 우려가 있기는 하지만, 유럽축구연맹의 클럽 허가제도는 각 축구협회로 하여금 지역적 회계원리에 근거한 절차를 만들어 채택할 것을 권고하고 있다.UEFA, 2002a.

'거래의 언어' 라는 그의 비평에서 Lavoie1987는 연차결산보고서는 한 단체의 경제활동의 해석이며, 연차결산보고서를 해독하는 것은 결국 해석을 설명하는 문제가 된다고 이야기한다. 주류 및 전문 언론에서 제공하는 보고서와 마찬가지로, Deliottee & Touche 및 PWC와 같은 기관에서 제공하는 보고서와 같은 축구 사업에 대한 주요 정보 출처는 이러한 과정에서 해석의 또 다른 측면을 소개하고 있다. 해석자의 해석을 설명하는 문제는 이 장의 뒷 부분에 고려된다. 이러한 종합적인 자료의 이용가능성에도 불구하고, 일부 관심 있는 이용자들은 클럽들의 재무제표에 관한 그들 자신만의 해석을 하거나 특정 클럽의 재정 상황 혹은 성과에 관해서만 깊은 관심을 가질 수도 있다. 대안으로 사용자들은 요약 보고서가 나오는 것을 기다리기보다, 빨리 그 분석을 요구할는지 모른다.[4] 해석 과정을 돕기 위해서, 이 절에서는 축구 클럽의 연차결산보고서에서 널리 행해지는 보다 독특하고 특수한 회계 정책—다른 기업의 재무제표에서는 발견되지 않을는지 모르는 정책—중 일부를 다루고 있다. 그러나 그것은 클럽들에 의해 채택된 회계정책의 상세한 분석을 제공하고자 하는 것을 의미하지는 않는다. 그러한 문제에 관심이 있는 독자들은 *The New Business of Footbal*의 4장을 보아야 한다.Morrow, 1999.

■ 선수들을 책임지는 것 : 새로운 이적료 제도의 효과

관련된 재정보고기준인 FRS 10 즉 신용과 무형자산에 따라 한 클럽이 한 선수와 계약을 하는 영국에서 대차대조표 상 무형의 자산으로서 그의 등록비용이적료을 인정하는 것이 요구된다.[5] 이 액수는 그 선수의 계약기간에 걸쳐서 상환되어지며,손익연차결산보고서에 비용으로서 간주된다. 상환되지 않은 비용은 대차대조표 상에 무형의 고정 자산으로서 계속 남아있게 된다. 클럽이 키운 선수들은 과거의 거래 혹은 사건과 같은 지출이 없기 때문에 자산으로서 인정되지 않는다. 무형의 자산을 취득한 후 첫 번째 연도 말에, 혹은 상황 변화 혹은 사건이 보유 가치가 회복되지 못할는지 모른다는 것을 나타낸다면 다른 시기에, FRS 10은 또한 무형 자산의 장애 여부가 검토되어야 한다는 것을 요구하고 있다. 유사한 회계정책이 이태리와 스페인을 포함하는 다른 유럽 국가들에서 존재한다. 더욱이 유럽축구연맹 클럽 허가문서는 지불된 이적비용이 재정허가기록의 대차대조표에 무형의 자산으로서 각각 자본으로 산입될 수 있다는 점과 계약기간에 걸쳐서 정액 방식으로 감가상각될 수 있다는 점을 주목한다.UEFA, 2002a, 103.

자산으로서 기록된 액수는 구입하는 클럽에 의해 지불된 이적료—이적시장의 운용을 통해서 결정되어지는 비용—에 달려 있어왔다. 과거 일부 경제전문가들은 이적료가 판매하는 클럽의 보류 가격에 기초하여 설정된다는 점을 가정해온 반면에Szymanski & Smith, 1997, 최근의 경험적 작업은 이적료가 사실상 흥정과정의 산물이라는 견해를 믿는다.Dobson & Goddard, 2001, 231-236. 이러한 과정은 해당 선수의 특성뿐만 아니라 사고 파는 클럽들의 성격에 달려 있다. 그 보류 가격과 사는 클럽의 최대한의 입찰 가격 사이의 차이를 획득할 수 있는 파는 클럽이 있기에, 관찰된 이적료는 사실상 파는 클럽의 보류 가격을 능가하는 경향이 있다는 점을 그 증거는 보여준다.

유럽축구연맹, 세계축구연맹, 그리고 유럽위원회 간 뒤틀린 협상 후에 일신한 이적 제도가 2002/3 시즌에 도입되었다.Morris, *et al.*, 2003. 이 단계에서 답할 수 없는 중요한 의문은 이것이 이적료 수준에 무슨 영향을 미치느냐 하는 것이다. 새로운 관리방식선수들에게 수여된 식접 지불을 요구하는 통고권에 의해 비록 완화되었을지라도에 의한 계약시 이적료의 보존—잉글랜드에서 모든 이적의 90%를 아직 설명하는Antonini & Cubbin, 2000—은 이적시장이 비록 상대적인 상업적 조건에 있어서 중요성이 감소되었을지라도 성공을 행하는 것을 참으로 돕기 위한 중요한 매개체로 남아 있으리라는 것을 의미한다.

계약위반이 발생한 곳에서 흥정과정은 현 계약의 재정적 조건 및 동일한 선수에 대해서는 이전 클럽에 의해 전에 지불된 어떤 상환되지 않은 비용과 같은 객관적 기준에 대한 참고문에 의해 결정된 예측가능한 투명한 보상으로 대체된다.FIFA, 2001, 22조. 그러므로 모든 다른 조건이 동일하다면, 불확실한 흥정과정의 예정된 보상규칙으로의 대체는 이적료 수준에 대한 인하 압력을 가할 것을 기대해도 좋다. 22조에 설정된 보상기준은 보상액수가 계약에서 구체적으로 제시되지 않은 경우에만 적용될 것이다.FIFA, 2001. 따라서 클럽들에 의한 하나의 합리적 대응은 그의 계약을 일방적으로 어기는 선수의 사건에서 지불가능한 최소보상수준을 상술하는 선수계약서에 한 조항을 삽입할는지 모른다. 스페인과 같은 국가들에서 선수계약서는 계약기간동안 발생한 어떤 이적에 적용할 보상액의 불이행을 이미 포함하고 있다.Porquera & Jurado, 2001.[6] 더욱이 선수가 새로운 클럽에 갈 수 있도록 조기에 그의 계약을 종결시키기 위한 선수와 그의 소속클럽 사이의 상호협정에 관하여 규정은 아무런 언급도 하고 있지 않다. 이러한 상황에서 새로운 클럽은 선수의 계약을 돈—사실상 이적료—으로 사서 그 선수에게 기꺼이 보상할는지 모른다.Simmons, 2001.

새로운 이적제도의 있음직한 결과는 그것이 여러 클럽들의 대차대조표를 고갈시킬 것이라는 점이다. 보상이 지불가능한 곳에서, 당시 FRS 10에 따라서 선수의 등록을 취득하는 클럽은 이적료를 결정한 시장에서 지산을 이전에 기록한 것이라기 보다는 무형의 자산으로서 그 액수를 인정할 것이다. 그러나, 토착선수들과 이제 또한 그들 계약 말기에 클럽을 이전한 선수들은 클럽의 대차대조표 상에 자산으로서 인정되지 않을 것이며, 대신 다른 단체에서 고정계약기간의 피고용인에 유사하게 취급될 것이다. 지금까지 축구선수들은 기업의 대차대조표에 기록되어 있는 피고용인의 사무의 견지에서 규정이라기보다는 예외적인 것이 되어왔다.

재무제표에서 자산으로서 인력자원을 인정하는가에 관한 논쟁이 학술의 장에서는 긴 역사를 가지나, 지금으로서는 ASB와 같은 규제기관은 인력자원회계를 실제로 북돋기 위한 노력이 부족함을 보여왔다.

고갈된 대차대조표로부터 일어난 클럽들을 위한 하나의 위험은 유럽축구연맹 클럽 허가제도의 시행으로부터 파생된다. 제3단계 기준 하에서 2006/7 시즌 후인 아직 구체화되지 않은 시간인 언젠가에 시행될, 만약 그들이 그 시즌 말에 순자산 혹은 순지분 상황에 있고 당해 말에 동일한 상황에 있을 것이 기대된다는 것을 입증할 수 있다면, 클럽들은 Champions' League와 같은 유럽축구연맹의 시합에 참가하도록 단지 허가될 것이다UEFA, 2002a, 99. 다른 말로 하면, 단체는 그 건전성을 드러낼 것이 요구된다. 현재 많은 클럽들은 선수들의 등록에 관하여 무형의 고정자산으로서 그들의 대차대조표 상에 인정된 액수 때문에 단지 양의 순자산을 보고할 수 있다. Deloitte & Touche2002a, 53는 잉글랜드리그에서 선수가치는 전체적으로 순자산의 95%를 차지하는 반면 스코틀랜드 프리미어리그의 경우 상응하는 선수가치는 75%에 해당하는 것으로 평가하고 있다.[7)]

그러므로 이적료 혹은 보상금 지불 후에 얻은 선수들을 등록하는 법에 관하여 현재 클럽들 간 공통점이 존재한다. 그러나 클럽들 내에서 이적 시장을 통해서 얻은 선수들만이 자산으로 등록될 수 있다는 점에서 일관성의 부족이 존재한다. 많은 사람들에게 이것은 비논리적이다. 흔히 토착선수는 이적 시장을 통해서 취득한 선수만큼 클럽에 가치가 있을 수 있다. 예를 들어, Manchester United 유한공사에서 후안 세바스찬 베론Juan Sebastian Veron을 취득한 비용은 그 대차대조표 상에 자산으로서 취급되는 반면에 데이빗 베컴David Beckham은 자산에 존재하지 않았다. 이러한 이유는 재무보고가 토대를 두고 있는 역사적 비용 관행—자산은 구입비용을 가져야 한다는—에 기인한다.

관심 있는 사용자들에게 의사소통을 하는 재정적 정보의 적실성을 개선하고자 하는 클럽들에게 이용 가능한 하나의 선택은 재무제표 문안에 의하여 주전 팀의 평가된 현실적인 판매 가치를 공개하는 것이다. 예를 들어, Leeds United는 이러한 접근방식을 채택해왔다. Leeds United 선수들의 판매가치는 스포츠사업 상담가인 Bill Gerrard에 의하면 2001년 9월 기준으로 1억 9,800만 파운드에 달하며, 그 유소년 프로그램을 마친 선수들의 판매가치는 6,800만 파운드에 달한다. 대조적으로 그 팀의 장부가격즉 대차대조표 상 자산가치은 단지 6,400만 파운드에 불과하다.Leeds United Annual Report 2001, 12-13, '이야기체의 의사소통' 상의 뒤 부분 또한 참조.

■ 선수수익

비록 역사적으로 축구 클럽들이 현금 장사로서 간주될지라도 주요한 클럽들에게 이는 더 이상 사실이 아니다. 요즈음 격주 토요일날 현금 판매했던 입장권은 사라져가고 사전에 시즌 입장권 판매의 형태로 시즌 개막 시에 클럽에 의해 판매된다. 후원금 및 텔레비전 중계권과 같은 다른 소득원은 또한 시즌에 앞서 지불된다. 장기적으로 이들 소득원이 수반하는 고유의 불확실성과 통제불가능성에도 불구하고, 회계의 관점에서 본다면 단기적으로 중요한 것은 특별한 서비스의 제공에 앞서—다가오는 축구시즌에 이루어질 축구경기에 앞서—이러한 소득원들이 지불된다는 것이다.

예를 들면, 시즌 입장권은 보통 사전에 판매되며 환불되지는 않는다. 그러나 클럽의 입장에서 축구시합은 지지자들에 제공되는 서비스의 형태이다. 다른 말로 하면, 클럽은 그 의무를 아직 이행하지 않은 것이다. 그처럼 서비스가 제공될 때까지 소득이 생긴 것그리고 그럼으로써 손익연차결산보고서에 포함된 것으로서 간주될 수 없다. 결국 소득은 연기대차대조표에 채무 혹은 의무로서 실제상 취급되는되어야 하고 축구경기가 시작된 시기에 인정되어야 한다. Fullham에 관하여 연기된 소득에 관한 공개 예는 〈자료 5.1〉에 준비되어 있다.

■ 차용과 증권화

한 회사가 어떻게 자금을 마련하느냐 하는 것은 그 자본 구조로서 묘사되고 대부분의 경우에 그것은 지분배당금 재정과 채무 재정차용을 포함한다. 개인 재정과 대비하여, 많은 회사들은 그들의 최적의 자본 구조 속에서 일부 채무를 가지는 것을 선호한다. 채무의 이자 비용은 회사에 대해서 소득에서 공제할 수 있는 것이기 때문에, 채무 재정은 회사의 자본 비용을 낮출는지 모른다. 하지만 지나친 채무 노출 혹은 재정적 차입자본이용은 만약 일이 악화되면 한 회사의 전반적인 재정 상황을 물론 불안정하게 남겨둔다.[8)]

역사적으로, 대부분의 축구 클럽들은 은행으로부터 순차용인이었다.Morrow, 1999. 2002년에 수행된 잉글랜드 및 스코틀랜드 프리미어리그와 잉글랜드 1부리그 클럽 재정담당관들을 대상으로 한 설문조사는 클럽들의 52%가 해당 연도에 그들의 은행 차용 기관을 증가시켜왔다는 점과 다음 해에 그들의 이용가능한 액수의 90% 이상을 클럽들의 52%가 사용할 것으로 기대된다는 점을 발견했다.PKF, 2002. 차용 자체가 합리적인 재정적 결정일는지 모르는 반면, 하지만 초과인출처럼 단기차용에 대한 클럽들의 노출은 관심사가 된다. 하나의 문제점은 초과인출이 요구 시 재상환 된다는 것이다. 예를 들면, PKF2002는 클럽들의 43%가 요구 시 재상환 해야 하는 차용을 가지고 있다는 점을 발견했다. 두 번째 문제점은 초과인출이 장기 자금조달보다 높은 비용이자율이 든다는 것이다. 예를 들어, PKF2002는 많은 클럽들이 2% 혹은 기준을 초과한 비율을 가지면서

〈자료 5.1〉 선수수익 소득 명세

Fulham 축구 구단(1987) 2000년 연례보고서 부분			
대차대조표(발췌)		2000	1999
2000년 6월 30일자		£ (파운드)	£ (파운드)
. . .			
유동부채를 제외한 총자산		4,202,586	5,193,204
채권단 : 1년 이상까지의 금액 손실분	13	(33,682,597)	(22,201,152)
이연수익	14	(1,454,132)	(1,319,157)
순부채		(30,934,143)	(18,327,105)
. . .			
14. 이연수익			
시즌티켓 예약 수입		1,019,805	883,586
상업수입 및 후원		434,327	432,963
Football Trust Grant		–	2,608
		1,454,132	1,319,157

클럽들의 70%가 가변적인 비율의 은행/채무 방식의 자금조달로 빌리고 있다는 것을 알아냈다. 단기차용에 의존하는 것이 자금조달과 투자 사이의 불균형이라는 특수한 문제 즉 단기 재원이 스타디움 투자 혹은 선수 취득 등의 중기 투자와 같은 장기적 운용을 자금 조달하는데 사용되어지는 문제점을 야기할 수 있다.

지난 몇 년간 명백히 새로운 유형의 차용이 축구 산업에 등장해왔다—증권화. 여러 클럽들, 그들 중 SS Lazio, Leeds United, Manchester City, Newcastle United 및 Real Madrid는 증권화를 수행해온 것으로 알려졌다. 단순히 말하여, 이들 거래는 주요 축구 클럽들에 의해 선호되는 분명히 예측가능하고 안전한 소득 동향을 이용하도록 고안된 대부 매개체이다.

이들 거래는 담보를 목적예를 들어, 축구장과 같이으로 낮은 가치를 지닐는지 모르는 사업 자산에 대해서가 아니라 대신 입장권 수익처럼 받을 수 있는 혹은 미래의 소득 동향에 대해서 안전하다고 판단되는 자금을 빌리는 회사와 관련된다. 아마도 이들 거래에 관하여 주목할 가치가 있는 첫 번째 사항은 그들이 기술적으로 증권화가 아니라는 것이다. 증권화는 외부 투자가들이 구체적인 자산 꾸러미에 투자할 수 있게 함으로써 재정이 확보되는 과정이다.Wilson, *et al.*, 2001— 효과적으로 거래되는 재정적 수단들은 다양한 받을 어음들로부터 기대되는 현금 유동성에 대비하여 발행된다.Weston, 2001. 축구 클럽의 경우에 차용되어지는 받을 어음은 입장권 판매수익으로부터 이익배당을 받는 채권소지자들과 함께 가장 일상적으로 입장권 판매 수익이 되어왔다. 그러나, 시즌 입장권 구매자든 시합당일 입장권 구매자든, 지지자들은 미래의 입장권을 법적으로 살 의무는 명백히 없다. 어음 자체를 판매하지 않기 때문에 판매를 할수도 없기 때문에, 결과적으로 그 기래는 실제로 증권화가 아니다. 오히려 차용되어진 것은 미래의 입장권 수취 연차결산보고서인 것같다. 일부 증권화에서 이러한 문제는 새로운 회사 혹은 특수한 목적의 매개체SPV를 설립함으로써 극복되어왔다. 하나의 그러한 예는 입장권과 기업후원 소득을 담보로 2000년 9월 Newcastle United에 의해 수행된 17년 거치 5,500만 파운드 증권화이며, 그것은 St James' Park의 전대轉貸를 인계하고 결국 입장권과 후원 소득에 대한 권리를 획득한 새로운 회사 혹은 SPV를 설립하는 것과 연관된다.Weston, 2002.[9]

이들 증권화 거래의 하나로 들어가는 클럽은 미래의 소득 동향을 현 시기에 효과적으로 가져오는 것이다. 따라서 클럽들은 장점과 단점을 모두 가질는지 모른다. 대다수 주요한 클럽들에서 입장권 수익에 따른 미래의 소득 동향은 상당히 예측가능하고 안전하다.[10] 예측된 현금 유동성이 보다 확실하면 할수록, 거래와 관련한 신용등급은 더욱 올라가고, 클럽이 장기간 차용하는 것은 보다 용이해진다. 예를 들면, 잉글랜드에서 축구 클럽 수입의 증권화는 대부분의 경우에 25년 이상 되어왔다. 클럽이 축구장 재개발과 같은 장기 자산 투자를 위해 자금조달을 활용하는 곳에서 그때 이것은 자산비용이 그 자산을 활용함으로써 파생되는 소득 입장권 판매과 효과적으로 균형을 맞출 때 자산과 채무의 보다 나은 균형을 보증할 것이다. 게다가 차용이 만약 낮은 담보가치를 갖는 자산에 대해 보증되는 것보다 매력적인 비율로 계약이 이루어지는 곳에서 자본 수익의 비용이 있을는지 모른다. 그것은 또한 투자가 기반을 다원화하고, 새로운 자본 출처를 활용하도록 한다. 마지막으로, 증권화 시기에 걸쳐서 어떤 인플레이션은 빚을 얻기 위해 요구되는 입장권 수익의 비율을 감소시키기 때문에 또한 그 클럽에 이득이 될 것이다.Deloitte & Touche, 2002a, 48.

하지만 클럽들이 봉급과 같은 지속적인 비용을 자금조달하기 위해 혹은 선수취득과 같은 단기 및 중기 투자를 자금조달하기 위해 증권화를 진행시키는 경우에 문제는 발생한다. 이러한 유형의 행태는 한 클럽이 현재의 비용을 지불하기 위해 미래의 소득을 단순히 활용하는 것이기 때문에 실제 상 지속불가능하다. 예를 들면, 입장권과 기업 후원소득을 담보로 한 2001년 9월 Leeds United 유한공사에 의해 수행된 25년 거치 6,000만 파운드 증권화는 영국축구협회 프리미어리그를 위한 도전을 북돋을 수 있도록 선수들을 구입하는데 소비할 자금을 보충하기 위한 것이었다Weston, 2001. 여기서 하나의 위험성은 선수들이 떠날 때 선수들이 대체되어야 하는 악순환을 낳는다는 것이다.Weston, 2002. 보다 근본적으로, 미래의 입장권 수익혹은 다른 소득원들이 많은 클럽에서 합리적으로 안정적인 것으로 고려되는 반면에, 그 사업의 성격, 축구가 어떻게 구조화되어야 하는가에 있어서의 변화 압력, 그리고 스포츠 경쟁에 그 의존은 그들이 결코 확실하지 않다는 점을 의미한다. 아마도 가장 적절한 예는 Leicester City이다.〈자료 5.2〉 참조.

2001년 8월에 그 클럽은 25년간 미래의 중계수입을 담보로 2,800만 파운드를 대부받았다. 불행하게도, 그 클럽은 2001/2 시즌 말에 영국축구협회 프리미어리그로부터 내이션와이드리그로 강등되어 결국 중계수익이 감소되었다. 그 어려움을 더욱 심하게 한 것은 2002년 여름에 ITV Digital이 파산하고 내이셔와이드리그의 텔레비선 거래가 쓸모없게 된 점이다. 결과적으로 리그 축구를 위한 Leicester City의 중계수입은 지불이 강하되도록 제한되었고, 그것은 강등 후 처음 3년간 영국축구협회 프리미어리그로부터 받았기 때문이다. 그 클럽은 2002년 10월에 매각되었다.

〈자료 5.2〉 보안조치 명세

2001년 7월 31일자 재무제표감사

22. 대차대조이후 사업

- 2001년 8월 10일 레스터 시티(Leicester City) 구단은 교사보험연기금협회(Teachers Insurance and Annuity Association)와의 사모사채를 통해 향후 언론수익과 신축구장 부지 및 건물 대금 2천 800만 파운드를 조성했다. 이 사모사채는 신축구장 자금 조달의 일원으로 사용될 예정이다.

출처 : 레스터 시티 유한공사, 2001년 연례보고서 및 회계결산보고서, 32쪽.

Leicester City의 경험보다 최근에 Leeds United 사례와 더불어은 다른 클럽의 증권화의 위험에 대한 유익한 교훈이다. 소수의 주요한 클럽들과는 다른 클럽들에서 축구 클럽 증권화가 의존하는 수익 유동성은 단순히 너무 불확실하고 위험스러워서 믿을만한 재정전략이 되지 못한다는 결론은 피하기 어렵다.

■ 선수들의 판매 후 임차

2002년 Deloitte & Touche 축구 재정 연례보고서는 "시장 상황이 어렵다는 것을 고려하면 … 선수 재정과 증권화와 같은 대안적인 기법이 등장하고 그 인기가 증가하고 있는 것은 놀라울 바가 못된다. 선수 재정 기법선수들의 가치에 대한 전형적인 자산재정계약은 선수들 등록의 '판매 후 임차' 와 같은 것이다."라고 말한다.47,11) 대차대조표 자금조달로서 묘사됨에도 불구하고,47 그 자금조날은 대차대조표 재정을 일탈시키며 분명히 아주 역행하는 것이다. 균형이 깨진 대차대조표 재정은 성격상 규정하기 어려운 감정적인 용어이다. 대다수에게 그것은 재무제표의 사용자들을 속이기 위해 고안된 정도를 벗어난 회계의 이미지를 만들어낸다. 그것은 어떤 것은 대차대조표에 포함시키고 순자산에 포함시키지 않는 것들은 규정을 벗어난 일탈 행위 즉 우리는 대차대조표에 속할 것으로 기대되나 포함시키지 않은 것이라는 점을 의미한다.Wilson, *et al.*, 1233. 그러나 다른 사람들에게 그것은 예를 들면 회사들이 어떤 자산과 부채와 연관된 위험과 보상을 다른 집단들과 나누는 거래에 종사할는지 모르는 혹은 거래가 회사의 세금채무를 최소화시키도록 취해지는 건전한 상업관행을 묘사한다. 그러나 이러한 거래 뒤의 동기가 무엇이든지 그러한 연차결산보고서들이 회사의 재정 상황과 성과의 진정한 그리고 공정한 견해를 제공하도록 회사들은 그들의 연차결산보고서에 그것들을 반영해야 한다.Wilson, *et al.*, 2001, 1233.

이러한 판매 후 임차 거래로 한 클럽은 선수를 사고자 하나 이적료를 즉시 지불하기를 원하지 않거나 아마도 지불할 수 없다. 그러므로 대신에 중개금융기관과의 구입가를 위해 비강제적인 역외 대부금을 취득한다. 그 중개자는 파는 클럽에게 이적료 전액을 지불하고, 그리고나서

사는 클럽으로부터 선수 계약기간에 걸쳐서 차용료를 지불한다. 비록 중개자가 영국축구협회 규정 하에서 선수의 등록을 소유할 수 없을지라도, 그럼에도 불구하고 그것은 우선 등록담보의 견지에서을 요구하고 만약 본래의 협정에 따라 지불을 받지 않는다면 판매를 강행할 수 있다.

그러나 이중 어느 것도 회사의 재무제표를 읽는 누군가에게 쉽게 분명한 것은 아니다. 차용하는 도구는 차용하는 회사의 대차대조표 상에 채무로서 인정될 필요가 없다는 것을 보증하는 방식으로 고안된 것이다. 더욱이 회계기준 FRS 5대차대조표 외 거래ASB, 1994가 그것들이 자산 혹은 부채를 야기할는지 모르는 것과 관계 없이 독자들이 그들의 상업적 결과를 이해할 수 있도록 충분히 상세하게 거래를 공개하는 일반적인 요구조건을 가진다는 사실에도 불구하고, 축구 클럽 재무제표에서 이러한 유형의 거래의 공개 관련 증거는 존재하지 않는다.[12)]

결과적으로 이러한 차용의 첫 번째 공적인 증거는 만약 한 회사가 재정적인 어려움으로 들어갈 경우에만 등장할는지 모른다. 예를 들어, 2002년 5월 Bradford City가 매각되었을 때, 그 빚은 2,200만 파운드였다. 채권자의 목록이 2002년 8월에 발행된 시점에 이러한 수치는 3,650만 파운드로 늘어났고, 그 차이는 이러한 종류의 제3집단에 의한 대차대조표 외 자금조달에 기인한 것이었다.Banks, 2002a. 공개와 의사소통의 의제뿐만 아니라 그것은 또한 축구협회 당국의 파산정책에 관한 의문을 제기한다. 현재 한 클럽이 매각되어야 한다면 선수의 계약 상 미해결된 임금 혹은 미해결의 이적료와 같은 축구 채무는 최우선 채권자로서 취급되고 우선적 지위가 주어진다.제2장 참조. 하나의 요구조건은 이러한 채무가 클럽이 축구시합에 참가하도록 허용되기 전에 해결되어야 한다는 것이다. 이러한 판매 후 임차 제도의 결과는 축구성격의 채무가 중개집단의 존재에 의해 가려지고 결국 클럽은 축구채권자로서 간주되지 않았던 이적채무를 이론상 늘릴 수 있다는 것이다.

■ 설명형식의 의사소통

재무제표와 더불어 부가적인 정보가 설명의 형식으로 연례보고서와 연차결산보고서에 공개된다. 이러한 공개의 형태는 다양하다. 영국에서 경영 및 재정 보고서OFR는 설명형식의 보고로 최선의 업무를 독려할 의도로 1993년에 도입되었다. 이 보고서에서는 관리인들에게 그들의 회사 재무 상황과 결과에 대한 근원적이고 중요한 특징들을 설명하고 분석하는 기회를 제공한다. 비록 대규모로 상장된 회사들을 대상으로 하고 있기는 하지만 회계기준위원회ASB는 다른 기업들 특히 전문화되거나 경쟁력 있는 산업에 속하는 기업들에게도 그들 자신의 상황에 적합한 경영 및 재무 보고서 혹은 유사한 것을 제공하도록 독려한다.

1993년 부터 연례보고서에서 설명형식 보고의 양적인 측면과 질적인 측면 모두에 있어서 개선은 계속 되어왔다.ASB, 2002. 하지만, 극소수의 축구 클럽들만이 그들의 연례보고서 내에 경영 및 재정 보고서를 포함시키고 있다. 잉글랜드와 스코틀랜드의 1부리그 클럽들의 2001년 연례보고서는 OFR로 제목을 달았거나 다른 형태이기는 하지만 사실상 OFR로 여겨지는 네 가지 보고를 담았다.〈표 5.2〉 참조. 아마도 이것은 놀라운 일이 아닐 것이다. OFR은 반드시 준수해야하는 사항은 아니지만 거대 상장 회사에서는 최고의 준수사항으로 인정될 수 있다. 이는 대부분의 클럽에서는 준수하지 않는 사항이다. 더구나, 다른 클럽에서는 회계기준위원회의 보고서에서 다루어진 문제점들을 구체적으로 설명하고 있다. 이러한 설명들은 이사장 보고서 및 최고경영자 보고와 같은 연례보고서의 설명 섹션에서 찾아 볼 수 있다.

설명형식의 의사소통을 강조함으로써 나타난 결과 중 하나는 비전통적설명형식 기업 연례보고서의 기존 범주에서 이미지 관리 활동이 강조되었다는 점이다. 이러한 새로운 회계방식은 최소한만의 감사를 받음으로써 더욱 문제가 된다는 것이다.Gallhofer, *et al.*, 2000. 그러나 이러한 비판에도 불구하고, 설명형식으로 공개하는 것은 재무제표에는 드러나지 않는 정보, 즉 한 회사의 성격과 그 미래의 잠재력을 보다 완벽하게 이해하도록 사용자들을 도울 수도 있으며 책임성을 개선하는데 도움이 될지 모르는 정보를 교환할 기회를 제공하는 사례가 되는 것이다. 더욱이 설명형식의 공개는 개별기업의 특이한 성격을 반영하도록 고안될 수 있다.

여러 축구 클럽들이 설명형식의 공개를 이제 적극적으로 사용하는 한 분야는 그들의 지역사회의 주도권과 연루에 관한 정보를 제공하는 영역이다.제2장 참조. 이전에 구단들은 자신들의 연례보고서에 설명형식의 섹션을 이용하여 선수들의 시장 가치 혹은 판매평가가치에 대한 정보는 물론이고, 훈련 및 개발 활동의 투자에 대한 정보 역시 제공할 수 있었다고 언급되었다. 그 정보는 그 단체의 상황과 미래의 잠재력과 관련한 보다 큰 그림을 제공하게 된다.Morrow, 1999, 152–6. 클럽들이 그들의 연례보고서에 훈련과 개발에 있어 그들의 투자에 관한 정보를 공개하는 정도는 〈표 5.2〉에 나타나 있다.

〈표 5.2〉 유소년 개발 계획 설명 보고

구단	개별영업 재무보고서	보고 양식	출처/분량
잉글랜드 클럽			
Arsenal	없음	유소년 개발 목적, 운동장에서 활동시설	구단주 보고서 3단락, L
Aston Villa	재무리뷰	유소년 선수의 발전	구단주 성명 1단락, L
Bradford City	없음	–	N

Charlton Athletic	있음	유소년 개발 목적, 1부팀 승격 유소년 아카데미 계획, 기존 시설에 투자(백5십만 파운드)	구단주 성명 사업리뷰, 시즌리뷰 7단락, M
Chelsea	있음	지역내 유소년의 중요성, 아카데미 계획 이슈와 중요성 강화	구단주 성명 2단락, L
Conventry City	없음	유소년팀 활성, 1부팀으로 승격	구단주 성명 1단락, L
Derby County	없음	유소년팀 활성, 유소년 아카데미/승인계획	구단주 보고서 3단락, L
Everton	없음	유소년 아카데미 개발과 활성화 1부팀 승격, '재미있는' 축구	구단주 성명 1½쪽, M
Ipswich Town	없음	유소년 개발 중점, 신규 훈련 중앙 시설	구단주 보고서 1단락, L
Leeds United	있음	아카데미 정보, 유소년 정책 발전, 1부팀 승격, 지역내 선수들 육성(6천8백만 파운드)	구단주 성명, 안내페이지 사진을 포함한 2쪽, M
Leicester City	재무리뷰	유소년 아카데미	구단주 보고서 2단락, L
Liverpool	사업리뷰	훈련 시설 발전, 아카데미의 역할	사업리뷰 2단락 사진을 포함한 1쪽, L
Manchester City	없음	–	N
Manchester United	재무리뷰	유소년 개발 목적, 신규 축구 아카데미 투자(7백 5십만 파운드)	최고경영자리뷰 1단락, L
Middlesbrough	없음	–	N
Newcastle United	없음	유소년 개발 중점 아카데미의 인수	구단주 성명 2단락, L
사우샘프턴 (Southampton)	재무리뷰	아카데미 소속 선수, 기타 외부와의 관계 증진	구단주 성명 1단락. L
Sunderland	재무리뷰	유소년 개발 목적, 시설 개발 (1996년 이후 아카데미에 5천–6천만 파운드 지출)	구단주 성명 3단락, L
Tottenham Hotspur	있음	유소년 개발 목적, 아카데미에 자본 투자	구단주 성명 활동보고서 1단락, L

West Ham United	없음	유소년 개발 프로그램(4백만 파운드), 운동장에서의 활동, 시설 확대	구단주 성명 2단락, L
스코틀랜드 클럽			
Aberdeen	없음	유소년 개발 목적, 자원에 대한 암시, 1부팀 승격	구단주 성명 2단락, L
Celtic	없음	유소년 개발 자금과 시설 향상의 필요성, 유소년 아카데미 제안, 1부팀 승격	최고경영자리뷰 3단락, L
Dundee	없음	–	N
Dundee United	없음	–	N
Dunfermline Athletic	없음	유소년 개발 프로그램 투자 전략에 대한 간단한 언급	구단주 보고서 L/N
Heart of Midlothian	없음	유소년 개발 목적, 유소년팀 활성	구단주 성명 수석코치 성명 2단락, L
Hibernian	없음	–	N
Kilmarnock	없음	유소년 선수의 발전	구단주 성명 1단락, L
Motherwell	없음	지역내 선수 개발 강조	구단주 성명 1단락, L
Rangers	없음	유소년 프로그램, 1부팀 승격	구단주 성명 축구보고서 2단락, L
St Johnstone	없음	유소년 선수의 발전	구단주 성명 1단락, L
St Mirren	없음	–	N

보고 색인 : E = 광범위한 내용; M = 일반적 내용; L = 제한적 내용; N = 없음
출처 : 2001년 각종 연례보고서

〈표 5.2〉가 드러내듯이 소수의 클럽들은 그들의 연례보고서에서 어디엔가 이러한 이슈에 관한 많은 의미 있는 공개를 제공하지 않고 있다. 단지 세 클럽들만이 적정한 공개 수준을 제공하는 것으로서 분류된다—Charlton Athletic, Everton 및 Leeds United. 이들 중 두 개 즉 Charlton과 Leeds United는 Manchester United, Sunderland 그리고 West Ham United

와 함께 비록 모든 사례들에서 공개가 몇 가지 수치에 제한적일지라도 그들의 유소년 및 개발 프로그램의 일부 계량화된 면들을 제공했다. 축구 자체에서 든, 재정적 측면에서든 대부분 클럽에서 미래의 성공에 대한 유소년 개발이 근본적으로 중요하다는 관점에서 볼 때 정보 공개의 수준은 매우 실망스럽다. 클럽허가제도의 전제 조건으로 축구 클럽들로 하여금 유소년 개발과 훈련에 대한 투자 정보 공개를 의무화 한다면 축구 업계에서의 최고의 업계를 가려낼 수 있을 것이며 미래를 준비하는 클럽 역시 규명될 것이다. 유소년 아카데미 및 훈련 시설과 같은 항목에서의 비용 지출과 더불어, 축구 클럽은 유소년 개발 및 훈련에 대한 수익 투자 정보와 그밖에 다른 기본적인 정보 역시 제공할 수 있어야 한다. 이러한 지출은 장기적이며 불확실한 결과를 제공하지만, 그럼에도 불구하고 축구 클럽들은 각 연령별 선수들의 숫자, 프로 계약으로의 승급 비율, 코칭스태프의 고용 및 비용과 같은 정보를 제공할 수 있어야 한다. 이런 것들의 정보는 축구 클럽의 현 상태와 향후의 잠재력에 대한 완전한 그림을 그릴 수 있게 해 준다.

—— 해석된 해석을 해석하기

■ 전문가들(The professionals)

본 장의 앞에서 언급한 바와 같이, Deloitte & Touche와 PWC와 같은 회사는 축구산업의 중요한 기관으로 정기적으로 정보를 제공한다. 게다가 최근 몇 년간 KPMG1998와 PKF2002와 회계 및 자문 기관들 역시 축구산업에 대한 다각도의 보고서를 제공해 오고 있다. 하지만 Deloitte & Touche는 명백히 축구산업 분야에서 업계의 선두주자라 할 수 있다. Touche Ross는 1993년 자사 최초의 보고서인 『축구 클럽회계조사』Survey of Football Club Accounts를 출판하였다. Touche Ross사의 보고서는 방대한 내용을 담고 있다. 이 보고서는 통계적 혹은 기술적 방식의 연차 결산 보고서와 분석 보고서로부터 발췌된 정보를 제공하며, 축구산업 연구자들에게 필수적인 자료이다.

그러나 이와 같은 자료를 이용할 때는 몇 가지 주의 사항을 염두에 두어야 한다. 첫째, 이러한 보고서에서 제공된 분석은 기존 연례보고서 및 연차결산보고서에 대해 기초적인 분석만을 했다는 점이다. 다시 말하면, 정보의 이용자는 자료 해석에 대한 해석을 하는 것이다. 둘째, Deloitte & Touche사에서 제공하는 분석은 축구 산업, 혹은 축구의 재정적 부분만을 다루고 있다는 점이다. 회계의 사회적 목적은 고려해 볼 때, 축구의 광범위한 사회적 분석이 결여되어 있다는 점은 아쉬운 점이다. 셋째, 이러한 보고서의 목적이 무엇인가에 대해 염두에 두는 것이다. 축구 클럽 사업을 유지하기 위해 열정이 하나의 요인이 될 수는 있으나, 보다 중요한 점은 축구와 같이 고수익을 창출하는 것으로부터 발생하는 공공성이다. 따라서 이러한 보고서에서 채택한 분석이나 시각이 시장 중심적이라는 사실은 그다지 놀랄만한 일이 아니다. 결국 시장은 고객과 잠재 고객으로 구성되기 때문이다.[13] 논쟁의 여지가 있기는 하지만, 이러한 클럽 및 고객 중심의 보고서에는 비판 및 평가성이 기존의 예상보다 훨씬 더 결여될 수 있다. 예를 들어, 뒤늦게 밝혀진 사실임에도 불구하고 Deloitte & Touche사의 2002년 보고서에 따르면, 자사는 인원감축의 위험성에 대한 언급은 없이 증권화의 장점만을 강조했다는 점은 다소 놀랄만한 일2002a, 48이며, 또한 당시 선수 관련 금융 기법에 대한 위험이 강조되고 있는 상황이라는 점도 그러하다.

축구 클럽에서 최근 몇 년 사이에 등장한 재무에 대한 또 다른 정보의 출처는 SportBusiness와 Soccer Investor와 같은 전문 출판물에서 볼 수 있다. 이러한 출판물들은 축구업계의 재무나 영리적 문제에 대한 보도와 분석을 제공하고, 축구 산업에 종사하는 다양한 사람들의 내용도 다룬다.[14] 본 장에서 특히 흥미있어하는 부분 중에는 등록된 모든 유럽 축구 클럽과, Soccer Investor지에 정기적으로 제공하는 많은 다른 영국 축구 클럽의 연차 회계 결과 보고서의 분석이 있다. 이러한 출판물들은 축구 클럽의 재무 결과에 대한 요약본을 용이하게 제공하고 있고, 이와 관련한 운영 및 시장 정보도 그러하다. 〈자료 5.3〉은 선더랜드 공공유한회사 Sunderland plc의 예를 보여주고 있다.

■ 언론(The Press)

스포츠, 특히 축구는 경제적, 사회적, 문화적, 그리고 정치적으로 중요한 현상으로 이를 소비하는 주요 수단은 언론이다.Crolly and Hand, 2002, 8. 축구에 관해 과거 보다 훨씬 많은 언론 보도가 있다. Sky와 같은 위성 방송국의 시장 진입으로 인해 텔레비전 보도는 기하급수적으로 증가했다. 축구 경기의 광역 생중계는 영국 내에서 텔레비전과 BBC Radio 5 Live, BBC Radio Scotland와 같은 라디오 방송국을 통해 현재 이용할 수 있다. 게다가, 다양한 토크쇼 형태의 축구 방송도 텔레비전과 라디오를 통해 현재 이용이 가능하다. Radio 5 Live에서 방송하는 Any Sporting Questions과 같은 토론 프로그램, Radio 5 Live's 606과 Reel Radio에서 방송하는 Reel Football Phone와 같은 전화 대담 프로그램, 그리고 Radio Scotland에서 방송하는 Off the Ball과 같은 코미디 프로그램들이 여기에 포함된다. 토크쇼 형태의 축구 방송들은 여타 다른 유럽 국가들, 주로 이탈리아에서 방송이 된다.Burke, 1998, 136-45. 이러한 기존의 방송매체 뿐만 아니라, 인터넷과 같은 새로운 방송 매체도 점차 중요해 지고 있다. 엄청난 양의 정보들이

BBC와 같은 일반 콘텐츠 제공업자뿐만 아니라, 현재 클럽 공식 홈페이지 및 팬 사이트를 통해 접할 수 있다. 여론 조사에 따르면, 45%의 축구 서포터들이 개인의 집에서 인터넷을 접속할 수 있는데, 이 수치는 현재 전국 인터넷 접속 수치를 상회하는 것이다.SNCCFR, 2000, 23. 보다 중요한 점은 인터넷 이용 가능 서포터 가운데, 단지 17%만이 인터넷을 이용하지 않고 축구에 대한 정보를 접한다는 점이다.SNCCFR, 2000, 23.

그러나 축구 클럽과 가장 오랜 기간 동안 관계를 맺어 왔던 언론 매체는 역시 신문이다.Vamplew, 1998, 56. 오늘날 축구는 활자매체 출판의 중요한 요소이다.Crolley and Hand, 2002, 1. 최근 몇 년간 신문은 스포츠 보도의 확대를 통해 보다 경쟁적 정보 제공 환경에 대응해 왔다.[15] 예를 들어 영국에서 일요일과 월요일에 발간되는 대다수의 신문은 독자적 스포츠 관련 기사를 증보를 통해 제공하고 있다. 프랑스, 이탈리아, 스페인[16]과 같은 일부 다른 유럽 국가들의 경우는 스포츠 정보에 대한 욕구가 보다 많이 분출되고 있어서 특집 일간 스포츠 신문의 발간으로 이어졌다. 하루에 독자 200만 명을 보유하고 있는 프랑스의 L'Equipe지는 지면의 약 40%를 축구관련 기사에 할애하고 있고, Gazetta dello Sport, Corriere dello Sport, Tutto Sport와 같은 이탈리아의 스포츠 중앙지는 지면의 약 70%를 축구에 할당하고 있다. 스페인은 총 4개의 스포츠 중앙지—Marca, As, Sport, El Mundo Deportivo—가 존재한다. 이 가운데 최고의 판매부수를 자랑하는 것은 Marca지로 일일 판매부수가 420,000부를 초과하여 스페인에서 가장 널리 읽히는 일반 신문인 El Pais지의 판매부수를 현재 초과하고 있다.Crolley and Hand, 2002, 4–5.

축구와 같은 고급 뉴스는 스포츠 사업 언론과 연구 분야를 통합하게 만든다.Boyle and Haynes, 2000, xi. 향후 본 장은 정보 제공의 양적 측면과 질적 측면에 맞추어, 축구 산업의 정보 이동에 대한 활자 매체의 역할에 대해서 고려할 것이다.

■ 사업 보도(Reporting business)

최근 몇 년간 사업과 재무에 대한 언론의 관심이 증대되어 왔다. 이러한 현상은 *The Financial Times*지이와 더불어 스코틀랜드에 본사를 둔 일간지 Business am[17]과 같은 전문지의 출현와 같은 전문 금융 출판물 보급의 증가뿐만 아니라 다른 신문들에서도 금융 관련 뉴스의 증가에서도 관찰된다. 예를 들어, 현재 *The Times*와 *The Daily Telegraph*와 같은 브로드시트 신문은 경제면을 늘여 오고 있고, 타블로이드 언론도 일반 내용이나 정보지와 같은 것을 제공하고 있다.[18] '금융 언론financial press' 혹은 '금융 저널리즘financial journalism' 이라는 용어의 사용을 통해 경제 및 사업 보고, 그리고 금융 보도를 설명하고 있다. 결국 자본의 세계world of money를 이야기한다. 다른 여러 '세계들' 과 마찬가지로, 자본의 세계는 자신만의 관행, 문화, 언어와 용어를 발전시켜 왔고, 종종 이는 일반인들이 이해하지 못하는 영역으로 만들어져 왔다. 따라서 금융 언론의 역할은 해석자로의 역할, 즉 이해의 간극을 메우는 일을 해야 한다. 금융 언론에서의 특별한 문제는 시장과 소비자에게 이슈가 된다. 이는 금융 언론은 금융 사업에 관련된 사람과 보다 광범위한 금융 및 경제에 관심 있는 사람, 혹은 금융 사업이 개인의 삶에 영향을 미치는 사람 모두를 대상으로 하기 때문이다.Brett, 1991.

오늘날 영국에 존재하는 금융 저널리즘의 종류는 19세기 후반으로까지 거슬러 올라간다. 그 당시까지 금융 저널리즘은 단순 사실적이고, 정적이며, 반응이 느린 것이 특징이었으며, 조언이나 설명이 없는 가격과 자료의 리스트에 불과했다. 단순 사실보다 금융의 정보화를 강조하는 신금융 저널리즘New Financial Journalism의 발전은 당시 영국 언론에서 일반적으로 나타났던 방법들을 모방했다. 주식 시장과 기업 활동에 대한 유용

〈자료 5.3〉 선더랜드 유한공사(Sunderland Plc) 2002년 연례결산

• 경기력 부진으로 인한 경영악화

- 현 경기력의 부진, 선수이적부채와 평가절하에 의해 선더랜드는 공공유한회사로서는 처음으로 재정손실을 기록하게 되었다.

2002년 7월 31일 회계결산일 기준 12개월 동안의 2백79만 파운드의 세전손실을 기록하였는데, 이 수치는 작년 동 회계기간 동안의 3백1만 파운드 손익과 비교되는 것이다.

• 총매출 :

- 총매출은 4천6백2만 파운드에서 4천3백8십2만파운드로 5% 감소했다. 주요 원인은 입장객의 감소이다. 평균 관객수가 46,744(2001년 46,832)명으로 약간 감소한 상황에서, 경기력부진과 악화가 의미하는 것은 구단의 각 4경기 밖에 되지 않는 홈경기와 원정경기에서 이익을 많이 얻을 수 없다는 것이다. 역시 입장객 감소로 시즌 티켓 가격 인하 정책도 영향을 받았다.

프리미어리그 TV 중계료의 인상에도 불구하고 지난 시즌의의 17위(2001년 7위)라는 경기력 부진으로 인해 선더랜드는 3백만 파운드의 감소를 겪었다. 게다가 BskyB와의 신규 계약에도 불구하고 중계수입은 2% 하락해 천8백3십만 파운드에서 천7백9십8만파운드로 감소했다.

- 구단은 경기력 부진으로 소매수입과 상품수입이 8% 감소하여 3백4십3만 파운드에서 3백십7만 파운드로 손실을 입었다.

• 비용 :

- 비용의 측면에서 직원 임금이 11% 상승하여, 2천3백2십2만 파운드에서 2천5백7십8만 파운드 증가했고, 이 비용은 총매출의 59%를 차지한다.

이는 Jason McAteer, Bernd Hass, Lilian Laslandes, Claudio Reyna와 Jocahim Bjorkiund를 영입한 결과이다.

2002년 말 이후 추가 선수 영입으로 인해 임금 수준이 상승되어 3천만 파운드가 되었고, 만일 지금과 같은 수준이라면 명년의 예상 총매출의 66%를 차지할 것이다.

선더랜드 구단주 Bryan Sanderson의 말에 따르면, 경기력이 좋지 못한 시즌에는 59% 수준이 적정한 수준이지만, 이 모든 것이 의미하는 것은 선수 영입 이전에 영업이익이 9백만 파운드에서 4백 6십만 파운드로 반 토막 났다는 것이다.

앞서 언급한 선수들의 올해 영입은 선수이적부채를 7백십만 파운드로 상승시켰다.

- 그러나 작년과 비교하여 구단은 Don Hutchison, Alex Rae과 Danny Dichio으로의 선수이적을 통해 보다 많은 수익을 얻었으며, 선수 매각 비용(백십8만 파운드) 대비 5백2십만 파운드의 이익을 거두었다.

Sanderson에 따르면 구단은 다음 이적 기간에 규모를 36명으로 줄일 수도 있다고 한다.

Bernd Hass와 Llilian Laslandes는 1부리그로 진입하기에 실패한 선수들로서 8명 중의 매각대상 2명에 해당된다.

- 그러나 Sanderson에 말에 따르면, 이번 결정은 경솔하게 내려진 것이 아니며 구단도 실적 향상을 통한 배당금의 회복을 약속도 했다.

이 결과 올해 초 개인적인 이유로 사임했던 전 최고경영자인 Hugh Roberts가 복귀할 예정이다. 그는 공공유한회사의 구단 중역임과 동시에 최고 중역인 최고경영자로 복귀할 것이다.

구단은 자체 코치진을 역시 변경했다. 매니저였던 Peter Reid가 물러나고, Howard Wilkinson과 Steve Cotterill이 새로이 임명되었다.

- 재무담당자인 Peter Walker의 말에 따르면, 4백만 파운드의 추가 자금이 구단 아카데미를 위해 올해 쓰일 예정이며, 내년 초에 그 프로젝트의 두 번째 단계가 완성될 것이다.

구단은 현재 South Tyneside Metropolitan Borough가 아카데미 프로젝트의 세 번째 단계인 시설 승인 계획을 거부한 것에 대해 항소했다.

구단의 현금량은 일반적인 시즌 티켓판매 이후에 발생하는 수익에 영향을 받는다.

2002년 7월 31일 순부채는 2천백2십(9백9십)만 파운드이며, 69%(29%)가 증가되었다.

Sanderson의 예상에 따르면, 향후 2002년에 비해 2003년 회계연도에 손실이 심각히 증가할 것이다.

• 선더랜드의 2002년 7월 31일까지 12개월간의 결과

£	31/07/02	31/07/01	변화(%)
총매출	43.829	46.021	−4.8%
영업비용	−39.218	−37.056	5.8%
선수이적부채이전영업이익	4.611	8.965	−48.6%
선수이적부채	−11.784	−5.905	−99.6%
선수 계약의 이익과 매각	5.214	1.182	−341.1%
선수 계약 가치의 감소분	–	−0.724	N/A
순이자	−0.831	−0.507	N/A
세전 이익	−2.79	3.011	−192.7%
환급 이익	−3.537	2.583	−236.9%
배당금	–	5	N/A
주당수익율	−41.3	35.2	−217.3%

- 선더랜드의 2002년 7월 31일까지 12개월간의 총매출
- 표 좌측에서 순서대로, 입장료, 언론, 후원, conf, 소매 및 상품, 기타

출처: 사커 인베스터(Soccer Investor), Weekly Issue 118.

한 재무 정보에 대한 수요와 공급의 증대에 대응하기 위해 금융 소식의 보도가 발전 및 확장을 했다.Porter, 1998.[19] 흥미로운 사실은, 사업을 보도하던 신문은 신문학계에서 무시되던 분야이나. Parsons1989, 3의 주장에 따르면, 언론학계가 대중 매스컴의 중요성을 강조한 점을 고려한다면, 금융 언론과 같은 엘리트 매스컴의 형태가 무시되었던 것은 그리 놀랄만한 일이 아니다. 인플레이션과 같은 거시 경제 문제를 보도하는 일부 매체도 존재Gavin and Goddard, 1998하였으나, 놀랍게도, 대다수의 필자들이 언론과 경제에 대한 전문성이 결여되어 있었다. 다른 영역에서는 Dreier1982는 사업계와 언론 간의 복잡한 관계에 대해서 연구했다. Gallhofer와 Haslam1991은 사업 보도의 역사직 양태에 대한 연구를 하여 제1차 세계대전 기간 동안의 독일에서 의심스러운 회계 관행에 대한 언론의 보도를 연구했다. 하지만 언론학이나 회계 및 재무학이 어떻게 언론이 회연차결산보고서보를 출판하고, 인수에 대한 추측을 하는가와 같은 내용을 다루는지에 대한 증거는 거의 없다.

■ 축구사업의 보도(Reporting the business of football)

> 리즈(Leeds)가 파산하나? 600명의 축구 관련 종사자들은 올 시즌을 끝으로 해고될까요? 지겹습니다. 모든 신문에서 지금 축구 재무와 관련한 전문가를 고용해서, 거리에서는 그들을 찾아볼 수 없습니다. 그러니 우리는 점점 더 그러한 뉴스들을 읽고 있습니다.
>
> Hunter Davies, New Statesman, 18 March 2002, p. 58.

> 축구는 점점 더 금융 언론에서 다루어지고 있습니다. *The Financial Times*가 축구에 관한 특별 부록을 싣는 것을 이전에 혐오한 것과는 달리 2001/2년 시즌을 시작할 때는 이를 기사에 실었습니다.
>
> John Reid, 2001, Reclaim the Game, p. 16.

2000년 3월 당시로 돌아가 보자. 당시 Manchester United 공공유한회사의 시가 총액이 최초로 10억 파운드를 초과하는 일이 발생하자, 당사의 축구사업은 보다 전도유망한 것으로 인식 되었다.[20] 금융 시장에서 항시 난관을 극복하는 것은 일정 정도의 이익을 보장하며, 이러한 난관 극복을 통해 Manchester United 공공유한회사는 아마도 업계 1위를 넘어서서 세계적인 프리미어 축구사업의 선두주자가 되었다. Manchester United의 시가 총액은 FT All–Share 지수에서 191위를 차지했고, 세배이상 늘어난 주가 때문에 Manchester United는 FTSE 100 지수[21]에서 하위를 차지하는 기업들과 경쟁하게 되었다. 그럼에도 불구하고 Manchester United의 시가 총액 10억 파운드 돌파에 대한 신문 기사는 *The Financial Times, The Daily Mail*과 *The Sun*지에 게재되었다.[22]

그러나 사업 규모를 기본적으로 고려해 볼 때, 영국에서 Manchester United는 사업 규모와 관련한 점에서 예외에 해당된다. 예를 들어, Manchester United가 시가 총액 10억 파운드를 돌파할 때, 상장된 다른 영국 축구 클럽의 총 시가 총액은 7억 파운드에 미치지 못했다. 대부분의 축구 클럽은 수익면에 있어서 절대적으로 영세한 수준이며, 금융 언론에서 보도되는 사업 영역의 다른 기업에 비할 바가 못 된다. 게다가 축구 업계에서 이윤을 내는 것은 예외적인 일이다.딜로이트 앤 투쉬를 참조, 2002a ; PricewaterhouseCoopers, 2002.

이러한 사실에도 불구하고, 언론계가 축구 업계에 관심을 보다 가지는 것은 당연하다. 예를 들어 런던 신문인 *The Financial Times*는 매주 스포츠면을 편성하고 있고 1997년 3월 이래로 스포츠의 재정적 문제에 대한 내용을 전문 기자가 작성하고 있다. 여타 다른 브로드시트 신문들도 스포츠면을 통해 축구 업계의 사업적 측면에 대한 전문 지식을 보유한 전문 기자들이 기사를 쓰고 있다. 아마도 이러한 예에 가장 적합한 전문 기자가 바로 *Daily Telegraph*의 칼럼니스트인 Mihir Bose로 그는 스포츠 사업에 대한 전문성을 가지고 있다. *The Independent*의 *Inside Football*을 기고하는 David Conn, *Sunday Herald*에 칼럼을 기고하는 Ian Bell이 또 다른 예이다. 심지어 타블로이드 시장도 여기에 관심을 보이기 시작했으며, *News of the World*에 소속된 Simon Banks는 축구 컨설턴트로서의 유능한 회계사이자 재정 전문 기자이다.[23] 그러나 다소 논쟁의 여지가 있기는 하지만, 하나의 사업으로서 축구 업계의 공개화와 평가는 사업적 중요성이라기보다는 보다 광범위한 사회적 관심의 소산이라고 할 수 있다.

■ **분량의 문제**(Issues of quantity)

앞서 논의한 것처럼, 신문은 축구 서포터들에게 가장 중요한 정보의 제공처이다. 축구가 점차 하나의 사업으로 변해가는 동안, 정보에 대한 요구는 금융 그 자체의 문제에까지 확장되리가 여겨진다. 비록 재정에 대한 전문적 지식을 반드시 필요로 하는 것은 아니지만, 그럼에도 불구하고 축구 서포터들은 그들이 주주로 있는 클럽의 재정 상황에 대해서 개인적 혹은 법적 관심을 가질 수 있다. 제3장과 제4장을 참조. 논쟁의 여지가 있기는 하지만, 이러한 관심은 한 클럽이 재정적인 어려움을 겪고 있거나, 친기업적 구조를 채택하여 주식시장에 상당되었을 때, 보다 명백해진다. 대다수의 축구 클럽에는 현재 7천여 명의 소액주주가 있으며, 그들 중 대부분은 자신의 클럽에 대한 충성도와 애정을 근거로 투자를 하기 때문에 다른 기업에는 직접으로 투자를 하지 않는다. 결과적으로 그들은 종종 상장 회사에서 제공하는 정보와 그 해석에 익숙하지 않다. 많은 서포터들에게 있어 신문은 그러한 조언을 해 줄 수 있는 중요한 장소이다.

언론에서 제공되는 축구사업 정보의 양에 대한 경험적 증거는 쉽게 구축될 수 있다. 정보 제공 수준을 개괄적으로 보기 위해, 무작위로 선정된 한주 동안 축구 기사를 게재한 신문의 샘플을 광범위하게 수집하였다. 축구사업은 축구 그 자체와 관련된 재정, 사업, 경제 영역의 모든 기사를 포함한다. 그러나 다른 기사를 인용한 보도는 사실 여부와는 상관없이 제외되었다.[24)]

자료 수집은 2002년 1월 15일 화요일부터 시작하여 일주일간 진행되었다. 비록 사업적 문제는 포함되지 않지만, 화요일은 월요일에 보도되는 주말 축구 경기와 다른 활동까지의 한 주간 보도를 모두 취합하고 있다. 화요일은 주말 동안의 축구 경기와 다른 관련 활동들에 대해 월요일에 보도하는 내용과 더불어 한주를 모두 취합할 수 있기 때문에 시작일로 선택되었다. 자료 수집 대상은 〈표 5.3〉과 같다. 표에 대한 이전 설명에서처럼, 수집 대상 신문의 일부는 스코틀랜드에 본사를 둔 신문이거나 영국 신문의 스코틀랜드 판이다. 이를 보다 넓게 해석하면, 여기에 실린 기사들은 스코틀랜드 시장에 보다 더 중심을 맞추고 있다.

본 연구는 연구 대상 주간의 실질적인 보도와 관련한 두 가지 문제와 관련이 있다. 첫째, 어느 신문이 사실상 축구사업과 관련한 기사를 게재하는 것에 대한 규명과, 둘째, 그 신문에서 기사가 어디에 위치하는지에 대한 것을 규명하는 것이다.

〈표 5.3〉 신문 조사

주일		일요일	
브로드시트	타블로이드	브로드시트	타블로이드
The Herald* The Scotsman* The Daily Telegraph ≑ The Time ≑ The Independent The Guardian	The Sun ≑ The Daily Mail ≑ The Daily Record*	The Sunday Times ≑ The Sunday Herald* Scotland on Sunday* The Observer ≑	The Mail on Sunday ≑ The Sunday Mail*

* 스코틀렌드 지역의 신문.
≑ 영국 중앙지의 스코틀랜드 버전.

■ 콘텐츠 분석-2002년 1월 15일 화요일부터 일주일간

(Content analysis-week beginning Tuesday 15 January 2002)

83개의 다른 보도가 각각의 16개 축구 기사에서 발견되었다. 아마 샘플로 선정된 신문에서는 당연한 것이겠지만, 두 가지 주요 내용이 보도의 대부분이었다. 첫째, 스코틀랜드의 유로 2008 개최 노력에 의해 야기되는 정치 및 경제적 기사30개와, 둘째, 스코틀랜드 프리미어리그SPL의 텔레비전 방송국 설립문제21개가 그것이다. 발견된 결과의 요약은 〈표 5.4〉이며, 자제한 내용은 부록 1에 제공되어 있다.

논란의 여지는 있지만, 이 주의 두 가지 내용 중 어느 것도 축구사업의 전형적인 보도 형태는 아니다. 특히 유로 2008 개최 노력에 대한 기사는 미시경제학적인 것 보다는 거시경제학적인 이슈에 명백히 집중되어 있다. 그러나 거시경제학적인 기사의 내용도 각 구단 수준에서의 재정 이슈와 관련된 논의는 존재한다. 예를 들어 Aberdeen, 혹은 Hibernian과 같은 유한 회사가 유로 2008의 주최 노력의 일환으로 공적 자금을 통해 자신들의 구장 신축해야 하는가와 같은 문제가 논의되고 있다.

〈표 5.4〉 축구사업 보도-2002년 1월 15일(화)에 시작하는 주의 기사

기사내용	신문유형			분야				
	합계	브로드시트	타블로이드	뉴스	사설	스포츠	사업	칼럼
스코틀랜드의 유로 2008 개최 노력에서 야기되는 정치적, 경제적 이슈	30	17	13	12	5	8	–	5
SPL의 자사 TV 방송국 설립으로부터 야기된 재무 및 스포츠 관련 내용	21	13	8	3	1	10	2	5
Niall Quinn의 결정관련	6	5	1	4	1	1	–	–
Dundee United의 소유 및 재무 관련 : Jim McLean의 구단주 복귀	5	2	3	–	–	5	–	–
웸블리 스타이움(Wembley Stadium)의 재개발 및 자금에서 야기된 기사	4	4	–	–	–	4	–	–
East Fife의 재정적 어려움	4	2	2	–	–	4	–	–
Celtic의 재정적 어려움	3	3	–	–	–	3	–	–
축구리그의 재정적 어려움	1	1	–	–	–	–	–	1
York City의 재정적 어려움	1	1	–	–	–	–	–	1
TV 시장 대안 모색	1	1	–	–	–	1	–	–
Rushden & Diamonds의 사업	1	1	–	–	–	1	–	–
스코틀랜드 구단 사이의 공동 구매 노력 제안	1	–	1	–	–	1	–	–
IG Spread Betting 이익	2	2	–	–	–	–	2	–
아르헨티나 재정 위기-축구구단에 대한 함의	1	1	–	–	–	1	–	–
Hampden의 채무-챔피언스 리그 티켓	1	1	–	–	–	1	–	–
채권의 재무공약 보증	1	1	–	–	–	1	–	–
합계	83	53	30	19	7	41	4	12

이러한 내용이 30개의 기사로 각각의 다른 섹션에서 분산 게재되어 있다. 기사의 보다 광범위한 정치적 혹은 사회적 중요성은 12개의 기

사가 뉴스 섹션에 배치되어 있는 것을 보면 알 수 있다. 사설의 경우는 5개의 다른 사건에 대해 다루고 있다. 흥미로운 것은 자료 수집 대상 15개의 신문 가운데 단지 5개만이 타블로이드라는 것을 고려할 때, 비록 브로드시트가 보다 자세한 내용을 담고 있기는 하지만, 비율적으로 타블로이드가 브로드시트 보다 많은 내용을 담고 있다는 것이다. 역시 흥미로운 사실은 스코틀랜드의 유로 2008 개최 노력에 대한 기사가 타블로이드 지에는 스포츠 지면에서만 볼 수 있다는 점이다.

스코틀랜드 프리미어리그SPL의 텔레비전 채널 보도 역시 광범위했다. 주로 스포츠 섹션에 기사들이 게재되었지만, 뉴스 섹션과 논설 및 칼럼 섹션에도 역시 게재되었다. 흥미로운 사실은 스코틀랜드 프리미어리그SPL의 기사 내용이 사업 섹션에서도 발견되는 점이다. 특정 주에 사업 섹션에서 발견되는 다른 스포츠 사업 기사에서는 잉글랜드와 그리스 간의 2002년 월드컵 예선에서 David Beckham의 마지막 골이 IG 지수에서 기업 내기에 많은 영향을 미쳤다는 사실을 부정적으로 보도하였다.

신문의 사업 섹션에서 스포츠 관련 기사가 적게 게재되는 한 가지 이유신문의 금융/사업 지면뿐만 아니라 bespoke financial titles는 금융 언론이 엘리트 독자들에 초점을 맞추고 있기 때문이다Parsons, 1989. 축구와 직접 관계된 것이든, 그 외적인 것이든 축구에 흥미를 느끼는 사람들은 엘리트 계층이 아니라 대부분이 일반인들이다. 그러나 금융언론에서는 일반적인 기사들, 회사 경영 결과, 수익, 확장 등을 다루고 있다. 〈표 5.4〉에 나타난 축구사업 기사의 대부분은 이러한 영역에는 해당되지 않는다. 더군다나 축구의 '재정 보고 시즌'과 같은 주의 사업 지면에서는 상장된 클럽의 연례 결과보고에 대한 내용을 다루고 있다.

축구 구단이 아닌 다른 구단의 유사한 내용과는 달리, 축구 클럽에 대한 기존의 재정 이야기에서 참으로 흥미로운 점은 이들이 종종 신문의

한 섹션 이상에서 기사를 다루고 있다는 점이다. BSky'B가 1999년 Manchester United를 인수하고 했던 노력이 좋은 예이다. 이러한 것들은 사업 내용의 기사인데, 이러한 신문에서 보도하는 이유는 사업 및 재정적인 중요성 때문이 아니라 축구와 축구 클럽에 대한 광범위한 사회적 중요성 때문이다. 역설적으로 Manchester United, Newcastle United, Celtic과 같은 축구 클럽이 자유 시장 자본주의를 대중화시키는데 일조를 했고, Thatcher 정부의 민영화 프로그램 기간 동안에 시작한 하나의 경향을 지속화 시켰다. 1984년 당시 BT의 매각은 최초의 주식 관련 이슈로 신문 지상의 다른 면에서 주요한 보도를 주목을 받았다.Parsons, 1989, 209.

■ 질적인 문제(Issues of quality)

언론에서 축구 재정과 관련한 보도가 증가한 것은 부인할 수 없으나, 양적인 측면과 질적인 측면을 동일시 할 필요는 없다. 언론 보도의 질에 대한 평가를 하는 또 다른 대안은 세부적 사례 연구의 방법을 포함하는 것으로 Boyle *et al.*에 의해서 사용되었고, 본 섹션의 나머지 부분에서 자세히 다루고 있다. 본 연구는 1998년 전직 셀틱 축구 선수인 Kenny Dalglish와 락가수 Jim Kerr의 컨소시엄 구성을 통해 Celtic 인수당시의 셀틱은 Fergus McCann가 최대 지주였다를 진행하던 상황을 담고 있다. 1994년 셀틱을 인수한 이후 McCann은 자신이 5년 동안 셀틱을 이끌 것이며, 자신의 주식을 기존 주주들과 시즌 티켓 구매자들 및 셀틱 서포터들에게 제공한다고 항상 이야기 했다. 자신의 임기가 끝날 때까지 셀틱은 약 10,000여 명의 주주와 50,000명의 시즌 티켓 구매자들을 확보하였고, 이를 통해 세계에서 5번째로 재정적 지원을 받는 축구 클럽이 되었다.

이 연구는 소문이 무성했던 인수와 관련한 언론의 보도 내용을 자세히 포함하고 있으며, 이는 당시 입찰을 보도했던 기자들 및 기타 사람들의 인터뷰를 제공하고 있다. 요약하면, 이 연구는 대중들의 스포츠에 대한 관심 정도와 이와 관련된 뉴스의 수준이 사실상 어떻게 언론에서 제공 및 보도되는 재정 뉴스의 양상을 결정하는 지를 보여준다. 그러나 여기에는 축구 산업의 보도 양태에 대한 질적 내용도 포함하고 있다.

중요한 문제점은 유명인에 대한 우상숭배이다. 대부분의 언론이 입찰 관련한 기사 내용에 유명인과 관련한 내용을 싣는 것이다. 이러한 유명인을 통해 기사를 적는 것이 스포츠 저널리즘의 일반적인 특징이다. Boyle and Haynes, 2000. 즉 많은 기자들은 입찰자들의 감정적 호소에 주목한다. 자신들의 주장에 대한 근거도 밝히지 못하면서, 주장하기를 팬들이 가장 좋아하는 선수가 King Kenny [Dalglish] 라고 한다.Boyle, *et al.*, 2000. 유명인을 내세운 결과는 많은 기자들이 재정적인 것이든 다른 것이든 추측성을 떠나 사실관계를 비판적으로 평가하는 것보다 효과적이었다. 축구 사업 기사에서의 문제점은 그들이 종종 축구사업가에 대한 기사를 적는다는 것이다. 다른 축구 구단의 구단주와는 달리 Fergus McCann은 결코 언론에 구애를 하지도 않으며, 그의 매너나 개성을 보면 언론에 자신의 장점을 홍보하지도 않는다. 이러한 개인적 성향에 대해 집착하는 것은 스포츠 사업 보도가 이러한 주제에 함몰되어 그것을 설명해 내지는 못하는 결과를 가져온다.Rowe, 1991.

이러한 축구 유명인에 대한 의존은 다른 문제점 역시 야기한다. 일부 스포츠 전문 기자들은 축구사업과 관련한 기사가 기존의 축구 관련 기사와 마찬가지로 보도될 수 없다는 점을 내켜하지 않는다. 일부 스포츠 전문 기자들 가운데는 전문가적 분석을 제공하기 위해 전문성의 여부와는 상관없이 기존의 기사 출처들, 즉 종종 은퇴한 축구 선수, 매니저 등에 의존하는 것이 한 예이다. Celtic이 1999/2000 스코틀랜드 컵에서 인버네스Inverness Caledonian Thistle FC에 패한 이후 사태가 바로 이와 같은 좋은 예이다. The Scotsman에 'Defeat costly for investors as Celtic shares take a dive' 라는 제목의 기사를 게재한 Allan Wright 기자는 전 Celtic 매니저이자 선수였던 Billy McNeill의 이야기를 인용하며 기사 내용에 다음과 같이 이야기 하고 있다. '명백히 Celtic은 클럽의 금전적 자원 고갈의 문제에 대해 걱정해야 한다.'

이 인용문에서도 알 수 있듯이, 축구사업을 보도하는 것에는 부정확성이 따른다. 어떠한 구단의 감독이 구단 주가의 하락에 대해 걱정한다면 이러한 움직임이 클럽 자원에 영향을 미친다고 확신하는 것은 잘못된 것이다. 사실상 기업의 자원은 주가의 움직임에 따라 직접적으로 영향을 받는 것은 아니다. 주식시장에서의 수요와 공급에 의해서 가격은 영향을 받는다. 중요한 점은 주식 시장에 투자하는 사람들이 그들이 주식거래에 필요한 만큼의 가격을 조정하기 때문에 축구 클럽의 주식 거래는 극히 미미하다.Morrow, 1999, 93–107. 언론의 현실에서 기자들은 현실을 만들어 내고Hines, 1988, 여기서 축구 서포터들의 중요한 관심사인 자금사정에 대해 잘못된 정보를 제공한다.

축구사업을 보도하는데 있어 특히 큰 문제점은 많은 스포츠 기사들이 재정문제에 대해 문외한이라는 사실이다. 금융 전문지식은 전통적으로 대부분의 기사들의 경험과 능력 밖의 일이었다.Rukeyser, 1983. 1991년 Manchester United의 주식 문제가 있을 당시 클럽 고문 중 한명인 Gleen Cooper는 다음과 같이 말했다.

> 사상 처음으로 우리는 스포츠 기자와 일반 기자(City journalists)들 간의 중첩을 보고 있다. 처음으로 스포츠 기자들은 일반 기자들이 다루는 내용을 적고 있고, 일반 기자들 역시 처음으로 스포츠 기자들이 다루는 내용을 적고 있다. 결국 둘 다 엉망진창이 되었다.

cited in Bose, 1999.

Boyle *et al.*2002은 이 문제가 개선되었다는 점을 발견하지 못했다. 스코틀랜드 굴지의 타블로이드 신문 중의 하나인 *The Sunday Mail*지의 스포츠면 담당국장인 Hugh Keevins에 따르면, 축구 기자들은 완전히 이 분야에 대해 문외한이 되고 있으며, 독자들은 잘못 이해하거나 잘못 해석한다.Boyle, *et al.*, 2002, 168. 언론으로부터 클럽에 대한 정보를 수집하려고 하는 사람들에게 있어서 문제가 되는 것은 기자들이 재정에 관한 지식이 부족하여 점차 성장하는 축구 업계에 대한 불완전한 이해가 문제가 되는 것이 아니라, 오히려 잘못된 정보를 전달하는 것이다. 기술적 문제에 대한 잘못되고 편차적인 보도의 몇 사례가 있다. 이들은 컨소시엄을 구성한 입찰 참가의 여부와 누가 결국에 클럽의 구단주가 되는가와 같은 기본적이 문제만 다룬다. 브로드시트broadsheets와 타블로이드tabloid 간의 중대한 구조적 차이점은 다음과 같다. 브로드시트의 기자들은 축구 업계의 산업에 대한 전문적 지식을 가지고 기사를 쓴다. 그러나 타블로이드의 기자들은 그러한 경우가 적다. 왜냐하면 그들은 산업 분야의 전문성이 없기 때문이다.

결과적으로 다른 출처에 대해 신뢰를 하는 경우가 있다. 예를 들어 Boyle *et al.*에 따르면, 압력을 느끼는 기자들에게는 쉽게 정보를 전달해 언론 보도에 영향력을 미치고 고도의 경쟁 환경의 상황에서도 기사를 제공해 신문을 판매하게 하는 PRs와 같은 전문적 금융 중개자가 영향을 미친다. 심지어 신뢰할만한 재정 정보를 구하는 사람의 인식에 대해 가장 큰 우려는 그들이 정보 제공자부터 들은 정보에 근거해 자신들의 관점을 피력하는 것이다. 이는 축구 전문 기자들의 능력으로는 다룰 수 없는 복잡한 금융 관련 문제들의 주제들을 기사화 할 때 그 기사들이 윤색되는 것으로 이어질 수 있다. Rangers 공공유한회사의 2000년 3월 신규 주식 발행 보도를 한 The Daily Record의 보도 행태가 한 예이다. 그 신문의 뒷면 머리기사는 '확실한 1억 파운드'로 되어 있고, 소제목에는 'Rangers 구단 주가 거래의 내용을 밝힘으로써 스코틀랜드 축구계가 어둠속으로 빠졌다.' 31 March 2000, p. 80. 이와 관련한 내용 역시 책 뒤에 제공되고 있으며, 각 수입과 지출에 대한 설명을 위해 자료가 준비되어 있다.〈자료 5.4〉 참조.

〈자료 5.4〉 제시된 Rangers rights 쟁점 보도

수입금 출처	지출 내역
- 구단의 신규 채권 발행으로 5천3백만 파운드 - 시즌 티켓 판매와 구단 사업으로 2천만 파운드 - 신규 TV 중계권으로 2천만 파운드 - Rangers FC의 주가 상승으로 천만 파운드	- 레인저스 부채 청산에 5천만 파운드 - 다음 시즌 대비 선수 구입비 2천만 파운드 - 레인저스의 유소년 아카데미 설립 비용 천만 파운드 - 2천만 파운드의 현금 보유

출처: 2000년 3월 31일 The Daily Record 79.

그러나 엄밀히 조사해 본 결과, 이러한 수치가 책 뒤에 제공되는 설명들에서 주장하는 것을 증명하지는 못한다. 첫째, 두 종류의 자금 유입-판권과 채권발행-은 실질적으로 신규 자본에 도움을 준다. 게다가, 기자들은 특정 지출의 방법에서 자금 모금의 가능성을 혼돈 하고 있다. 예를 들어 몇 년 뒤에 Rangers가 주식시장에 상장하지 않았다. 둘째로, 다른 수입의 출처는 물론 수입의 출처로 순환된다. 그러나 지출은 선수의 임금과 같은 지출과 순환되지 않는다. 논쟁의 여지가 있기는 하지만, 클럽이 최초에 5천만 파운드의 부채를 가지고 있어서 그러하다. 그러나 기업 재무에 지식이 없는 많은 독자들은 신문의 주요 제목과 소제목의 내용을

그대로 받아들인다.

*The Herald*지의 스포츠면 담당국장인 Graham Spiers가 *Scotland on Sunday*와 *The Guardian*지에 스코틀랜드 축구 경기에 영향을 미친 주요 정책 결정자들의 1억 파운드의 주가 발행의 예를 들어 설명하고 있다. Rangers의 구단주 David Murray가 스코틀랜드 언론에 영향력을 행사한 것에 대해 그는 설명하고 있다.

Murry는 신문을 조종하는 능력을 가지고 있다. 독자들이 레인저스 구단에서 그가 하고 있는 일에 대한 기사를 읽을 때, 그가 거의 타블로이드의 스포츠 편집장이라는 인상을 받는다. 그는 숫자를 이용해 인플레이션에 대한 수치를 조정하는 비상한 재주를 가지고, 재무 수치를 올린다. 한 예로 지난 주 한 Murry의 지시로 Rangers의 5천 300만 파운드였던 주가 발행 액수가 한 신문에서는 Ibrox를 위해 1억 파운드로 조정되었다.

콘텐츠가 열악한 언론 때문에, 스포츠 사업의 중요성이 감소하기 시작한다는 징조는 없다. 게다가, 클럽들이 보다 친사업적인 구조를 채택함으로써 축구 구단의 주요 주주들, 서포터들이 클럽 사업 활동의 향상된 회계 및 투명성을 점차 요구하고 있다. 스포츠 언론이 직면한 도전은 축구 업계에 사업 분야가 점차 중요해지는 상황에서 그들이 기꺼이 관련 전문가를 고용하는 것이다. 거의 모든 브로드시트 신문에서는 현재 이와 같은 작업이 진행되고 있으며, 이들은 적어도 한 명의 스포츠 사업 전문가를 고용하고 있다. 그러나 타블로이드 언론의 경우 이러한 현상은 발견되지 않고 있으며, 오히려 유명인에 편중된 기사가 증가할 것이다. 왜냐하면 스포츠 스타의 상업적 중요성이 증가하고 있기 때문이다.Andrews and Jackson, 2001.

주_

1_ 유럽축구연맹의 클럽 허가 설명서는 일종의 실무 자료로 작성되었으며 각국의 연맹이 유럽축구연맹 클럽 허가 제도의 가이드와 요구사항을 이행하는데 도움을 주어 각국 허가 제도로 발전하게 하기 위한 것이다.

2_ 이는 2002년에 강화되었다. 당시 다양한 기업 회계 부정 사건이 밝혀졌는데, 주로 미국의 사례는 아니었다. 일부의 주장에 따르면, 영국의 회계감사구조 때문에 미국보다 영국에서 발생했다고 주장한다(Mitchell and Sikka, 2002).

3_ 국제 회계 기준 이사회(International Accounting Standards Board)는 고수준의 알기 쉽고, 강력한 국제 회계 기준을 개발을 천명했다. 이 기준은 일반적 목적 재무제표에서 투명하고 비교 가능한 정보를 요구한다(IASB, 2001). 그러나 EU에 상장된 모든 기업들이 2005년까지는 국제 회계 기준을 그들의 재무제표로 이용하지 않았다. 현재의 상황은 회계 기준의 하나로 남아 있다.

4_ 관련 회계 기간이 끝난 이후 적어도 12개월 까지는 요약 보고서를 이용할 수 없다.

5_ 1997년 FRS 10이 도입되기 이전에, 이적 수수료를 처리하기 위해 다양한 종류의 회계 정책이 각 클럽에 채택되었다(Morrow 1995, 1999). 이적 수수료 문제와 무형자산 인식에 대한 축구 업계의 이러한 자의적인 회계 정책 채택의 결과는 Rowbottom에 나와 있다(2003).

6_ 예를 들어 Rivaldo의 Barcelona와의 매수료 수수료에 대한 계약은 1억 600만 파운드였다. 다음을 참조 'Football in crisis over transfer deadline', *The Times*, 22 September 2000.

7_ 물론 축구 클럽에서만 재무 관련 보도가 기업의 자산에 대한 정확한 반영을 하지 못했다는 문제가 발생하는 것은 아니다. 예를 들어, 새로운 경제 혹은 연구 업체들과 개발 업체들의 자산 비율 역시 본질적으로 판단하기 어렵다. Vance(2001)를 참조.

8_ 한 축구 클럽내의 자본 구조에서 현 부채는 언론에 의해 잘못 이해되거나 해석되고 있어 부채는 대부분이 재정적 어려움으로 간주된다.

9_ 증권화는 다른 엔터테인먼트 산업에서도 이용된다. 락 음악 작곡의 미래 로열티에 대한 첫 번째 증권화는 1997년 2월에 있었다. David Bowie 음악에서의 노래, 작곡과 판권이 5천 500만 달러에 판매되었다.

10_ 예를 들어 Newcastle United의 100년 동안의 입장 기록에 대한 분석에 따르면 단지 양차 대전 동안만 임대 계약을 감당할 수 없을 만큼의 적은 관중수가 있었다.

11_ 이러한 거래 내용에 대한 공개된 정보가 부재함에도 불구하고, Deloitte & Touche의 2002년 축구 연례보고서는 이러한 기법을 통해 영국 축구 클럽들이 자금(1억 2천만 파운드) 모금을 했음을 설명하고 있다. 흥미로운 점은 이 보고서에는 이러한 기법에 대한 비판적 내용이나 위험에 대해서는 언급되어 있지 않다.

12_ 영국에서 일반적으로 통용되는 회계 관행인 UK GAAP에는 포괄적인 판매와 매각차용에 대한 내용이 나와 있으며, 여기에 따르면 기업이 무엇을 하고 있는가에 대한 이해를 위해 내부 정보를 요청할 수 있다는 사실에 주목할 필요가 있다.

13_ 2002년까지 Deloitte & Touche는 자사의 연례보고서를 학생들과 교육 기관에 무상으로 제공했다는 사실을 주목해야 한다.

14_ *Soccer Investor*의 주장에 따르면 약 7,000여명 이상의 사람들이 축구 업계에 종사하고 있으며, 여기에는 36개국 정상의 축구 클럽과 마케팅 업체, 변호가, 매니지먼트사, 홍보회사와 언론사가 해당된다.

15_ 개괄을 위해서는 Crolley and Hand(2002, pp. 1–15)를 참조

16_ 독일은 영국과 유사한 형태를 지니고 있다. 즉 축구 관련 기사는 주요 신문에서 주로 다루고 있다.

17_ *Business am*은 약 100여년 만에 처음으로 스코틀랜드에서 발행하는 중앙지로 2000년 9월 최초 발간했다. 그러나 불행히도, 소유주의 Bonnier Medai가 2002년 12월에 폐간했다.

18_ 영국의 금융 미디어에 대한 개괄은 Brett(2000, pp. 363–78)을 참조

19_ 영국과 아일랜드 언론 가이드(British and Irish Press Guide)에 게재된 '금융과 투자'라는 제목의 기사 수가 1874년 19개에서 1914년 109개로 증가했고, 동 기간에 다른 신문에서도 재정 관련 보도가 동일하게 증가했다.

20_ 주가 시가 총액은 한 기업이 발생한 주식의 총수에 현재 주가를 곱한 것이다.

21_ 상장된 다른 축구 클럽과 마찬가지로 Manchester United 공공유한회사의 가치 및 주가도 10억 파운드의 가치를 기록한 이후 하락했다. 2년 뒤(11 March 2002) Manchester United의 가치는 3억 3천5백7십5만 파운드가 되었다. 2002년 11월 15일까지 그 가치는 2억 5천8백5십만 파운드까지 떨어졌다.

22_ 'Man United가 10억파운드 장벽을 깨다. 축구 애호가들이 시장을 흔들며 새로운 경제를 만들다', *Financial Times*, 9 March 2000, Com-panies and Finance, p. 26; '세계를 지배하는 억만장자 Man United', *Daily Mail*, March 9, 2000, pp. 92, 96; 'Man United, 10억 파운드 가치'. *The Sun* March 9, 2000. 참조.

23_ Banks는 역시 Football's Going Down의 저자이다(Banks, 2002b).

24_ 물론 방법론적으로 축구사업 보도가 행해지고 있는 규모를 제공하기 위해서는 보다 많은 주에 걸친 보도를 취합할 필요가 있다. 단지 한 주 만을 선정하여 연구하는 것은 일반적인 보도 행태를 반영하지 못한다는 비난을 받는 것은 당연하다. 그럼에도 불구하고 본 조사는 일반적인 보도의 경향을 제공한다.

맺는 말

축구? 염병할! (Bloody hell)

(Alex Ferguson, Camp Nou, Barcelona, May 1999)

Matt Busby, Bill Shankley, 그리고 Jock Stein에 이은 스코틀랜드 출신의 Manchester United감독인 Alex Ferguson은 이 말을 하면서 세계에서 가장 기업화되어 있는 축구 클럽인 Manchester United의 1999년 챔피언스 리그 결승 승리의 인사를 하였다. 축구는, Ferguson이 스코틀랜드 글래스고의 Clyde강에 있는 조선소의 용접공으로 있을 때부터 변해왔다. 글래스고의 지역이나 시민들뿐 만 아니라 맨체스터와 그 밖의 지역들도 마찬가지로 변해왔다. 그러나 축구가 현재 보다 1950년대나 1960년대에 더욱 세계인들이 즐기는 게임이었을까? 맨체스터의 1999년 승리가 Busby 비 감독하에서의 1968년 유럽컵 우승에서 보디 덜 환호를 받았을까? 1968년의 승리가 실제로 많은 사람들에게 더욱 의미가 있었을까?

축구 비즈니스의 중요성은 축구경기가 사회적으로 지역적으로 영향을 계속적으로 미침에 따라 부각된다. 그러나 최근의 인기에 따라 축구와 사람들이 계속적으로 변화하지 않을 것이라는 의미는 아니다. 리그 구성, 조직의 형태, 의사소통 등과 관련된 향후 축구의 변화는 가능한 많은 축구를 즐기는 사람들의 희망이나 기대를 반영한다는 조사 결과가 있다. 현대 축구에서 영역을 넓히는 것은 도전이며, 또 다른 기회이다.

현재 조직화된 클럽들이 미래의 축구에서 핵심적 역할을 수행하지 못할 것이라는 증거는 없다. 이미 포괄적으로 운영되는 여러 나라의 클럽들의 사례가 있다. 많은 클럽들은 서포터 그리고 지역사회와의 의사소통을 향상시키려는 노력을 하고 있다. 의사소통은 일방적인 대화가 아닌 쌍방향의 대화를 말한다. 이러한 통합노력과 협력을 통하여 사회제도로서 클럽들의 역할을 좀더 잘 이해할 뿐만 아니라, 재정적 혹은 사업적 관점에서도 이익을 창출 한다. 클럽의 운영에 주요한 공헌을 해주는 지역사회의 정책 결정이나 계획에 참여하거나 포함되는 클럽의 활동은 지혜롭고 합리적이다. 또한 그러한 참여가 이루어짐으로써 서포터와 구단운영자 간에 생길 수 있는 재정적 기대에 대한 격차를 해소하게 된다. 정보의 완전한 공개나 원활한 의사소통을 통하여 서포터들은 구단운영에 관해서든, 구단 운영자나 감독사이에서 발생할 수 있는 재정적 위험에 관해서든 좀더 이해를 증진시킬 수 있다.

물론, 가장 좋은 연습은 자신 있게 대하는 것이다. 그러나 중요한 일이 발생했을 때 어떤 축구 지역사회의 경우는 외부의 도움 없이 자신의 이익을 추구할 수 있는 능력을 보유하고 있을 수 있지만, 다른 지역이나 투자자들은 그러한 능력을 가지지 못할 수도 있다는 사실은 피할 수 없는 현실이다. 이것이 바로 관할 조직이 리더십을 발휘하고 적극적인 역할을 해야만 하는 이유이다. 어떤 수준에서는 이들이, 경쟁의 구조나 수익의 분배와 같은 기본적인 정책 이슈에 관하여서는 압력이나 외부환경에 대하여 반응하는 정도가 아니라 논의를 주도해 나가야만 한다. 좀더 실용적 차원에서는 커뮤니케이션, 책임성, 이해당사자의 참여 등의 관점에서 가장 잘 만들어진 클럽들을 위한 하부구조를 좀더 살펴보는 것이다. UEFA의 클럽인증 시스템은, 비록 관료주의적이고 비현실적인 것처럼 비쳐지지만, 올바른 방향성 속에서 진전된 것이다. 예를 들면, 스포츠 이슈나 재정적 이슈를 다루는 기준의 설정에 더하여, 사회적인 혹은 관습적인 차원을 넘어서는 기준을 확장할 수 있는 기회를 갖는다. 또 다른 사례는 협력 차원의 사회적 책임과 같은 분야에서의 발전과 흐름을 같이하여 클럽들은 지역사회에 참여하거나 서포터와의 의사소통에 대한 설명이나 보고서 등을 제공해야 한다. 그 보고 자료에는 정책이나 기대뿐만 아니라 행동 등도 중요하게 다루어야 한다.

도전은 축구 지역사회에 또한 존재한다. 좋아하든 싫어하든지 간에 축구의 사업적 연계는 돌이킬 수 없는 현실이다. 서포터나 다른 사람들의 도전을 통해서 사회적 역할의 긍정적인 측면에서 축구의 사업적 차원을 활용하는 것이다. 비즈니스적인 방법으로 운영하는 것이 사업상 이익 창출을 위해서 운용하는 것과 동일할 수는 없다. 이러한 측면을 뛰어넘어 축구의 방향성에 대한 논의에 참여한다는 의미도 내포하고 있다. 즉, 리그의 재편이나 수익의 분배로부터 클럽의 위치와 같은 좀더 세속적인 일에 이르기까지를 포함하여 다양한 이슈들에 관한 토론과 변화를 공개적으로 진행하는 것이다. 축구 서포터들은 축구의 변화에 수동적으로 반응하는 것을 넘어서서 적극적으로 영향을 미쳐야 한다.

축구는 협동적 행위로 볼 수 있다. 말하자면 경제적 자본과 인간적 자본 그리고 사회적 자본이 함께 작용하는 행위이다. 이들 자본의 제공자들이 동일한 목적을 공유하지는 못할 것이다. 그렇지만 협력을 낳게 하는 제도적 틀이 있다면, 혹은 다양한 부문에서 협력을 위한 의지가 있다면, 반드시 목적의 조화 그리고 좀더 많은 승자를 낳게 하는 결과를 창출하는 기회가 점증할 것이다. 필요한 것은, 현대의 축구 클럽들은 자신들의 지역사회에 경제적으로 사회적으로 영향을 주고, 상호 작용할 수 있는 방안을 지속적으로 탐구하는 것이다. 현대화와 클럽, 서포터, 지역 사회와의 관계를 증진시킴에 따라 미래에 도전하는 축구로서의 위상을 정립할 수 있다. 축구가 변하고, 사람들이 변한다. 그러나 축구는 모든 사람들의 게임으로 남아 있을 수 있다.

유호근 옮김

부록_

축구 비즈니스의 범위

2008년 유럽 축구 챔피언십을 주최하려는 스코틀랜드의 제안으로부터 제기된 정치 경제적 이슈의 범위

	요일/날짜 2002년 1월		섹션	기사내용
Newspaper (Broadsheet)				
The Scotsman	수	16	뉴스	첫 면의 헤드라인 '유로 2008이 7,000개의 일자리를 창출할 것이다.' (p. 1, 1/4페이지) '유럽 챔피언십 개최제안의 승자가 아직 될 수 있다' (p. 6, 1/2페이지)
			논설	'왜 스코틀랜드는 '유로 2008를 목표로 하는가' (p. 13, 1/6페이지)
The Herald	수	16	스포츠	'연기로 인하여 스코틀랜드의 유럽 챔피언십 개최제안이 무산된다' (p. 29, 1/12페이지)
The Daily Telegraph	수	16	스포츠	'스코틀랜드는 유럽 챔피언십 개최제안의 기회를 잃는다' (p. S2, 1/6페이지)
The Independent	수	16	스포츠	'스코틀랜드의 유럽 챔피언십 개최제안 위기' (p. 22, 1/10페이지)
The Times	수	16	스포츠	'스코틀랜드의 유럽 챔피언십 개최제안이 지금일 수도 있고 혹은 불가능할 수도 있다' (p. 1, 715 단어)
The Herald	목	17	뉴스	'영국은 유럽 챔피언십 개최 지원을 약속함' (p. 36, 1/12페이지)
The Scotsman	목	17	뉴스	'유로96 책임자가 스코틀랜드의 유럽 챔피언십 개최제안을 실질적으로 뒷받침한다' (p. 1, 1/6 페이지)
			논설	'스코틀랜드와 유로 2008' (p. 5, 1/4 칼럼)
The Scotsman	금	18	뉴스	'영국 스포츠는 유로 2008개최 기대를 뒷받침 하

				기 위하여 발걸음을 옮겼다' (p. 11, 1/8페이지)
The Scotsman	토	19	스포츠	'2008 개최제안이 분명해짐에 따라 전략이 공표됨' (p. 5, 1/2페이지)
			칼럼	'스코틀랜드 단독으로 예산을 세울 수 없다' (p. 5, 1/3페이지)
The Sunday Herald	토	19	스포츠	'축구의 4번째 평가는 스코틀랜드의 개최제안 뒤에 있어야 한다' (p. 9, 1/4페이지)
The Observer	일	20	뉴스	'맥코넬(McConnel)이 유로 2008에 타격을 주었다' (p. 1, 1/4페이지)
			칼럼	'우리는 컵을 위해 전진한다' (p. 23, 1/4페이지)
The Scotsman	월	21	논설	'유로 2008 아직 승자' (p. 13, 1/12페이지)
Newspaper(Tabloid)				
The Daily Record	화	15	뉴스	'정치적 축구' (p. 8–9, 1/2페이지)
The Daily Mail	화	15	스포츠	'유럽 챔피언십 개최가 집행부의 무결정으로 악영향을 받고 있다' (p. 80, 1/8페이지)
The Daily Record	수	16	뉴스	1면에 '스코틀랜드에서의 유로 2008에 부정적 의견 60%' (p. 1, 1/8페이지, p. 8, 1/4페이지) 낮은 축구 수준의 국가에서의 높은 가격(p. 16, 1/2페이지)
The Daily Mail	수	16	뉴스	'유로 2008의 게임 계획이 맥코넬(McConnel)의 동요로 혼돈상태' (p. 18, 1/3페이지)
The Daily Record	목	17	뉴스	'유로 2008을 개최에 1억파운드 이상 필요' (p. 2, 1/3페이지)
The Sun	목	17	뉴스	'유로 2008은 7,000개의 일자리를 의미할 것이다' (p. 7, 1/12페이지)
The Daily Record	금	18	논설	'한 게임 이상의 유럽 컵 개최 제안' (p. 8, 1/8페이지)
The Sun	금	18	뉴스 칼럼	'유로 2008의 돈 경쟁이 멈추다' (p. 9, 1/8페이지)
The Daily Record	토	19	뉴스	'입속에 우리의 돈을 넣읍시다' (p. 13, 1/2페이지)
The Sunday Mail	일	20	칼럼	'유로의 목표를 잃지 마시오' (p. 32, 1/16페이지)
The Daily Record	월	21	스포츠 칼럼	'유로 2008을 집어 넣을 시간이다' (p. 3, 1페이지)

자체 TV 방송국을 설립하려는 SPL의 제안으로부터 제기된 재정적, 스포츠적인 함의

Newspaper (Broadsheet)

The Herald	수	16	뉴스	1면에 '스코틀랜드 클럽의 계획에 따른 TV 채널이 결별하였다'
			논설	'SPL은 TV를 새로운 목표로 삼는다' (p. 1, 1/4페이지)
The Scotsman	수	16	스포츠 칼럼	'SPL은 TV와의 협상에 단독으로 임한다' (p. 24, 1/6페이지)
The Daily Telegraph	수	16	스포츠	'톱 클럽은 TV계획에 따라 변경되었다' (p. S2, 1/12페이지)
The Times	수	16	스포츠	'SPL의 대표는 제공된 TV채널에 동의한다' (p. 1, 158단어)
The Scotsman	목	17	스포츠	'SPL TV 협상은 공중에 있는 파이처럼 보인다' (p. 22, 1/6페이지)
The Herald	목	17	뉴스	'분석가들은 SPL채널에 주의를 촉구한다' (p. 10, 1/6페이지)
The Herald	토	19	스포츠	'당신에 맞추어 조정하지 마시오' (보일(John Boyle)과의 인터뷰) (p. 3, 1/2페이지)
Scotland on Sunday	일	20	스포츠	'스코틀랜드 클럽들은 TV 예산을 늘림에 있어서 제한이 없다는 희망을 가짐' (p. 10, 1/4페이지)
The Sunday Herald	일	20	스포츠 칼럼	'SPL의 TV는 관심 밖으로 멀리 가는 상상을 한다' (p. 7, 1/4페이지)
The Sunday Herald	일	20	뉴스	'SMG와 워크(Kirsty Wark)의 SPL 채널 경쟁' (p. 10, 1/6페이지)
The Sunday Times	일	20	비즈니스	'SPL TV를 추출하다' (p. 3[비즈니스], 1/8페이지)
The Sunday Times	일	20	비즈니스	'스코틀랜드의 아젠다-SPL TV 계획으로 인하여 시즌의 충격에서 벗어나다' (p. 8[비즈니스], 1/12페이지)

Newspaper (Tabloid)

The Daily Record	수	16	스포츠	'간접적인 팬들은 TV에 의존한다' (pp. 48[뒷장], 44, 1/4페이지)
The Daily Mail	수	16	스포츠 칼럼	'SPL은 가지고 있는 TV 방영권을 판다' (pp. 80[뒷장], 78, 1/4페이지)

The Sun	수	16	스포츠	'SPL 판타지 채널' (p. 52[뒷장], 1/8페이지)
The Daily Mail	금	18	스포츠 칼럼	'SPL은 TV채널을 낮추어 맞추었다' (p. 92, 1/6 페이지)
The Daily Record	금	18	스포츠 칼럼	'SPL 채널은 작동할 수 있다. 그러나 접촉될 것이다' (p. 75, 1/3페이지, 사진 포함)
The Sun	토	19	스포츠	'큰 환영을 받은 SPL TV' (p. 64, 1/10페이지)
The Daily Record	토	19	스포츠	'신속하게 경쟁 중에 있는 SPL TV' (p. 66, 1/10 페이지)
The Sunday Mail	일	20	스포츠 칼럼	'TV 게임에서 큰 배팅하기' (p. 84, 1/3페이지)

웸블리 경기장의 재발전이나 재정문제로부터 제기되는 이슈

Newspaper (Broadsheet)

The Guardian	수	16	스포츠	'단절된 웸블리 팀' (p. 29, 1/6페이지)
The Herald	수	16	스포츠	'문제 있는 웸블리 새로운 운영진 선임' (p. 32, 1/8페이지)
The Guardian	수	16	스포츠	'클로저(Crozier)는 웸블리 팀에 남기로 하다' (p. 28, 1/16페이지)
The Independent	수	16	스포츠	'웸블리에 대한 새로운 초점' (p. 22, 1/12페이지)

East Fife FC의 재정적 어려움

Newspaper (Broadsheet)

The Scotsman	수	16	스포츠	'부채가 East Fife의 대표를 압박한다' (p. 23, 1/16 페이지)
The Herald	수	16	스포츠	'실망한 클락(Clarke)이 East Fife를 멈추다' (p. 28, 3개의 작은 사진)

Tabloid

The Daily Record	수	16	스포츠	East Fife 메니저의 사임(p. 43, 50개 단어)
The Daily Mail	수	16	스포츠	East Fife 메니저의 사임(p. 79, 50개 단어)

IG 지표가 이익을 확산 시킴

Newspaper (Broadsheet)

The Times	화	15	비즈니스	'도시 일기 : 고통 있는 킥' (p. 22, 하나의 문단과 작은 사진)

The Guardian 수 16 재정 '순수한 결과 : 베컴의 골은 IG 이득을 촉진시켰다' (p. 21, 1/16페이지와 사진 1/6페이지)

Dundee United의 소유관계와 재정적 위치 : 의장으로서 맥린(Jim McLean)의 복귀

Newspaper(Broadsheet)

The Herald 목 17 스포츠 '맥린은 과거 팀 운영진에게 소송을 할 것이라고만 한다' (p. 33, 41페이지)

The Scotsman 목 17 스포츠 '자유로운 맥린은 뒤쪽에서 쐈다' (p. 20, 1/2페이지)

Newspaper(Tabloid)

The Daily Mail 목 17 스포츠 '맥린은 4백만 파운드의 부채를 빌리려고 한다' (p. 82, 전체페이지)

The Daily Record 목 17 스포츠 '배신 : 예전 운영진에 대한 법률적 행동 검토' (p. 64, 2/3페이지)

The Sun 목 17 스포츠 '나는 지난 몇 주 동안 입을 막으려 하였고, 그것은 나에 적합하지 않았다' (pp. 54–55, 1페이지)

스코틀랜드 클럽에서 제안된 협동 구입

Newspaper(Tabloid)

The Daily Record 목 17 스포츠 '협동을 위한 클럽들' (p. 62, 1/12페이지)

Celtic유한공사의 재정적 어려움

Newspaper(Broadsheet)

The Herald 금 18 스포츠 'Celtic이 잃어버린 수백만은 상호은행이 대출로 다시 갚을 것이다' (p. 38 [뒷편], 1/8페이지)

The Herald 금 18 '왜 Celtic은 거의 탈출의 희망이 거의 없는 재정적 어려움에서 시작했나?' (p. 34, 사진 포함하여 1페이지)

The Guardian 토 19 스포츠 '기금의 부족은 오닐(O'Neil)의 관심의 원인' (p. 17, 1/6페이지)

자신의 상금을 기부하기로 한 퀸(Niall Quinn)의 결정에 따라 자선행위가 이루어졌다

Newspaper(Broadsheet)

The Sunday Times	일	20	뉴스	'백만 파운드의 상금을 자선기금에 기부한 축구선수' (pp. 1–2[앞쪽], 1/6페이지, 1/4페이지)
The Sunday Times	일	20	스포츠	'백만에 감사합니다' (p. 13,[스포츠], 1페이지)
The Scotsman	월	21	뉴스	'축구선수의 자선 기부는 아름다운 경기의 이미지를 축적시킨다' (p. 7, 1/8페이지)
The Independent	월	21	뉴스	'축구선수' 의 다른 측면 : 한 선수가 백만 파운드 자선 기부를 약속했다(p. 3, 2/3페이지)
The Independent	월	21	논설	'욕심을 던져버리다' (p. 3[리비유], 1/16페이지)

Newspaper(Tabloid)

The Sun	월	21	뉴스	'백만 파운드의 퀸(Quinn)' (p. 13, 1/2페이지)

다른 이야기

Newspaper(Broadsheet)

뉴욕의 재정적 어려움

The Independent	금	18	스포츠 칼럼	'의장의 위협으로 인하여 부채 있는 뉴욕의 미래를 남긴다' (p. 20, 사진 포함 2/3페이지)

축구 리그에서의 재정적 어려움

The Daily Telegraph	금	18	스포츠 칼럼	'축구 리그는 클럽들이 경제적 불안정의 결과를 우려함에 따라 플레이 오프의 새로운 지역 시스템을 계획한다' (p. S4, 사진 포함 2/3페이지)

아르헨티나의 재정 위기

The Daily Telegraph	금	18	스포츠	'아르헨티나의 파산으로 인한 여파를 우려함에 따른 축구 클럽들의 위기' (p. S5, 1/8페이지)

Rushden & Diamond의 비즈니스

The Times	토	19	스포츠	'최대치를 달성하려는 실질적 노력' (p. 31, 1/6 페이지)

재정적 기여를 보장는 약정

The Independent	토	19	스포츠	'보장약정은 리그 클럽들의 붕괴를 막아준다' (p. 26, 532단어)

햄튼(Hampden) 회사채

Scotland on Sunday	일	20	스포츠	'햄튼 회사채에 대한 분노' (p. 2, 1/16페이지)

TV 현금의 대안 찾기

The Observer	일	20	스포츠	'현금 때문에 어려운 클럽은 브랜드가 알려지는 것에 우려한다' (p. 7, 1/4페이지)

예시된 신문

	화	수	목	금	토	일	월
Herald	√	√	√	√	√		√
Scotsman	√	√	√	√	√		√
Daily Telegraph	√	√	√	√	√		√
Times	√	√	√	√	√		√
Independent	√	√	√	√	√		√
Guardian	√	√	√	√	√		√
Sun	√	√	√	√	√		√
Daily Mail	√	√	√	√	√		√
Daily Record	√	√	√	√	√		√
Sunday Times						√	
Sunday Herald						√	
Scotland on Sunday						√	
Mail on Sunday						√	
Sunday Mail						√	
Observer						√	

유럽 주요 프로축구의 톱 리그 및 소속팀(연고지) (2006-2007)

1. 잉글랜드 프리미어리그

Arsenal (London)
Aston Villa (Birmingham)
Birmingham City (Birmingham)
Blackburn Rovers (Blackburn)
Bolton Wanderers (Bolton)
Chelsea (London)
Derby County (Derby)
Everton (Liverpool)
Fulham (London)
Liverpool (Liverpool)
Manchester City (Manchester)
Manchester United (Manchester)
Middlesbrough (Middlesbrough)
Newcastle United (Newcastle)
Portsmouth (Portsmouth)
Reading FC (Reading)
Sunderland (Sunderland)
Tottenham Hotspur (London)
West Ham United (London)
Wigan Athletic (Wigan)

2. 스페인 프리메라리가

Barcelona (Barcelona)
Real Madrid (Madrid)
Sevilla (Sevilla)
Valencia (Valencia)
Zaragoza (Zaragoza)
Atletico de Madrid (Madrid)
Villarreal (Villarreal)
Getafe (Madrid)
Recreativo (Huelva)
Racing (Santander)
Mallorca (Mallorca)
Espanyol (Barcelona)
Deportivo (La Coruña)
Osasuna (Pamplona)
Levante (Pamplona)
Real Betis (Sevilla)
Athletic Bilbao (Bilbao)
Real Sociedad (San Sebastián)
Celta de Vigo (Vigo)
Gimnastic de Tarragona (Tarragona)

3. 이탈리아 세리에A

Juventus (Torino)
Fiorentina (Firenze)
Palermo (Palermo)
Intermilan (Milano)
Sampdoria (Genoa)
Livorno (Livorno)
A.S. Roma (Roma)

AC Milan (Milano)
Lazio (Roma)
Chievo (Verona)
Udinese (Udine)
Siena (Siena)
Parma (Parma)
Ascoli (Ascoli)
Messina (Messina)
Empoli (Empoli)
Cagliari (Cagliari)
Lecce (Reggina)
Reggina (Reggina)
Treviso (Treviso)

4. 독일 분데스리가
Arminia Bielefeld (Bielefeld)
Bayer Leverkusen (Leverkusen)
Bayern München (München)
Borussia Dortmund (Dortmund)
VfL Bochum (Bochum)
MSV Duisburg (Duisburg)
Eintracht Frankfurt (Frankfurt)
Energie Cottbus (Cottbus)
Hamburger SV (Hamburg)
Hannover 96 (Hannover)
Hansa Rostock (Rostock)
Hertha Berlin (Berlin)
Karlsruher SC (Karlsruhe)
FC Nürnberg (Nürnberg)
Schalke 04 (Gelsenkirchen)
VfB Stuttgart (Stuttgart)
Werder Bremen (Bremen)
VfL Wolfsburg (Wolfsburg)

5. 프랑스 르상피오나
AJ Auxerre (Auxerre)
FC Bordeaux (Bordeaux)
SM Caen (Caen)
Le Mans (Le Mans)
RC Lens (Lens)
Losc Lille (Lille)
FC Lorient (Lorient)
Olympique Lyonnais (Lyon)
Olympique de Marseille (Marseille)
FC Metz (Metz)
AS Monaco (Monaco)
AS Nancy–Lorraine (Tomblaine)
OGC Nice (Nice)
Paris Saint–Germain (Paris)
Stade Rennais (Rennes)
Toulouse FC (Toulouse)
AS Saint–Etienne (Saint–Etienne)
FC Sochaux (Montbeliard)
RC Strasbourg (Strasbourg)
Valenciennes FC (Valenciennes)

6. 스코틀랜드 프리미어리그
Aberdeen (Aberdeen)
Celtic (Glasgow)
Dundee United (Dundee)
Dunfermline (Dunfermline)
Hearts (Edinburgh)
Hibernian (Edinburgh)
Inverness CT (Inverness)
Kilmarnock (Kilmarnock)
Motherwell (Motherwell)
Partick (Glasgow)

Rangers (Glasgow)

ST. mirren (Paisley)

7. 네덜란드 에레디비지에

PSV Eindhoven (Eindhoven)

Ajax (Amsterdam)

AZ Alkmaar (Alkmaar)

Twente Enschede (Enschede)

Heerenveen (Heerenveen)

Roda JC (Kerkrade)

Feyenoord (Feyenoord)

Groningen (Groningen)

Utrecht (Utrecht)

NEC (Nijmegen)

NAC Breda (Breda)

Vitesse (Arnhem)

Sparta Rotterdam (Rotterdam)

Heracles Almelo (Almelo)

Willem II (Tilburg)

Excelsior Rotterdam (Rotterdam)

RKC Waalwijk (Waalwijk)

ADO Den Haag (Den Haag)

De Graafschap (Doetinchem)

VVV Venlo (Venlo)

8. 덴마크 사스리겐

Aalborg BK (Aalborg)

Aarhus GF (Aarhus)

AC Horsens (Horsens)

Brøndby IF (Brøndby)

Esbjerg fB (Esbjerg)

F.C. Copenhagen (Copenhagen)

FC Midtjylland (Herning)

FC Nordsjælland (Farum)

Lyngby BK (Lyngby)

Odense BK (Odense)

Randers FC (Randers)

Viborg FF (Viborg)

참고문헌_

Albert, M. and Hahnel, R. (1990), *A Quiet Revolution in Welfare Economics.*(Princeton : Princeton University Press).

Allen, R. (2001), 'Mounting Debts Reign in Spain', *Football Business International,* Issue 1, September, 26–28.

Andrews, D. L. and Jackson, S. J. (2001), *Sports Stars : The Cultural Politics of Sporting Celebrity.*(London : Routledge).

Antonini, P. and Cubbin, J. (2000), 'The Bosman Ruling and the Emergence of a Single Market in Soccer Talent', *European Journal of Law and Economics,* vol. 9 no. 2, pp. 157–73.

Arnold, A. and Beneviste, I. (1987), 'Wealth and Poverty in the English Football League', *Accounting and Business Research,* vol. 17, no. 67, pp. 195–203.

ASB (1994), FRS 5 *Off Balance Sheet Transactions.*(London : The Accounting Standards Board).

ASB (1997), FRS 10 *Goodwill and Intangible Assets.*(London : The Accounting Standards Board).

ASB (2002), *Revision of the Statement 'Operating and Financial Review'*.(London : The Accounting Standards Board).

Baimbridge, M., Cameron, S. and Dawson, P. (1996), 'Satellite Television and the Demand for Football : A Whole New Ball Game', *Scottish Journal of Political Economy,* vol. 43, no. 1, 317–33.

Bale, J. (2000), 'The Changing Face of Football : Stadiums and Communities', *Soccer and Society,* vol. 1, no. 1, 91–101.

Bale, J. (2002), 'New Football Stadia', *Soccer Review 2002,* pp. 53–7.

Banca IMI (2002), *Juventus Research Document.*(at www.borsaitaliait/media/star/db/

pdf/9129.pdf).

Banks, S. (2002a), 'Football Catches Enronitis', *Spiked Life*, 12 September.(at www.spiked-online.com).

Banks, S. (2002b), *Football's Going Down.*(Edinburgh : Mainstream).

Bannerman, C. (1997), *Against All Odds : The Birth of Inverness Caledonian Thistle.*(Inverness : Inverness Thistle and Caledonian FC plc).

Beattie, V. and Pratt, K. (2001), *Business Reporting : Harnessing the Power of the Internet for Users.*(Edinburgh : The Institute of Chartered Accountants of Scotland).

Becht, M. and Mayer, C. (2001), 'Introduction', in *The Control of Corporate Europe*, Barca, F. and Becht, M.(eds) (Oxford : Oxford University Press), pp. 1–45.

Bell, C., Benjamin, M. and Gumble, W. (2003), *'The Capital Crimes' : Wimbledon/AFC Wimbledon, Barnet, Enfield/Enfield Town.*(Heswall : Hurrah Books).

Bellos, A. (2002), *Futebol : The Brazilian Way of Life.*(London : Bloomsbury).

Benjamin, A. (2002), 'Still less than half a percent', *The Guardian, Society*, 25 November. (at http://society.guardian.co.uk/gicinglist/story/0,10994,847359,00.html).

Bennie, D (1995), *Not Playing for Celtic : Another Pardise Lost.*(Edinburgh : Mainstream).

Bianchi, M., Bianco, M. and Enriques, L. (2001), 'Pyramidal Groups and the Separation between Ownership and Control in Italy', in *The Control of Corporate Europe*, Barca, F. and Becht, M.(eds) (Oxford : Oxford University Press), pp. 154–188.

Binns, S., Hamil, S., Holt, M., Michie, J., Oughton, C., Shailer, L. and Wright, K. (2002), *The State of the Game : The Corporate Governance of Football Clubs 2002.* Research paper 2002/03 for Supporters Direct.(London : Football Governance Research Centre).

Birley, D. (1995), *Land of Sport and Glory : Sport and British Society, 1887–1910.*(Manchester : Manchester University Press).

Bose, M. (1999), *Manchester Unlimited.*(London : Orion Business Books).

Boyle, R., Dinan, W. and Morrow, S. (2002), 'Doing the Business? The Newspaper Reporting of the Business of Football', *Journalism : Theory, Practice and Criticism*, vol. 3, no. 2, pp. 161–81.

Boyle, R. and Haynes, R. (2000), *Power Play : Sport, the Media and Popular Culture.* (Harlow : Longman).

Bradley, J. (1998), '"We Shall Not Be Moved!" Mere Sport, Mere Songs?', in *Fanatics! Power, Identity & Fandom in Football*, Brown, A.(ed.) (London : Routledge), pp. 203–18.

Brandt, H. and Jyllands–Posten (2002), 'Topping the Charts', *Soccer Analyst*, vol. 3, no. 2, pp. 27–30.

Brett, M. (1991), *How to Read the Financial Pages.*(London : Business Books).

Brett, M. (2000), *How to Read the Financial Pages : A Simple Guide to the Way Money Works and the Jargon.*(London ; Random House Business Books).

Brook, K. (2002), 'Trade Union Membership : An Analysis of Data from the Autumn 2001 LFS', *Labour Market Trends*, vol. 110, no. 7, pp. 343–54.

Brown, A. (1998), "United We Stand : Some Problems with Fan Democracy", in *Fanatics! Power, Identity & Fandom in Football*, Brown, A. (ed.) (London : Routledge), pp. 50–67.

Brown, A. (2000a), 'European Football and the EU : Governance, Participation and Social Cohesion–Towards a Policy Research Agenda', *Soccer and Society*, vol. 1, no. 2, pp. 129–50.

Brown, A. (200b), 'The Football Task Force and the Regulator Debate', in *Football in the Digital Age : Whose Game is it Anyway*, Hamil, S., Michie, J., Oughton. C. and Warby, S. (eds) (Edinburgh : Mainstream), pp. 248–61.

Buckland, S. (1999), 'SPFA Alarm as 270 Players Confront Dole', *The Scotsman*, 24 June, p. 32.

Burke, G. (1998), Parma ; *Notes from a Year in Serie A.*(London Victor Gollancz, Cassel).

Burns, J. (1999), *A People's Passion.*(London : Bloomsbury).

Cadbury Report, The (1992), *Report of the Committee on the Financial Aspects of Corprate Governance*(*Chaired by Sir Adrian Cadbury*) (London : Gee & Co.).

Caiger, A. and Gardiner, S. (eds) (2000), *Professional sport in the EU : Regulation and Re–regulation.*(The Hague, Netherlands : T C M Hasser Press).

Caiger, A. and Gardiner, S. (2001), 'Re–regulating Professional Sport in the European

Union', *Sports Law Bulletin*, March/April, pp. 10–12.

Cameron, C. (1994), 'Net Loss', *Management Today*, October, pp. 86–8.

Campbell, A. (2000), 'In the Shop Window', *The Sunday Herald*, 17 December, p. 7.

Campbell, D. (2000), 'Atlantic Plan is Best Sunk', *The Mirror*, 18 December, p. 20.

Campbell, D. (2001), 'For Sale : One used Player', *The Observer*, 27 May, p. 9.

Campbell, D. (2002a), 'Spent Forces', *Observer Sport Monthly*, 5 May. (at www.observer.co.uk/osm/story/0,6903,708240,00.html).

Campbell, D. (2002b), 'European Football Revolution : The Blueprint', *The Observer*, Online extra, 3 February. (at http://www.observer.co.uk/sport/story/0,6903,644285,00.html).

Campbell, L., Gulas, C. S. and Gruca, T. S. (1999), 'Corporate Giving Behaviour and Decision–Maker Consciousness', *Journal of Business Ethics*, vol. 19, pp. 375–83.

Carlin, W. and Mayer, C. (1998), "Finance, Investment and Growth", *University College London Discussion Papers in Economics, paper 98–09.*

Carlin, W. and Mayer, C. (2000), 'How do Financial Systems Affect Economic Performance?', in *Corporate Governance*, Vives, X. (ed.) (Cambridge : Cambridge University press), pp. 137–68.

Carr, P., Findlay, J., Hamil, S., Hill, J. and Morrow, S. (2001), 'The Celtic Trust', *Soccer and Society*, vol. 1, no. 3, pp. 70–87.

Cave, M. (2000), 'Football Rights and Competition in Broadcasting', in *Football in the Digital Age : Whose Game is it Anyway*, Hamil, S, Michie, J., Oughton, C. and Warby, S. (eds) (Edinburgh : Mainstream), pp. 180–90.

Chaudhary, V. (2001), 'Call For European Inquiry on Atlantic League', *The Guardian*, 1 February, Sport, 31.

CIA (2001), *The World Factbook 2001.* (Central Intelligence Agency) (at www.cia.gov/cia/publications/factbook/index.html).

CJEC (1995), *Judgement of the Court–Union Royale Belge des Sociétés de Football Association ASBL v Bosman. Case C–4415/93. 15 December.* (Court of Justice of the European Communities).

Clarke, R. (2002) *The Future of Sports Broadcasting Rights.* (London : SportBusiness Group).

Coalter, F. (2000), *The Role of Sport in Regenerating Deprived Urban Areas.* (Edinburgh : Scottish Executive Central Research Unit).

Cohen, N. and Guerrera, F. (2002), 'ENIC may be Forced to Cut Football Stakes', *The Financial Times,* 28 June, p. 24.

Combined Code, The (1998). (London : The London Stock Exchange).

Company Law Review Steering Group, The (2000), *Modern Company Law for a competitive Economy : Developing the Framework.* (Consultation document). (London : Department of Trade and Industry).

Conn, D. (1997), *The Football Business–Fair Game in the '90s?.* (Edinburgh : Mainstream).

Conn, D. (2002a), 'Barnsley's Fall is Ominous Sign for Game at Large', *The Independent,* 12 October, Sport, p. 7.

Conn, D. (2002b), 'Volunteers Left High and Dry as Clubs Look to Administrators', *The Independent,* 26 October, Sport, p. 7.

Cowie, C. and Williams, M. (1997), 'The Economics of Sports Rights', *Telecommunications Policy,* vol. 21, no. 7, pp. 619–34.

Cowton, C. J. (1987), 'Corporate Philanthropy in the United Kingdom', *Journal of Business Ethics,* vol. 6, pp. 553–58.

Crampsey, R. A. (1986), *The Economics of Scottish Professional Football.* (Glasgow : Scottish Curriculum Development Service).

Cresswell, P. and Evans, S. (2000), *The Rough Guide of European Football.* (London : Rough Guides).

Crolley, L. and Hand, D. (2002), *Football, Europe and the Press.* (London : Frank Cass).

Crowther, P. (2000), 'The Attempted Takeover of Manchester United by BSkyB', in *Football in the Digital Age : Whose Game is it Anyway,* Hamil, S., Michie, J., Oughton, C., and Warby, S. (eds) (Edinburgh : Mainstream), pp. 64–70.

Culyer, A. J. (1975), *The Economics of Social Policy.* (London : Martin Robertson).

De Jong, A., Kabir, R., Marra, T. and Röell, A. (2001), 'Ownership and Control in the Netherlands', in *The Control of Corporate Europe,* Barca, F. and Becht, M. (eds) (Oxford : Oxford University Press), pp. 188–207.

Dean, J. (2001), 'Public Companies as Social Institutions', *Business Ethics : A European Review*, vol. 10, no. 4, pp. 302–10.

Deloitte & Touche/Lega Calcio (1999), *Italian Football 1997/98 : An Economic,* Financial and Organizational Analysis. (Milan : Deloitte & Touche/Lega Calcio).

Deloitte & Touche (2001a), *Il Calcio Italiano 2000 Analist Economico–Finanziaria.* (Milan : Deliotte & Touche Sport).

Deloitte & Touche (2001b), *Deliotte & Touche Annual Reviews of Football Finance.* (Manchester : Deloitte & Touche).

Deloitte & Touche (2002a), *Deloitte & Touche Annual Review of Football Finance.* (Manchester : Deloitte & Touche).

Deloitte & Touche (2002b), *Comparative Review of Sports Finances.* (Manchester : Deloitte & Touche).

Demirag, I., Sudarsanam, S. and Wright, M. (2000), 'Corporate Governance : overview and Research Agenda', *British Accounting Review*, vol. 32, pp. 341–54.

Demsetz, H. and Lehn, K. (1985), 'The Structure of Corporate Ownership : Causes and Consequence'. *Journal of Political Economy*, vol. 93, no. 6, pp. 1155–77.

De Ruyter, K. and Wetzels, M. (2000), 'With a Little Help from My Friends–Extending Models of Pro–social Behaviour to Explain Supporter's Intentions to Buy Soccer Club Shares', *Journal of Economic Psychology*, vol. 21, pp. 387–409.

DGI (2002), Danske Gymnastik og Idraesforeninger. (at www.dgi.dk/forside/sprog/engelsk.htm).

Dobson, S. and Goddard, J. (2001), *The Economics of Football.* (Cambridge : Cambridge University Press).

Dreier, P. (1982), 'Capitalism Versus the Media : An Analysis of an Ideological Mobilization Among Business Leaders', *Media, Culture and Society*, vol. 4, no. 2, pp. 111–32.

DTI (Department of Trade and Industry) (2002), *Modernising Company Law White Paper*, Command Paper CM5553–1. (London : HMSO).

Duke, V. (2002), 'Local tradition versus globalization : Resistance to the McDonaldization and Disneyization of Professional Football in England', *Football Studies*, vol. 5, no. 1, pp. 5–21.

Dykes, S. (2000), Commercialization and Fan Participation in Germany', in *Football in the Digital Age : Whose Game is it Anyway*, Hamil, S., Michie, J., Oughton, C. and Warby, S. (eds) (Edinburgh : Mainstream), pp. 129–35.

Dyson, J. (1992), *Accounting for Non–Accounting Students*. (London : Pitman).

EC Treaty, The (1997), *Treaty Establishing the European Community*. (Luxembourg : Office for Official Publications of the European Communities).

Edmondson, G. (2001), 'A Hostile Bid that's Dandy for Italy', *Business Week* online, 16 July. (at www.businessweek.com/magazine/content/01_29/b3741141.htm).

EIU (2001), Country Profiles (The Economicst Intelligence Unit). (at www.economist.com).

Elliot, L. (2000), 'Kick–off for Mutuality Fightback', The Guardian, City, p. 27.

Ethics Standards Board, The (2002), *Setting the Agenda for Ethics*. A Consultation Paper, May. (London : The Accountancy Foundation Limited).

Europa (2001), Activities of the European Union–Summaries of Legislation. *Sport : Introduction*. (at http://europa.eu.int/scadplus/leg/en/lvb/135001.htm).

European Commission (1999), *Report From The Commission to The European Council With a View to Safeguarding Current Sport Structures and Maintaining the Social Function of Sport Within the Community Framework (The Helsinki Report)*, Com 644 final. (Brussels : Commission of the European Communities).

European Commission (2002), *Communication from the Commission Concerning Corporate Social Responsibility : A Business Contribution to Sustainable Development*, Com. 347 final. (Brussels : Commission of the European Communities).

Faasch, T. and Ebel, M. (2002), 'Feature–UEFA Club Licensing System', *Soccer Investor*, Issue 94, 8 May, p. 13.

FAPL (2002), *The FA Premier League Annual Charter Reports Season 2001/02*. (London : The FA Premier League).

Ferguson, C. and McKillop, D. (1997), *The Strategic Development of Credit Unions*. (Chichester : Wiley).

Ferris, K. (2003) 'Tottenham pull out of Wimbledon friendly', *Independent Online*. (at www.iol.co.za).

FIFA (2001), *FIFA Regulations for the Status and Transfer of Players*. (Buenos Aires/

Zurich : Federation Internationale de Football Association).

Fincham, P. (2003), 'Hornet Fans Deal with the Sting of the Premiership Dream', *Sup-porters Direct Newsletter,* Issue 9, pp. 8–9.

Finn, G.P.T. (1991a), 'Racism, Religion and Sectarianism : Irish Catholic Clubs, Soccer and Scottish Identity–I The Historical Roots of Prejudice', *International Journal of Sports History,* vol. 8, no. 1, pp. 72–95.

Finn, G.P.T. (1991b), 'Racism, Religion and Sectarianism : Irish Catholic Clubs, Soccer and Scottish Identity–II Social Identities and Conspiracy Theories', *International Journal of Sports History,* vol. 8, no. 3, pp. 370–97.

Finney, N. (2000), 'The MMC's Inquiry into BSkyB's Merger with Manchester United plc', in *Football in the Digital Age : Whose Game is it Anyway,* Hamil, S., Michie, J., Oughton, C. and Warby, S. (eds) (Edinburgh : Mainstream), pp. 71–80.

FIR (1982), *English Football League Clubs–Status and Performance.* (London : Financial Intelligence and Research).

Football Task Force (1999), *Football : Commercial Issues.* A Report submitted by the Football Task Force to the Minister for Sport.

Foster, K. (2000), 'Can Sport be Regulated by Europe? An Analysis of Alternative Models', in *Professional Sport in the EU : Regulation and Re–regulation,* Caiger, A. and Gardiner, S. (eds) (The Hague, Netherlands : TCM Hasser Press), pp. 43–64.

Foster, K. (2002), 'UEFA Rules OK? European Law's Impact on Football', *Soccer Review 2002,* pp. 31–6.

Freeman, R. (1984), Strategic Management : *A Stakeholder Approach.* (Pitman : Boston).

Gallhofer, S. and Haslam, J. (1991), 'The Aura of Accounting in the Context of a Crisis : Germany and the First World War', *Accounting, Organizations and Society,* vol. 16, no. 5/6, pp. 487–520.

Gallhofer, S., Haslam, J., Morrow, S. and Sydserff, R. (2000), 'Accounting, Trasparency and the Culture of Spin : Re–Orientating Accounting Communication in the New Millennium', *Pacific Accounting Review,* vol. 11, no. 2, pp. 97–111.

Gavin, N.T. and Goddard, P. (1998), 'Television News and the Economy : Inflation in Britain', *Media, Culture and Society,* vol. 20, no. 3, pp. 451–70.

Gerlis, S. (2002a), 'FIFA Faces Legal Battle', *SportBusiness.com*, 21 June.(at www.sportbusiness.com/news/?nes_item_id=147255).

Gerlis, S. (2002b), 'Juventus Profit Expected', *SportBusiness.com*, 10 April.(at www.sport business. com/news/index?news_item_id=145875).

Gerrard, B. (2002), 'The Economics of Football : A Review of the Current State of Play', *European Sport Management Quarterly*, vol. 2, no. 2, pp. 167–72.

Giulianotti, R. (1999), *Football : A Sociology of the Global Game.*(Cambridge : Polity Press).

Giulianotti, R. (2002), 'Supporters, Followers, Fans, and Flâneurs', *Journal of Sport and Social Issues*, vol. 26, no. 1, pp. 25–46.

Glautier, M.W.E. and Underdown, B. (1997), *Accounting Theory and Practice.*(London : Pitman).

Glendinning, M. (2000), 'Atlantic League Takes Shape', *Sport Business*, Issue 52, 1 December, p. 7.

Glendinning, M. (2002), 'Italian Clubs Face Harsh Facts', *SportBusiness.com*, 24 July. (at www.sportbusiness.com/news/fandc?region=global&page%5fno=1&news_item_id= 147772).

Goodwin, B. (1988), *Spurs : A Complete Record 1882–1988.*(Derby : Breedon Books Sport).

Gourley, P. (2001), 'Hopes of Atlantic League are Sinking', *Business am*, 6 August.

Greenfield, S. and Osborn, G. (2001), *Regulating Football : Commodification, Consumption and the Law.*(London : Pluto Press).

Hague, E. and Mercer, J. (1998), 'Geographical Memory and Urban Identity in Scotland : Raith Rovers FC and Kirkcaldy', *Geography*, vol. 83, no. 2, pp. 105–16.

Hamil, S. (1999a), 'Corporate Community Involvement : A Case for Regulatory Reform', *Business Ethics : A European Review*, vol. 8, no. 1, pp. 14–25.

Hamil, S. (1999b), 'A Whole New Ball Game : Why Football Needs a Regulator', in *The Business of Football : A Game of Two Halves*, Hamil, S., J. Michie and C. Oughton (eds) (Mainstream : Edinburgh), pp. 23–39.

Hamil, S., Michie, J. and Oughton, C. (eds) (1999), *A Game of Two Halves? The Business of Football.*(Edinburgh : Mainstream).

Hamil, S., Michie, J., Oughton, C. and Shailer, L. (eds) (2001a), *The State of the Game : The Corporate Governance of Football Clubs 2001*. Research Paper 2001/02 for Supporters Direct. (London : Football Governance Research Centre).

Hamil, S., Michie, J., Oughton, C. and Warby, S. (eds) (2000), *Football in the Digital Age. Whose Game is it Anyway?* (Edinburgh : Mainstream).

Hamil, S., Michie, J., Oughton, C. and Warby, S. (eds) (2001b), *The Changing Face of the Football Business : Supporters Direct*. (London : Frank Cass).

Harding, J. (2003), 'PFA TV Monies Dispute', *Soccer Review 2002*, pp. 15–19.

Harverson, P. (2000), 'English Clubs Play Better Money Game', *The Financial Times*, 18 August, 13.

Harvey, J., Law, A. and Cantelon, M. (2001), 'North American Professional Team Sport Franchises Ownership Patterns and Global Entertainment Conglomerates', *Sociology of Sport*, vol. 18, no. 4, pp. 435–57.

Haynes, R. (1995), *The Football Imagination*. (Aldershot : Avebury).

Hellwig, M. (2000), 'On the Economics and Politics of Corporate Finance and Corporate Control', in Corporate Governance, Vives, X. (ed) (Cambridge University Press : Cambridge), pp. 95–136.

Hill Zimmer, M. and Zimmer, M. (2001), 'Athletes as Entertainers : A Comparative Study of Earnings Profiles', *Journal of Sport and Social Issues*, vol. 25, no. 2, pp. 202–15.

Hines, R. (1988), 'Financial Accounting, In Communicating Reality, We Construct Reality', *Accounting, Organizations and Society*, vol. 13. no. 3, pp. 251–61.

Hoehn, T. and Szymanski, S. (1999), 'European Football : The Structure of Leagues and Revenue Sharing', *Economic Policy*, April, pp. 204–40.

Holt, M. (2003), 'The Next Phase : Trusts Branch out to the Community', *Supporters Direct Newsletter*, Issue 9, January, pp. 12–13.

Home Office(1990), *The Hillsborough Stadium Disaster : Inquiry by the Rt. Hon, Lord Justice Taylor, Final Report*, Cmd. 962. (London : HMSO).

Hore, M. (2002) 'The "Super Creditor" Rule : Creditors Must Agree Rule Change', *Ac-countancy Age*, 18 June. (at www.accountancyage.com/Comment/1129556).

Hornby, N. (1992), *Fever Pitch*. (London ; Victor Gollancz).

Horrie, C. (2002a), *Premiership : Lifting The Lid On a National Obsession.* (London : Simon & Schuster).

Horrie, C. (2002b), 'Death of a TV dream : Footie Goes Back to Drawing Board', *The Observer, Business,* 28 April, p. 5.

IASB (2001), *International Accounting Standards Board Mission Statement.* (London : International Accounting Standards Committee Foundation). (at www.iasc.org.uk).

Ibsen, B. (2001), *Daily Life in Danish Associations–Not So Altruistic After All.* (Vingsted, Denmark : Sports Intelligence Unit) (at http://www.play-the-game.org/articles/1997/culture/daily_life.html).

Ibsen, B. (2002) *Voluntary Work in Sport.* Speech to the sports directors from the member states of EU at a meeting in Copenhagen, Schæfergården, October 23. (at www.ifoforsk.dk/qBI2002_htm04).

ICAS (2002), 'President's Comment : Quaere Verum–Seek the Truth', *The CA Magazine,* August, p. 64.

IFC (2002), *The Independent Football Commission Annual Report 2002.* (Middlesbrough : The Independent Football Commission).

Jacobsen, C. (2001), Factsheet Denmark : *Body, Culture and Sport.* (Copenhagen, Denmark : The Royal Danish Ministry of Foreign Affairs). (also available at www.um.dk/english/faktaark/fa22/fa22_eng.asp).

Jarvie, G. (2003), 'Communitarianism, Sport and Social Capital', *International Review for the Sociology of Sport,* vol. 38, no. 2, pp. 139–53.

Jarvie, G. and Burnett, J. (2000), *Sport, Scotland and the Scots.* (Edinburgh : Tuckwell Press).

Jensen, M.C. and Meckling, W.H. (1976), 'Theory of the Firm : Managerial Behaviour, Agency Costs and Ownership Structure', *Journal of Financial Economics,* vol. 3, pp. 305–60.

Jones, I. (1998), *Football Fandom : Football Fan Identity and Identification at Luton Town Football Club.* (Unpublished PhD thesis, University of Luton).

Kelly, G. (2002), 'Franchise Football is Not in The Interests of Genuine Fans', at www.wisa.org.uk.

King, A. (1997), 'New Directors, Customers and Fans : The Transformation of English Football in the 1990s', *Sociology of Sport Journal*, vol. 14, pp. 224–40.

King, A. (1998), *The End of the Terraces : The Transformation of English Football in the 1990s*. (Leicester : Leicester University Press).

KPMG (1998), European Super League : results of a survey carried out by MORI *on behalf of the KPMG Football Unit, March*. (KPMG/Soccer Investor Ltd.).

Lambton, D. (2001), 'Clubs Bank on Retail Therapy', *Football Business International*, Issue 2, December, pp. 10–14.

La Porta, R., Lopez de Silanes, F. and Shleifer, A. (1999), 'Corporate ownership around the world', *Journal of Finance*, vol. 54, no. 2, pp. 471–517.

Lavoie, D. (1987), 'The Accounting of Interpretations and the Interpretation of Accounts : The Communicative Function of "The Language of Business"', *Accounting, Organizations and Society*, 12, pp. 579–604.

Leeds, M. and von Allmen, P. (2002), *The Economics of Sports*. (Boston : Addison Wesley).

Letza, S. and Smallman, C. (2001), '*Est in aqua dulci non invidiosa voluptas*. In Pure Water There is a Pleasure Begrudged By None : On Ownership, Accountability and Control in a Privatised Utility', *Critical Perspectives on Accounting*, vol. 12, pp. 65–85.

Lloyd, J. (2002), 'The Whole of Italy in His Hands', *New Statesman*, vol. 15, no. 62, pp. 22–5.

Lords Hansard (2002), Volume 637, Part 163, 3 July, Column 326, Football Clubs.

Lucifora, C. and Simmons, R. (2003), 'Superstar Effects in Sport : Evidence from Italian Soccer', *Journal of Sports Economics*, vol. 4, no. 1, pp. 35–55.

Mahnony, D. F. and Howard, D. R. (2001), 'Sport Business in The Next Decade : a General Overview of Expected Trends', *Journal of Sport Management*, vol. 15, pp. 275–96.

Malcolm, D., Jones, I. and Waddington, I. (2000), 'The People's Game? Football Spectatorship and Demographic Change', *Soccer and Society*, vol. 1, no. 1, pp. 129–43.

Mann, C. (2002), 'Premiership Teams Face £400m Drop in Income', The Business,

11/12 August, p. 6.

Manning, L. (2002), 'Capping Players' Wages Will Help Keep Clubs Afloat', *The Times*, 24 October, Business, p. 38.

Martin, J. N. (1979), *Daly's Club Law*.(London : Butterworths).

Martin, R. (2002), 'Real Nationwide League Can Save All Our Clubs', *The Mirror*, 8 August, pp. 62, 64.

Mayer, T. (1960), 'The Distribution of Ability and Earnings', *Review of Economics and Statistics*, vol. 42, pp. 189–95.

Meier, K. (1979), 'We Don't Want to Set the World on Fire : We Just Want to Finish Ninth', *Journal of Popular Culture*, vol. 13, pp. 289–301.

Michie, J. (1999), *New Mutualism : A Golden Goal?* (London : The Cooperative Party).

Michie, J. and Ramalingam, S. (1999), 'Whose Game is it Anyway? Shareholders, Mutuals and Trusts', in *A Game of Two Halves? The Business of Football*, Hamil, S., Michie, J. and Oughton, C. (eds) (Edinburgh : Mainstream).

Mitchell, A. and Sikka, P. (2002), *Dirty Business : The Unchecked Power of Major Account-ancy Firms*.(Basildon : Association for Accountancy & Business Affairs).

Mitrano, J.R. (1999), 'The "Sudden Death" of Hockey in Hartford : Sports Fans and Franchise Relocation', *Sociology of Sport*, vol. 16, no. 2, pp. 134–54.

Moerland, P. (1995), 'Corporate Ownership and Control Structures : An International Comparison', *Review of Industrial Organizations*, vol. 10, pp. 443–64.

Moller, S. (2000), 'Securitization–A Safe Bet For Your Assets', *The Treasurer*, September, pp. 40–2.

Monks, R.A.G. and Minow, N. (2001), *Corporate Governance*, 2nd edn. (Cambridge, MA : Blackwell).

Monopolies and Mergers Commission (1999), *British Sky Broadcasting Group plc and Manchester United plc : A Report on the Proposed Merger*. Cmnd 4305. (London : The Stationery Office).

Moorhouse, H.F. (1994), 'From Zines Like These? Fanzines, Tradition and Identity in Scottish Football', in *Scottish Sport in the Making of the Nation*, Jarvie, G. and Walker, G. (eds) (London : Leicester University Press).

Morris, P., Morrow, S. and Spink, P. (1996), 'EC Law and Professional Football : Bosman and its Implications', *Modern Law Review*, vol. 59, no. 6, pp. 893–902.

Morris, P., Morrow, S. and Spink, P. (2003) 'The New Transfer Fee System in Professional Soccer : An Interdisciplinary Study', *Contemporary Issues in Law*, vol. 5, no. 4, pp. 253–81.

Morrow, S. (1995), 'Recording the Human Resources of Football Players as Accounting Assets : Establishing a Methodology', *Irish Accounting Review*, vo. 2., no. 1, pp. 115–32.

Morrow, S. (1999), *The New Business of Football : Accountability and Finance in Football.* (Basingstoke : Macmillan now Palgrave).

Morrow, S. (2000), 'Football clubs on the Stock Exchange : An inappropriate match?', *The Irish Accounting Review*, vol. 7, no. 2, pp. 61–90.

Morrow, S. (2001a), 'Atlantic League or North Atlantic Drift?', *Singer and Friedlander's Seasonal Review 2000–01*, pp.43–5.

Morrow, S. (2001b), 'Winning way to put a cap on players' soaring salaries', *Business am*, 26 January 2001, p. 35.

Morrow, S. and Hamil, S. (2003, forthcoming), 'Corporate Community Involvement by Football Clubs : Business Strategy or Social Obligation?'.

Mortimer, T. and Pearl, I. (2000), 'The Effectiveness of the Corporate Form as a Regulatory Tool in European Sport : Real or Illusory?', in *Professional Sport in the EU : Regulation and Re–regulation*, Caiger, A. and Gardiner, S. (eds) (The Hague, Netherlands : T C M Hasser Press), pp. 217–36.

Murphy, P. (1999a), 'Banking on Success : Examining the Links Between Performance and the Increasing Concentration of Wealth on English Elite Football', *Singer and Friedlander's Football Review 1998–99 Season*, pp. 37–44.

Murphy, P. (1999b), 'For Richer, for Poorer North of the Border', *Singer and Friedlander's Football Review 1998–99 Season*, pp. 45–9.

Murray, B. (1984), The Old Firm : Sectarianism, Sport and Society in Scotland. (London : John Donald Publishers).

Murray, B. (1998), *The Old Firm in the New Age.* (Edinburgh : Mainstrean)

Nash, R. (2000), 'The Sociology of English Football', *Football Studies*, vol. 3, Part 1, pp. 49–62.

Neale, W.C. (1964), 'The Peculiar Economics of Professional Sports', *Quarterly Journal of Economics*, vol. 78, no. 1, pp. 1–14.

Nice European Council (2000), *Presidency Conclusion Annex IV, Declaration on the Specific Characteristics of Sport and its Social Function in Europe, of Which Account Should Be Taken in Implementing Common Policies.*

Nicolson, S. (2002), 'Old Firm "Heading For Defeat" in Europe', *Business am.* 7 October, p. 6.

Nixon, N. (2000), *Singin' the Blues.* (Lockerbie : Terrace Banter, ST Publishing).

Nørby Committee, The (2001), *Corporate Governance in Denmark–Recommendations For Good Corporate Governance in Denmark.* (Copenhagen : The Nørby Committee's Report).

OECD (1999), *OECD Principles of Corporate Governance.* (Paris : Organzation for Economic Co–operation and Development).

OECD (2002), *National Accounts of OECD Countries–GDP per capita 2001.* (at www.oecd.org/pdf/M000180 00/M00018518.pdf).

Oosterwijk, F. (2002), 'Houdt Philips nog van PSV?', *Johan*, no. 7, July, pp. 117–50.

O'Sullivan, N. (2000), 'Impact of Board Composition and Ownership on Audit Quality', British Accounting Review, vol. 32, no. 4, pp. 397–414.

Oughton, C., Hunt, P., Mills, C. and McClean, M. (2003), *Back Home : Returning Football Clubs to their Communities.* (London : Mutuo).

Pagano, M., Panetta, F. and Zingales, L. (1995), 'Why do Companies Go Public? An Empirical Analysis', *Manuscript*, Graduate School of Business, University of Chicago.

Parrish, R. (2000), 'Reconciling Conflicting Approaches to Sport in the European Union', in *Professional Sport in the EU : Regulation and Re–regulation*, Caiger, A. and Gardiner, S. (eds) (The Hague, Netherlands : TCM Hasser Press), pp. 21–42.

Parrish, R. (2002), 'Football's Place in the Single European Market', *Soccer and Society*, vol. 3, no. 1, pp. 1–21.

Parsons, W. (1989), *The Power of the Financial Press.* (Aldershot : Edward Elgar).

Paterson, C. (2002), *Field of Dreams–Live the Dream, Football Aid promotional literature.*(Edinburgh : Football Aid).

Peasnell, K., Pope, P.F. and Young, S. (2001), 'Managerial Equity Ownership and the Demand for Outside Directors', *International Developments in Corporate Governance Conference Proceedings*, 14 December, Cardiff Business School.

Pendry, Lord (2003), 'Placing Football at the Heart of the Community', *Supporters Direct Newsletter*, Issue 9, January, p. 13.

Perkins, S. (2000), 'Exploring Future Relationships Between Football Clubs and Local Government', *Soccer and Society*, vol. 1, no. 1, pp. 102–13.

Plunkett, J. (2002), 'Sky Steps into ITV Football Breach', *The Gaurdian*, Media, 5 July. (at http://media.guardian.co.uk/digitaltv/story/0,12184,750093,00.html).

PKF (2002), *Financing Football – the New Reality.*(PKF/AccountancyAge).

Porquera, J. and Jurado, A.L. (2001), 'Adapting to the Ruling : A New Scenario in the Players' Market', *Paper presented at the European Football Finance Conference*, Milan.

Porter, D. (1998), 'City Editors and the Modern Investing Public : Establishing the Integrity of the New Financial Journalism in Late Nineteenth Century London', *Media History*, vol. 4, no. 1, pp. 49–60.

Price Waterhouse (1997), *Converging Cultures : Trends in European Corporate Governance.*(London : Price Waterhouse).

PricewaterhouseCoopers (2002), *The PricewaterhouseCoopers Financial Review of Scottish Football 2000/01.*(Edinburgh : PWC).

PSV (2001), *Jaarverslag PSV NV Seizoen 2000/2001.*

Quirk, J. and Fort, R.D. (1997), *Pay Dirt : The Business of Professional Team Sports.* (Princeton, New Jersey ; Princeton University).

Radnedge, K. (1998), *The Complete Encyclopaedia of Football.*(London : Carlton Books).

Ratliff, J. (2002), 'Major Events and Policy Issues in EC Competition Law 2001', *International Company and Commercial Law Review*, vol. 13, no. 2, pp. 60–79.

Reade, R. (2000), 'Football in the Community', *Singer & Friedlander Review 1999/2000 Season*, pp. 5–7.

Reid, J. (2001), *Reclaim the Game : Ten Seasons of the Premier League Swindle.* (London : The Socialist Party).

Richardson, V.J. and Scholz, S. (2000), 'Corporate Reporting and the Internet : Vision, Reality and Intervening Obstacles', *Pacific Accounting Review*, vol. 11, no. 2, pp. 153–9.

Roberts, J. and Scapens, R. (1985), 'Accounting Systems and Systems of Accountability–Understanding Accounting Practices in their Organizational Contexts', *Accounting, Organization and Society*, vol. 10, no. 4, pp. 443–56.

Rosen, S. (1981), 'The Economics of Superstars', *American Economic Review*, vol. 71, December, pp. 845–98.

Rosen, S. and Sanderson, A. (2001), 'Labour Markets in Professional Sports', *The Economic Journal*, vol. 111, pp. F47–68.

Rosner, D. (1989), 'The World Plays Catch Up', *Sports, Inc.*, 2 January, pp. 6–13.

Rothmans (2002), *Rothmans Football Yearbook 2002–2003*, Rollin G. and Rollin, J. (eds) (London : Headline).

Rowbottom, N. (2003), 'The Application of Intangible Asset Accounting and Discretionary Policy Choices in the UK Football Industry', *British Accounting Review*, vol. 34, no. 4, pp. 335–56.

Rowe, D. (1991), 'That Misery of Stringer's Clichés : Sports Writing', *Cultural Studies*, vol. 5, January, pp. 77–90.

RSA (1995), *Tomorrow's Company : The Role of Business in a Changing World.* (London : The Royal Society for the Encouragement of Arts, Commerce and Manufactures).

Rukeyser, I. (1983), *What's Ahead for the Economy?*(New York : Simon & Schuster).

Rutterford, J. (1993), *Introduction to Stock Exchange Investment.*(Basingstoke : Macmillan–now Palgrave).

Sample, I. (2003), 'Moving Stadium Dents Team Performance', *New Scientist*, 27 January.

Schindler, C. (1999), *Manchester United Ruined My Life.*(London : Headline).

Scottish Parliament Official Report (2001), Credit Unions Debate. Session 1, vol. 11, no. 6, col. 658, Thursday 15 March.

SER (2001), *The Functioning and Future of the Structure Regime*, Abstract O1/O2E.

(The Hague, Netherlands : Sociall Economishce Raad/Social and Economic Council).

Shaw, B. and F.R. Post (1993), 'A Moral Basis for Corporate Philanthropy', *Journal of Business Ethics,* vol. 12, pp. 745–51.

Shleifer, A. and Vishny, R.W. (1997), 'A Survey of Corporate Governance', *Journal of Finance,* June 1997, vol. 52, no. 2, pp. 737–83.

Simmons, R. (2001), 'Making Sense of the FIFA/UEFA Proposals to Reform the Football Transfer System', *Singer & Friedlander Review 2000–2001 Season,* pp. 8–12.

Simpson, S. (2002), 'Fans Take Stake in Future of Football', *The Herald,* 23 April, p. 7.

Sinclair, A. (1995), 'The Chameleon of Accountability : Forms and Discourses', *Accounting, Organizations and Society,* vol. 20, no. 2/3, pp. 219–37.

Sloane, P. (1971)h, 'The Economics of Professional Football : The Football Club as a Utility Maximiser', *Scottish Journal of Political Economy,* June, pp. 121–46.

Smith, Sir John (1997), *Football–its Values, Finances and Reputation,* Report to the Football Association by Sir John Smith.

Smith, S. (2000), 'A Club in the Community : Using Football as an Educational Tool', *Singer & Friedlander Review 1999/2000 Season,* pp. 8–11.

Smith, S. (2002), 'Copenhagen Flirts with Fascism', *The Guardian,* 5 June, p. 16.

SNCCFR (1997), *FA Premier League Fan Surveys 1996/97 General Sample Report.* (University of Leicester : Sir Norman Chester Centre for Football Research).

SNCCFR (2000), *FA Premier League National Fan Survey 2000 Summary Report.* (University of Leicester : Sir Norman Chester Centre for Football Research).

SNCCFR (2002), *Fact Sheet 8 : British Football on Television.* (University of Leicester : Sir Norman Chester Centre for Football Research).

Soccer Investor (2001a), 'French Clubs Take Case to EC', Issue 76, 28 December, pp. 1–2.

Soccer Investor (2001b), 'Juve Shares to Start Trading on Dec 20', Issue 75, 18 December, p. 12.

Soccer Investor (2001c), 'Italian Football Sinks into Financial Blackhole', Issue 69, 6

November, p. 10.

Soccer Investor (2001d), 'Canal Plus Reportedly Seeks PSG Exit as French Clubs Await New Law', Issue 32, 20 February, p. 12.

Soccer Investor (2002a), 'Italian League Start Date in Doubt', Issue 109, 20 August, pp. 1, 2

Soccer Investor (2002b), 'New-look French League Sets Off', Issue 107, 6 August, p. 12.

Soccer Investor (2002c), 'Collective €702m Loss for Serie A Clubs', Issue 105, 23 July, p. 12.

Soccer Investor (2002d), 'Almost 30% of Serie A Players Earning over 21m Euros a Year', Issue 99, 11 June, p. 9.

Soccer Investor (2002e), *The Old Firm's Contribution to Scottish Football.* (London : Soccer Investor).

Soccer Investor (2002f), 'Progress on Milan and Turin Stadia', Issue 93, 30 April, p. 9.

Soccer Investor (2002g), 'Serie A Makes 133m Euros Loss in 2000-01, Issue 91, 16 April, p. 12.

Soccer Investor (2002h), 'Lazio Considering £60m Securitization', Issue 84, 26 February, p. 7.

Soccer Investor (2002i), 'French D1 Clubs €135m in Debt', Issue 81, 5 February, p. 7.

Soccer Investor (2003), 'Ipswich Goes Into Administration', Issue 134, 18 February, pp. 1-2.

Solnik, B. (1996), *International Investments.* (Reading, MA : Addison Wesley).

Staudohar, P.D. (1999), 'Salary Caps in Professional Team Sports', in *Competition Policy in Professional Sports,* Jeanrenaud, C. and Kesenne, S. (eds) (Antwerp : Standard Editions), pp. 71-90.

Stephen, K. (2003), 'Capital Clubs Look to Keep Fans Informed', *The Herald,* 24 June, p. 34.

Stewart, G. (1986), 'The Retain and Transfer System : An Alternative Perspective', *Managerial Finance,* vol. 12, no. 1, pp. 1-5.

Strätling, R. (2001), 'General Meetings : A Dispensable Tool for Corporate Governance of Listed Companies', *International Developments in Corporate Governance Conference Proceedings*, 14 December, Cardiff Business School.

Sunday Hearld (2002), 'PFA Warns on Wages Caps', November 24, Sport, 5.

Szymanski, S. and Kuypers, T. (1999), *Winners and Losers : The Business Strategy of Football.* (London : Viking).

Szymanski, S. and Smith, R. (1997), 'The English Football Industry : Profit, Performance and Industrial Structure', *International Review of Applied Economics*, vol. 11, pp. 135–53.

Taylor, R. (1992), *Football and Its Fans : Supporters and their Relation with the Game, 1885–1985.* (Leicester : Leicester University Press).

Thynne, I. and Goldring, J. (1981), 'Government "Responsibility" and Responsible Governemnt', *Politics*, vol. 16, no. 2, pp. 197–207.

Touche Ross (1993), Survey of Football Club Accounts. (Manchester : Touche Ross & Co.).

Tower, G. (1993), 'A Public Accountability Model of Accounting Regulation', *British Accounting Review*, vol. 25, no. 1, pp. 61–86.

Tricker, R.I. (1984), *Corporate Governance : Practices, Procedures And Powers in British Companies and their Boards of Directors.* (Aldershot : Gower).

UEFA (2002a), *UEFA Club Licensing System–Season 2004/05. Version 1.0 E=March.* (Nyon, Swiotzerland : UEFA).

UEFA (2002b), *Regulations of the UEFA Champions League 2002/2003.* (Nyon, Switzerland : UEFA).

UKCH (2001), *Religious Trends No. 2 2000/2001.* (London : Christian Research).

Vamplew, W. (1988), *Pay Up and Play the Game : Professional Sport in Britain 1875–1914.* (Cambridge ; Cambridge University Press).

Vamplew, W., Coyle, J., Heath, J. and Naysmith, B. (1998), 'Sweet FA : Fans' Rights and Club Relocations', *Occasional Papers in Football Studies*, vol. 2, no. 2, pp. 55–68.

Vance, C. (2001), *Valuing Intangibles : A Discussion Paper.* (London : The Instititute of Chartered Accountants in England and Wales).

Vienot Report, The (1999), *Recommendations of the Committee on Corporate Governance chaired by Mr Marc Vienot.*(Paris : Association Française des Enterprises Privées AFEP/Mouvement des Enterprises de France Medef).

Vives, X. (2000), 'Corporate Governance : Does it Matter?', in *Corporate Governance,* Vives, X. (ed.) (Cambridge : Cambridge University Press), pp. 1–21.

Waddell, G. (2001), 'Football : We've Killed the Game ; Murray Blames Decline on the Old Firm', *Sunday Mail,* 2 December, pp. 75–6.

Waddington, I., Malcolm, D. and Horak, R. (1998), 'The Social Composition of Football Crowds in Western Europe', *International Review for the Sociology of Sport,* vol. 33, no. 2, pp. 155–69.

Wann, D. and Branscombe, N. (1990), 'Die–hard and Fair–Wfather Fans : Effects of Identification on BIRGing and CORFing Tendencies', *Journal of Sport and Social Issues,* vol. 14, pp. 103–17.

Watson, N. (2000), 'Football in the Community : What's the Score?', *Soccer and Society,* vol. 1, no. 1, pp. 114–25.

Weatherhill, S. (2000), 'Resisting the Pressures of "Americanization" : The Influence of European Community Law on the "European Community Model"' in *Law and Sport in Contemporary Society,* Greenfield, S. and Osborn, G. (eds) (London : Frank Cass), pp. 156–81.

Webb, R., McKinnon, R. and Beck, M. (2001), 'Problems and Limitations of Institutional Participation in Corporate Governance', *International Developmnts in Corporate Governance Conference Proceedings,* 14 December, Cardiff Business School.

Westerbeek, H. and Smith, A. (2002), *Sport Business in the Global Marketplace.* (Basingstoke : Palgrave).

Weston, R. (2002), 'Trading and Uneasy Path? The Securitization of Gate Receipts', *Proceedings of the Academy of Commercial Banking and Finance,* vol. 2, no. 1, pp. 49–52.

Weston, R. (2001), 'Exploring the Boundaries of Securitization', 30th Annual Conference of Economists, 23–27 September, University of Western Australia. (Economics Society of Australia), pp. 1–16.

White, J. (2003), 'Pitch battle', *The Guardian,* 11 January.

Wilkesman, U. and Blutner, D. (2002), 'Going Public : The Organisational Restructuring of German Football Clubs', *Soccer and Society*, vol. 3, no. 2, pp. 19–37.

Williams, J. and Perkins, S. (1998), *Ticket Pricing, Football Business and Excluded Football Fans.* (Leicester : Sir Norman Chester Centre for Football Research).

Williams, J., Hopkins, S. and Long, C. (2001), *Passing Rhythms : Liverpool FC and the Transformation of Football.* (Oxford : Berg).

Wilson, M., Davies, M., Curtis, M. and Wilkinson–Riddel, G. (2001), *UK and International GAAP : Generally Accepted Accounting Practice in the United Kingdom and Under International Accounting Standards.* (London : Butterworhts Tolley).

Worldcom (2002) *United They Stand.* (at www.worldcom.com/ca/products/internet/uuhost/customers/manutd.pdf20)

Wright, A. (2000), 'Defeat Costly for Investors as Celtic Shares Take a Dive', *The Scotsman*, 10 February, p. 37.

Wynne, D. (2001), 'What is the Trust', *Tottenham Hostspur Supportes' Trust Website.* (at www.tottenhamtrust.com/viewarticles.asp?id=5).

색인_

[ㄱ]

가족 소유구조 188
거대 주주 217
경기력 50
경기장 23
공공의 책임 202
관중의 분류 92, 141
광고료 58
교차 소유(cross holding) 210
균형적인 경쟁 29
기업 지배구조의 원칙들 129
기업의 지역사회 참여(CCI : Corporate Community Involvement) 101
기함 경쟁 72

[ㄴ]

낙하산 44
낙하산 보상 48
네덜란드 왕립축구협회(KNVB : Royal Netherlands Football Association) 151
네덜란드의 경제 모델 149
노동자 평의회 150
노만 체스터 축구연구센터(Norman Chester Centre for Football Research) 116

[ㄷ]

대체투자시장(AIM : Alternative Investment Market) 136
The Hotspur Cricket Culb 136
Daly의 클럽 법규 125
덴마크 헌법 166
덴마크의 민주적 시스템 166
Delle Alpi 194
디비젼 36

[ㄹ]

런던 증권거래소 132
Raith Rovers 99
Rushden and Diamonds 112
리그 분리 28
Real Madrid 23

[ㅁ]

Manchester United 23, 268
밀턴 케인즈(Milton Keynes) 114

[ㅂ]

Bayern Münich 23
방송시장 28

보스만 사건 84
Bosman 사례 71
분배정책 56
분산된 소유권 214
브로드시트 신문 264

[ㅅ]
사업의 다각화 58
사회적 자본 96
산 시로 23
Sampdoria 112
3팀 편입 4팀 탈락 44
상장회사 242
서포터 93
서포터 그룹 223
서포터 협회 223
서포터스 디렉트(Supporters Direct) 94, 226
Sunderland 101
선수수익 248
성공적인 스포츠 27
세리에 A 34
세인트 존 앰블런스 88
Selhurst Park 116
소극적 동조자 93
소비자 관중 93
소수 주주 217
소유구조 63, 127
수직적 통합 63
수평적 통합 63
Scudetto 198
스타디움 23
스포츠 선언 71
스포츠 성공의 집중화 35
스포츠 저널리즘 275
시장 풀 52
시장경제체계 43
Silvio Berlusconi 188
Celtic 101
Celtic Paribus 98
Celtic의 트러스트 98

[ㅇ]
Agnelli 가문 185
Athletic News 134
IRAP 196
아틀란틱 리그 32
Alan Sugar 137
암스테르담 증권거래소 150
앨런 로드 106
AFL : American Football League 122
FC København 112, 169
FA 프리미어 리그 69
FA 프리미어 챔피언 40
FGRC 225
NFC(National Football Conference) 122
NFL(National Football League) 122
엘리트 클럽 33
연대률 57
연례보고서 236, 238, 259
연차결산보고서 236, 238
연차보고서 101

영국 의회(Westminster Parliament) 132
올드 펌 29
와포드 서포터 트러스트(Watford Supporters' Trust) 95
요요 44
요요 클럽들 48
요크셔 워터 221
운영 및 재정에 관한 심의(OFR) 227
웸블리 23
윔블던 독립 서포터 연합체(WISA : Wimbledon Independent Supporters' Association) 116
Wimbledon FC 116
유러피안 경쟁 위원회 76
유러피안 위원회 71
유러피언 컵 51
유럽 스포츠 중재재판소 139
유럽축구연맹(UEFA) 43
유로넥스트(Euronext) 증권거래소 150
UEFA 84
UEFA 챔피언 리그 40, 65
UEFA 클럽 라이센싱 체계 228
유한공사 106
이동의 자유 74
ENIC(English National Investment Company) 137
EU 조약 71
EU 집행위원회 70
이적료 245, 247
이탈리아 주식시장 188
Instituto Finanziario Industriale 189
입장료 58

[ㅈ]
자선기금 107
재무제표 238
전영 리그 32
진통적인 서포터 93
증권화 249–251
지배적인 소유주 216
G14 클럽 50
지역 관련 축구(FIC : Football in the Community) 계획 106
집중된 소유권 214
집중적이고 성공적인 스포츠 29

[ㅊ]
차용 249, 255
최소 효용 규모 31
최적 조건 76
추종자 93
축구 리그의 재편 68
축구 소비자 147
축구관리연구센터(FGRC) 224
축구산업 146
축구의 비즈니스 28
축구지원사업 106
축구특별위원회(Football Task Force) 93

[ㅋ]
칼스버그 코너 180
캄프 누 23

코펜하겐 증권거래소 165
클럽 허가제도 235, 237, 243

[ㅌ]
타블로이드 언론 264
테일러 보고서 83, 210
텔레비전 중계권 27
텔레비전 중계료 58
퇴출비용 46
트램폴린 44
트러스트 94
THST (Tottenham Hotspur Supporters' Trust) 143

[ㅍ]
파레토 개선 77
팬 의식 113
팬의 속성 92
프랜차이즈 조정 113
PRP 50
Pirelli 가문 185
PSV 155
FIFA 84
필립스 155
Philips Sport Vereniging 152

[ㅎ]
Hartford Whalers 112
Harry van Raaij 153
헬싱키 71
회계 정책 244
회계기준 238
회계기준위원회(ASB) 227, 256
후원금 58

저자_스테판 모로우

스털링 대학교 스포츠 연구학과 학과장

스포츠의 경제적 측면이나 축구의 산업적 차원에 대한 연구에 주력하고 있음.

최근 저서 및 논문 :

The Business of Football : Image Management in Narrative Communication(2005), 'Scottish Football-It's Funny Old Business', *Journal of Sports Economics*, 7(1)(2006) 등.

역자

유호근_ 한국외대 사회과학연구소 초빙연구원

이상묵_ 한국지방행정 연구원 수석연구원

이상환_ 한국외대 정치외교학과 교수

장지향_ 서울대학교 정치학과 BK21사업단 연구원

정기웅_ 한국외대 사회과학연구소 초빙연구원

축구, 세계인의 스포츠 -유럽 프로축구의 정치경제-

초판1쇄 / 2007년 8월 20일

지은이 **스테판 모로우**

옮긴이 **스포츠정치외교연구회**

유호근, 이상묵, 이상환, 장지향, 정기웅

펴낸이 **여국동**

펴낸곳 **도서출판 인간사랑**

인 쇄 **백왕인쇄**

제 본 **은정제책사**

출판등록 1983. 1. 26. / 제일 3호

(411- 815) 경기도 고양시 일산구 백석동 1178-1

TEL (031)901-8144, 907-2003

FAX (031)905-5815

e-mail/igsr@yahoo.co.kr / igsr@naver.com

정가 15,000원

ISBN 978-89-7418-225-0 93690